古典文獻研究輯刊

十一編

潘美月・杜潔祥 主編

第 **6** 冊

籀廎學記
——孫詒讓先生之生平及其學術（一）

王 更 生 著

國家圖書館出版品預行編目資料

籀廎學記——孫詒讓先生之生平及其學術（一）／王更生 著

— 初版 — 台北縣永和市：花木蘭文化出版社，2010〔民99〕

目 12+250 面；19×26 公分

（古典文獻研究輯刊 十一編；第 6 冊）

ISBN：978-986-254-305-4（精裝）

1.（清）孫詒讓 2. 學術思想 3. 傳記

112.78 99014035

ISBN - 978-986-2543-05-4

9 789862 543054

古典文獻研究輯刊

十一編 第六冊 ISBN：978-986-254-305-4

籀廎學記——孫詒讓先生之生平及其學術（一）

作　　者 王更生
主　　編 潘美月 杜潔祥
總 編 輯 杜潔祥
企劃出版 北京大學文化資源研究中心
出　　版 花木蘭文化出版社
發 行 所 花木蘭文化出版社
發 行 人 高小娟
聯絡地址 台北縣永和市中正路五九五號七樓之三
　　　　 電話：02-2923-1455／傳眞：02-2923-1452
網　　址 http://www.huamulan.tw 信箱 sut81518@ms59.hinet.net
印　　刷 普羅文化出版廣告事業
初　　版 2010 年 9 月
定　　價 十一編 20 冊（精裝）新台幣 31,000 元　　版權所有‧請勿翻印

籀廎學記——
孫詒讓先生之生平及其學術（一）

王更生　著

作者簡介

王更生（1929～2010），河南省汝南縣人，國家文學博士，考試院文官高等考試教育行政人員及格。

曾任小學教師、教導主任、代理校長；初高中及職業學校國文教師、組長、主任；專科學校副教授兼訓導主任、教務主任、校長。國立台灣師範大學國文系、國文研究所教授。講授《文心雕龍》、《文心雕龍》專題研究、文章學、唐宋八大家文研究。

著作有《晏子春秋研究》、《晏子春秋今註今譯》、《孫詒讓先生之生平及其學術》、《文心雕龍研究》、《文心雕龍新論》、《文心雕龍導讀》、《文心雕龍讀本》、《文心雕龍范注駁正》、《文心雕龍選讀》、《國文教學新論》、《國文教學面面觀》、《中國文學的本源》、《中國文學講話》、《韓愈散文研讀》、《柳宗元散文研讀》、《歐陽脩散文研讀》、《曾鞏散文研讀》、《文心雕龍管窺》、《王更生自訂年譜初稿》等五十多種（單篇論文、編輯性著作、有聲著作均不包括在內）。

提　要

自廢清道光末年（1850 年），迄民國建元（1912 年）六十二年間，內遭洪楊戰亂，外遇列強入侵，喪師蹙地，國脈幾絕。於是好學深思之碩彥，慷慨倜儻之奇材，嫉政治之腐敗，痛學術之淪胥，思出其邃密之舊學，與夫深沈之新知，以啟牖顓蒙，拯救危亡者，頗不乏人；而瑞安孫仲容詒讓先生，既精究考據，為有清一代樸學之殿；復推勘甲骨金石，開後世研究商卜周之風。

自漢武崇儒，經學大盛，因師法不同，今古有異，致雜說紛陳，熒惑滋甚。乾嘉以來，鉅儒輩出，而性理經術，各守家法，不相借。先生深嫉漢宋門戶之弊，以為欲綜兩者之長而通其區畛，莫如永嘉之學，乃博採漢、唐、宋以來，迄於乾嘉諸經儒舊詁，參互證繹，彌縫其闕，著《周禮正義》八十六卷，為清代新疏之翹楚。

兩漢以後，治教專一，學者或崇孔孟而抑墨氏。先生獨以墨氏勞身苦志，以振世之急：權略足以持危應變，而脫屣利祿，不以累其心，所學尤該綜道藝，洞究象數。先生起清季存亡絕續之交，特主援墨入儒，成《墨子閒詁》十九卷，為後來治墨學者奠定基業。

乾、嘉以降，經術道盛。修學之儒，研斠篆籀輒取證於金文。先生以時人說字，率鑿空貤繆，金文逃義，又嘗慨獷秦燔書，古文湮廢，故展卷思誤，每滋疑滯；於是據薛、阮、吳三家之書，取高郵王氏《漢隸拾遺》之例，發伏正讀，著《古籀拾遺》二卷。光緒癸卯，先生五十又六，目世變日亟，風尚趨新，政教之不競，學術亦隨之；遂以近得海豐吳子苾《古錄金文》，攬涉鉤稽，間獲新詮，又著《古籀餘論》三卷。爾時先生欣丹徒劉氏所拓《鐵雲藏龜》，以為真殷商文字；輒窮兩月之力，略事甄述，成《契文舉例》二卷，用補有商一代書名之佚，兼稽籀後籀前文字流變之。迨其後，先生復綜摭金文、龜甲文、石鼓文，以及貴州紅巖石刻，與《說文》古籀互相勘校，揭其歧異，以著其省變之原；會最比附，以尋古文大小篆沿革之大例，著《名原》二卷。古文字之學至此益臻恢廓，而研究方法亦別開新紀元矣。

有清一代，樸學之隆，超軼唐、宋。王氏《雜志》、盧氏《拾補》、俞氏《平議》，其尤著者也。先生間嘗竊取其義法，以治古書。嘗謂秦、漢文籍，誼旨奧博，字例文例多與後世違異。復以竹帛梨棗，鈔刊婁更；則有三代文字之通，秦篆漢隸之變遷，魏晉真草之輥淆，與六朝唐人俗書之流失，以及宋、元、明，校槧之屢改，實乃達徑百出，多歧亡羊；非覃思精勘，深究本原，未易得其正也。先生乃將三十年覽涉所得，取秦、漢以逮齊、梁之故書雅記，凡七十餘家，按冊迻錄，申證厥誼，成《札迻》十二卷。其鉤深窮高，戛戛乎又出於王、盧、俞三家之上。

又先生關心鄉邦文獻，累月經年，旁搜遠紹，考求先達著述；上斷唐、宋，下迄遜清，撮其大要，別其存佚，成《溫州經籍志》三十六卷，列名者千三百餘家，可謂拾囊中之碎金，撥劫後之殘灰，功在地方目錄，不可沒也。

綜先生之所著述，方諸乾、嘉諸老，雖不云博，而精密通貫者倍之。經、子、小學、甲骨、金石、斠、目錄諸學，均能推陳出新，卓具創意。嗚呼！先生處海疆多故，國病民憊之秋，傷舊學之將淹，哀政教之凌遲；而中西新故之辯，復舛馳異趣，不勝譁眡，思欲奮書生報國之志，盡挽狂扶傾之責，捐資興學，輸財購路，並綜《周禮》之與西法合者，成《周禮政要》二卷；明中西新故之無異軌，俾迂固之士，能廢然反本。其通經濟世之胸襟，又可覘之於皓首窮經之外。志潔行廉，超今邁古，為當代士林之碩儒，啟後世學界之新運，所謂「巋然為有清三百年學術之殿」者，不亦宜乎。

瑞安孫仲容先生遺像

經微室叢書

尚書駢枝一卷

叢原一卷

古文大篆附草書一卷附

古籀拾遺三卷

政和彝器文字攷一卷附

古籀餘論三卷

「周禮正義長編」稿

「經迻」稿

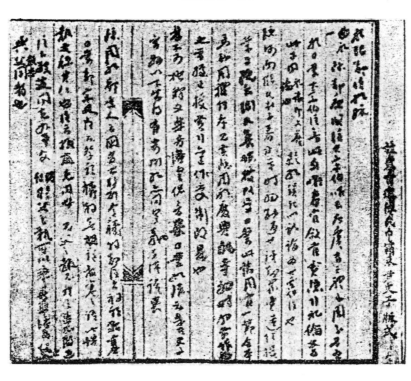

孫先生手校毛刻「孔氏家語」

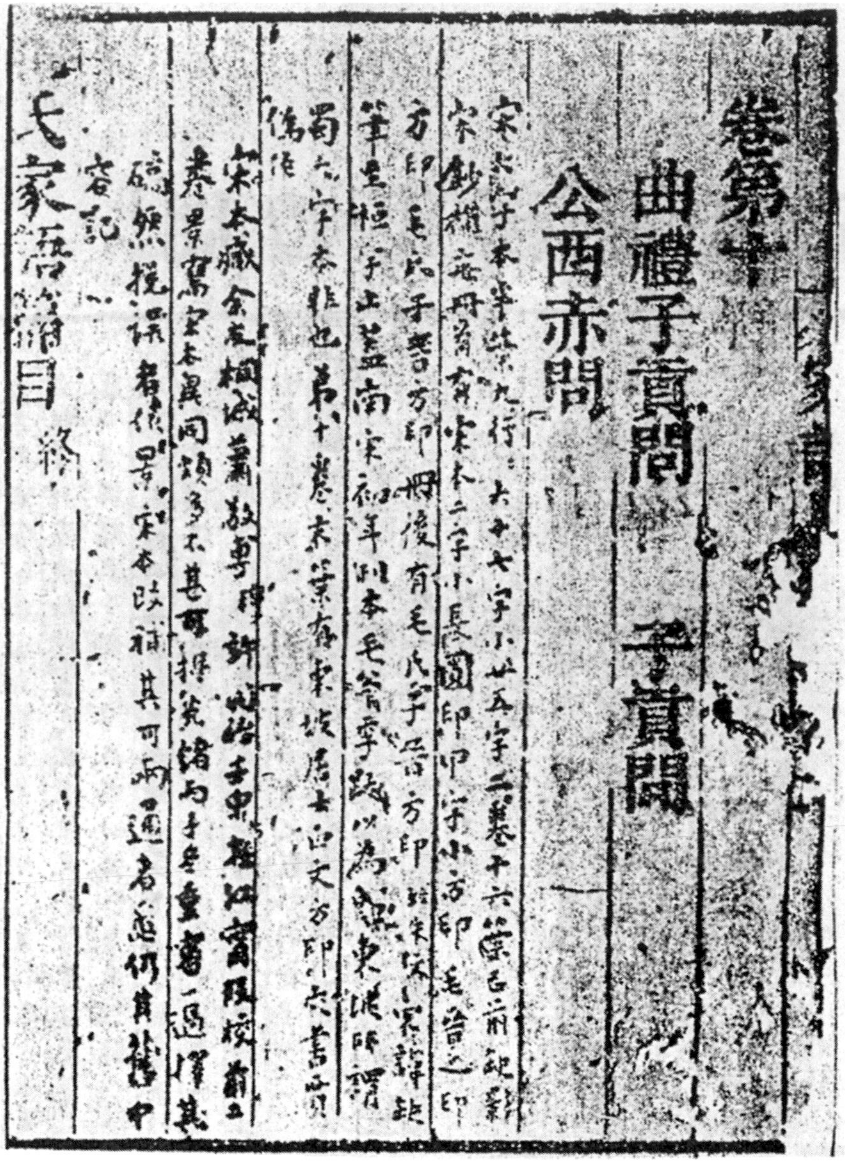

卷第十

曲禮子貢問　子貢問

公西赤問

宋刻本方輿勝覽——玉海樓善本

樂本第一

凡音之起由人心生也人心之動物使之然也感於物而
動故形於聲

皇氏侃曰此言章音之起發為本備言

言聲之起甚微事音之起人心感物書聲形於聲心而生一見書

王肅曰物事物也言物有動言明好惡則動見於隆

孫氏守節曰物有此境地北端善惡…情形於心川處随而動

「漢石記」稿

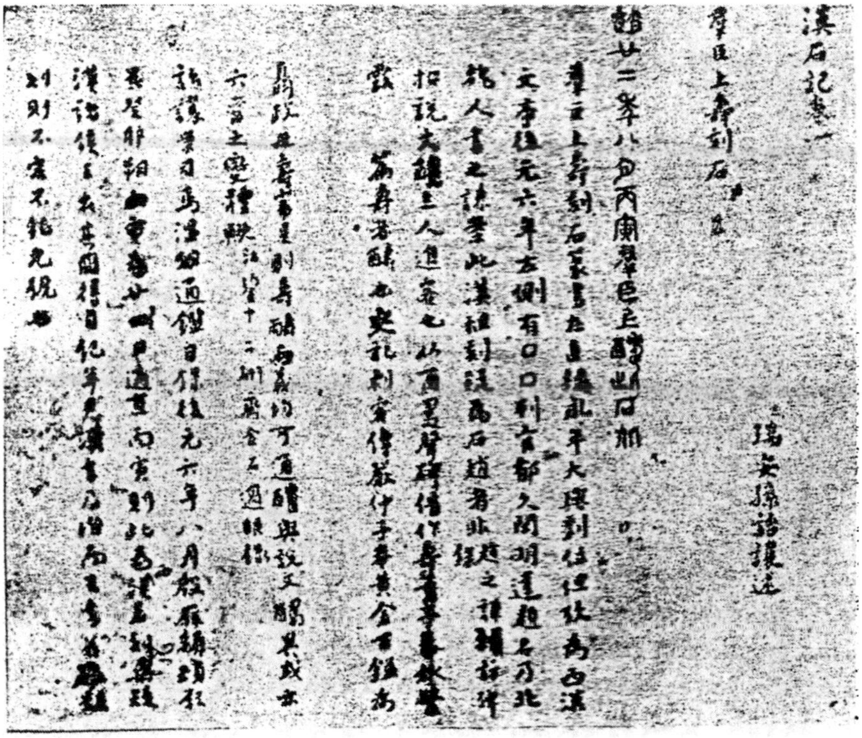
漢石記卷一

羣臣上壽刻石

瑞安孫詒讓述

趙廿二年八月丙寅羣臣上醻此石北

第三冊

第一章 導言
──孫詒讓在清末民初學術上之地位

　　自廢清道光末年（1850 年），迄民國建元（1912 年）六十二年間，內遭洪楊戰亂，外遇列強入侵，喪師蹙地，國脈幾絕。於是好學深思之碩彥，慷慨倜儻之奇材，嫉政治之腐敗，痛學術之淪胥，思出其邃密之舊學，與夫深沈之新知，以啟牖顓蒙，拯救危亡者，頗不乏人；而瑞安孫仲容詒讓先生，既精究考據，為有清一代樸學之殿；〔註1〕復推勘甲骨金石，開後世研究商卜周彝之風。〔註2〕

　　先生為琴西〔註3〕次子，自謙稟性迂拙，於世事無所解，嗜古書。〔註4〕八、九歲受四子書，略識文義。年十六、七，讀江子屏《漢學師承記》，及阮文達所集刊之《經解》，〔註5〕始知清儒治經史小學家法。〔註6〕二十歲，舉浙江補甲子科鄉試。二十八歲，授刑部主事；簽分未久，即引疾歸田。自此以往，雖屢經當道推挽，終由淡泊榮利辭，〔註7〕故終其身，〔註8〕多平居著述，尠與人爭。同治七年（1868），侍親江東，得與父執輩若歸安周學濬、獨山莫

〔註 1〕梁啟超《中國近三百年學術史》語。
〔註 2〕陳夢家《卜辭綜述》第二章第一節〈甲骨文字的初期審釋〉。
〔註 3〕其父孫衣言字琴西，詳〈年譜〉，可參閱。
〔註 4〕見《札迻·序》。
〔註 5〕案阮剞《皇清經解》、王氏《皇清經解續編》，所收作者凡百五十七家，為書都三百八十九種，二千七百二十七卷。
〔註 6〕見《札迻·序》。
〔註 7〕見本書〈孫詒讓年譜〉。
〔註 8〕先生生於道光二十八年（1848），卒於光緒三十四年（1908），享壽六十有一，詳〈年譜〉。

友芝、南匯張文虎、江都劉壽曾、海寧唐仁壽、德清戴子高、寶應劉恭冕等，質疑問難。〔註9〕第年，洪楊亂平，故家秘藏多散出，而海東舶來，且有中土所未見者；先生恣意收求，累八、九萬卷，自是識見益博，學益猛進。〔註10〕

自漢武崇儒，經學大盛，因師法不同，今古有異，致雜說紛陳，熒惑滋甚。乾嘉以來，鉅儒輩出，而性理經術，各守家法，不相叚借。〔註11〕先生深嫉漢宋門戶之弊，以爲欲綜兩者之長而通其區畛，莫如永嘉之學，乃博探漢、唐、宋以來，迄於乾嘉諸經儒舊詁，參互證繹，彌縫其闕，著《周禮正義》八十六卷，爲清代新疏之翹楚。

兩漢以後，治教專一，學者或崇孔孟而抑墨氏。先生獨以墨氏勞身苦志，以振世之急：權略足以持危應變，而脫屣利祿，不以累其心，〔註12〕所學尤該綜道藝，洞究象數。先生嶬起清季存亡絕續之交，特主援墨入儒，成《墨子閒詁》十九卷，爲後來治墨學者奠定基業。

乾、嘉以降，經術道盛。修學之儒，研斠篆籀輒取證於金文。先生以時人說字，率鑿空貤繆，瓶文逃義，又嘗慨獷秦燔書，古文湮廢，故展卷思誤，每滋疑憓；於是據薛、阮、吳三家之書，〔註13〕取高郵王氏《漢隸拾遺》之例，發伏正讀，著《古籀拾遺》二卷。光緒癸卯，先生五十又六，目世變日亟，風尚趨新，政教之不競，學術亦隨之；遂以近得海豐吳子苾《攟古錄金文》，攬涉鉤稽，間獲新詮，又著《古籀餘論》三卷。爾時先生欣覩丹徒劉氏所拓《鐵雲藏龜》，以爲眞殷商文字；輒窮兩月之力，略事甄述，成《契文舉例》二卷，用補有商一代書名之佚，兼尋倉後籀前文字流變之迹。迨其後，先生復綜摭金文、龜甲文、石鼓文，以及貴州紅巖石刻，與《說文》古籀互相勘校，揭其歧異，以著其省變之原；會最比附，以尋古文大小篆沿革之大例，著《名原》二卷。古文字之學至此益臻恢廓，而研究方法亦別開新紀元矣。

有清一代，樸學之隆，超軼唐、宋。王氏《雜志》〔註14〕、盧氏《拾補》

〔註 9〕見章太炎〈孫詒讓傳〉，及蔡冠洛《清代七百名人傳》。
〔註 10〕見孫衣言〈玉海樓藏書記〉，及先生〈札迻序〉。
〔註 11〕見江藩《漢學師承記》、《宋學淵源記》。劉師培〈近儒學術統系論〉，先舉清國初之理學，繼述乾嘉以降之經學，於各地風氣，條分縷析，說至精密。
〔註 12〕見〈墨子後語小序〉。
〔註 13〕即宋薛尚功《鐘鼎款識》、清阮元《積古齋鐘鼎彝器款識》、吳榮光《筠清館金文》。
〔註 14〕即王念孫氏《讀書雜志》。

〔註15〕、俞氏《平議》，〔註16〕其尤著者也。先生間嘗竊取其義法，以治古書。嘗謂秦、漢文籍，誼旨奧博，字例文例多與後世違異。復以竹帛梨棗，鈔刊屢更；則有三代文字之通叚，秦篆漢隸之變遷，魏晉眞草之輥淆，與六朝唐人俗書之流失，以及宋、元、明，校槧之屢改，實乃達徑百出，多歧亡羊；非覃思精勘，深究本原，未易得其正也。先生乃將三十年覽涉所得，取秦、漢以逮齊、梁之故書雅記，凡七十餘家，按冊逐錄，申證厥誼，成《札迻》十二卷。其鉤深窮高，戞戞乎又出於王、盧、俞三家之上。

又先生關心鄉邦文獻，累月經年，旁搜遠紹，考求先達著述；上斷唐、宋，下迄遜清，撮其大要，別其存佚，成《溫州經籍志》三十六卷，列名者千三百餘家，可謂拾囊中之碎金，撥劫後之殘灰，功在地方目錄，不可沒也。

綜先生之所著述，方諸乾、嘉諸老，雖不云博，而精密通貫者倍之。經、子、小學、甲骨、金石、斠讐、目錄諸學，均能推陳出新，卓具創意。嗚呼！先生處海疆多故，國病民懱之秋，傷舊學之將淹，哀政教之凌遲；而中西新故之辯，復舛馳異趣，不勝譁聒，思欲奮書生報國之志，盡挽狂扶傾之責，捐資興學，輸財購路，〔註17〕並綜《周禮》之與西法合者，成《周禮政要》二卷；明中西新故之無異軌，俾迂固之士，能廢然反本。其通經濟世之胸襟，又可覘之於皓首窮經之外。志潔行廉，超今邁古，爲當代士林之碩儒，啓後世學界之新運，所謂「歸然爲有清三百年學術之殿」者，不亦宜乎。

此章所沭，僅具大意，擘肌分理，統見他篇。惟先生之學，體大思精。予以缾管之職，述前哲之詰，掛漏之處，自知難免。世之碩彥，倘能哀其愚蒙，督以不逮，嘉其苦學，惠予優容乎？

〔註15〕即盧文弨氏《群書拾補》。
〔註16〕即俞樾氏《群經平議》、《諸子平議》。
〔註17〕見本書〈孫詒讓年譜〉。

第二章　孫詒讓之生平（附年譜）

　　孫詒讓字仲容，號籀廎，清同治六年丁卯科舉人，光緒元年，賑饑山西，敘刑部主事，先後七赴禮闈，竟不第。二十四年、二十七年，清廷屢議更政，開經濟特科；二十九年，又開特科，京外大臣瞿鴻璣、陳寶箴、張百熙、唐景崇、張之洞，先後交章推薦，皆不赴。三十一年，與武進屠寄同被聘為京師大學堂教習；三十三年，徵為禮部禮學館總纂，亦不就。先是仲容與邑人黃紹箕等，創立瑞安學計館及方言館，以教邑中子弟。比朝議興學，益資倡力行。光緒二十七年，設瑞安普通學堂；二十八年，設溫州府中學堂及溫屬各縣中小學堂；三十二年，設溫州師範學堂，處州府中學堂，及溫屬各縣女子學堂；歷辦七載，增廣溫、處十六縣各級學堂都三百餘所。溫、處人士，公推總理學務處事。學部尚書榮慶、侍郎嚴修，奏充諮議。浙江提學使支恒榮，聘為學務公所議紳。兩浙人士舉為教育總會會長。歲必巡視，驗以成效，為〈學議本議〉四則，〈枝議〉十則，上諸學部，以明當前教育興革之要。中、日戰役，沿海戒嚴，先生總董團防，邑賴以安。拳匪禍國，東南震驚，縣屬馬嶼，土匪蠢肆，先生芒鞵短服，操刃登陣，與士卒同守備，民恃無恐。光緒三十三年國營浙江鐵路，而貸用外款，群議收歸商辦，先生首輸萬金，其應變紓難，赴義恐後類如此。明年四月，偶患風痺，五月念二日，終與世辭，年六十一。翰林院侍讀錢塘吳士鑑，奏請宣付史館，列入儒林傳，從之。

　　其父衣言，字琴西，為永嘉之學。而先生好六藝古文，父諷之曰：「孫子徒自苦，經師如戴聖、馬融，不阻群盜為姦劫，則賊善人，寧治史志，足以經世致遠。」先生曰：「以人廢言不可，且先漢諸黎獻，風義皭然，經訓之功

也；徒舉一二人僻邪者，史官如沈約、許敬宗，可盡師耶？」父乃授《周官》經。從父官江、淮，時德清戴子高、海寧唐仁壽、儀徵劉壽曾、寶應劉恭冕，皆以樸學名，先生與之揚榷討論，益成其學。以爲典莫備於六官，故疏《周禮》，行莫賢於墨翟，故次《墨子閒詁》，文莫正於甲骨宗彝，故撰《古籀拾遺》、《古籀餘論》、《契文舉例》、《名原》。賈公彥《周禮疏》多隱略，世儒往往傅以今文師說，而拘牽後鄭義者，皆仇王肅，又糅雜齊、魯間學。先生一切依古文彈正，郊社禘祫則從鄭，廟制昏期則從王，益宣究子春、少贛、仲師之學，發正鄭、賈數十百事，古今言《周禮》者，莫能先也。墨書多古言古字，〈經〉以下六篇尤難讀，先生覃思精校，集畢、顧、王、俞、蘇、洪諸家說，斷之己意，整紛剔蠹，呡摘無遺，旁行之文，盡還舊觀，訛奪之處，咸秩無紊，自墨學廢二千年，儒術孤行，至是晦而復明。自段玉裁明《說文》，其後小學益密，然說解猶有難理者。先生以爲許書小篆，實準秦文，略見遠源，惟資古籀，顧所捃摘，猶有未備，重文千字，名或弗贍；又現存之字，疑眩不一，是由竹帛婁更，錯其形兆，深維廢絕之關，當有理董，爰徵宗彝，旁綜龜版，摭彼殊體，通其璿兆，審蹄迒之跡，著省變之原，古籀由是大明。初安陽甲骨之出土也，丹徒劉鶚集所藏一千零五十八片爲《鐵雲藏龜》，先生驚爲瓌寶，首事甄述，凡〈貞卜〉、〈鬼神〉、〈官氏〉、〈方國〉、〈典禮〉、〈文字〉等規模粗具，近世甲骨之學，自此肇端，其功亦偉矣。他若《札迻》、《籀廎述林》，胥關經、子、小學之要，《溫州經籍志》、《溫州古甓記》，足爲鄉邦文獻之徵。要之先生學術，蓋籠有金榜、錢大昕、段玉裁、王念孫四家，其明大義，鉤深窮高過之。

先生八子一女，長子延疇，十五而殤，女名鑰，適同邑洪氏，次子延釗，任職浙江省立圖書館，有著述，尚世其業焉。

更生曰：「綜先生學行，醇篤無疵，超逸時流，故發爲文章，皆淵懿爾雅，灑落有情致；其題〈亭林詩集校後〉二絕句，更寄麥稷黍離之思，於戢紅刻翠之外。嗚呼！歲月奄忽，人事代謝，先生之歿，距今六十有四年矣，更生迂拙，由敬慕其人，而讀其書，述其學；但綆短汲深，張皇難備，俯念風義，徒增忸怩耳。」

孫詒讓年譜

先生名詒讓，字仲容，號籒膏。浙江溫州瑞安人。

瑞安孫氏始祖曰惟睦，當五代時，自閩長溪遷居瑞安之二十五都曰盤谷（今名潘埭），五傳至叔傑，爲宋紹興辛未進士，知沅州，嘗以兵破猺人十三柵，奪所侵地。其後當明初，有諱善者，生士耕，士耕生秉誠，秉誠生伯厚，伯厚生濬，濬生宇，宇生敘，敘生名世，官鴻臚寺。名世生光萃，光萃生肅壽，肅壽生奕法，奕法生望，望生祖鐸，祖鐸生希曾，號魯臣，魯臣生衣言，字劭聞，號琴西。衣言生子女各二，先生其仲也。〔註1〕

瑞安孫氏世系表

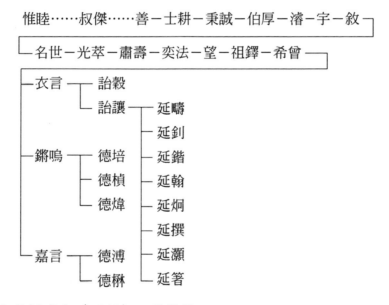

道光二十八年戊申（1848）　　先生生

八月十四日，先生生於瑞安縣治西北二十五里集善鄉潘埭茂德里之演下村。父衣言，字琴西。先生爲琴西次子。

道光二十九年己酉（1849）　　二歲

冬，琴西公至京師。

〔註1〕　本世系根據孫琴西《遜學齋文鈔》卷六〈先大父行述〉、〈先大母項宜人事略〉，及〈顯考魯臣府君妣丁太淑人行述〉，編寫而成。

案：前二年丁未朝考，公因仲弟鏘鳴渠田分校禮闈，例當迴避，故未與試。是冬至京師，蓋預備明春應試也。

道光三十五年庚戌（1850）　三歲

春，琴西公成進士，授翰林院編修。

　　案：公同年有武陵楊彝珍性農、德清俞樾蔭甫、江寧壽昌湘帆、丹徒丁紹周濂甫、祥符周星譽叔昀，皆宿學名儒，時相過從。〔註2〕

先生仲父渠田公奉命視學廣西。

□月，琴西公返瑞安原籍。

夏六月，廣西洪秀全舉兵反，秋九月襲破平樂府，攻打北流縣。清飭林則徐爲欽差大臣馳擊之。

咸豐元年辛亥（1851）　四歲

琴西公家居。

秋閏八月，洪秀全破永安，建號太平天國，自稱天王。

咸豐二年壬子（1852）　五歲

春，琴西公初入史館。

　　案：二月二十一日公至京師，賃屋於宣武門香爐營四條衚衕。

冬十一月，洪秀全破武漢三鎮。十二月，詔曾國藩治團練。

咸豐三年癸丑（1853）　六歲

夏，琴西公派充實錄館協修。

　　案：琴西公與平湖張金鏞海門、馬平王拯定甫、福建林壽圖穎叔寓居相近，常相唱和，成《晨鐙錄》一卷。

渠田公自廣西歸，奉命在籍督辦團堡事。

渠田公校勘孫希旦敬軒《禮記集解》。

　　案：原書五十卷，公析爲六十一卷，踰歲而清本定。《永嘉叢書》之刊行，自先生發之。

五月二十五日，南通張謇生。〔註3〕

是年二月，太平軍沿江東下，克江甯，定爲王都，改號天京。

〔註2〕見《宋譜》、《朱譜》。
〔註3〕見《嗇翁自訂年譜》。

咸豐四年甲寅（1854）　七歲

琴西公奉命入值上書房。

　　案：是年八月，天子逐蹕圓明園，公以翰林值上書房。黃縣賈相國所薦
　　　　也。〔註4〕

是年七月，曾國藩派湘軍馳援江西。

咸豐五年乙卯（1855）　八歲

夏五月，琴西公蒙召入上書房，授惠親王諸子讀。

六月，琴西公偕俞樾諸同年至龍樹院，作竟日之遊。

秋七月，琴西公值上書房，築廬於澄懷園，率妻子居焉。顏其室曰柃梧花
館。

俞樾奉命視學河南。

寶應劉寶楠楚槙卒，年六十五。

是年秋八月，侍郎曾國藩大破太平軍，復武昌、漢陽，並復黃州。訓練水
師以抗上游。

咸豐六年丙辰（1856）　九歲

先生始受四子書。

　　案：《札迻·敘》曰：「詒讓少受性迂拙，於世事無所解，顧竊嗜讀古書。
　　　　咸豐丙辰丁巳間，年八、九歲，侍家大人於京師澄懷園，時甫受四
　　　　子書，略識義義。庋閣有明人所刻《漢魏叢書》，愛其多古冊，輒竊
　　　　觀之，雖不能解，然瀏覽篇目，自以為樂也。」

是年五月，江南大營潰。八月太平軍內訌，翼王石達開奔安慶。

咸豐七年丁巳（1857）　十歲

琴西公預修《宣宗實錄》。

冬，琴西公升授侍講。

是年十二月，「亞羅船事件」發生，英法聯軍陷北京。當太平軍及捻亂正熾
時，而外患又併起矣。

咸豐八年戊午（1858）　十一歲

夏六月，琴西公出任江南安慶府知府。

〔註4〕見《宋譜》。

案：是年因英法聯軍事，天津戒嚴，舉朝和戰未決。太僕公兩進封事，言切忤旨，故調外任，出守安慶。時祁文端公亦在告，數與王通政拯、林方伯壽圖、張中丞祥河約太僕公於慈仁寺飲酒。太僕公將赴皖，使丁淑人攜兒女歸籍。公出都，以兵阻迂道吳中，與俞樾相見，出所著《遜學齋詩鈔》，屬其付梓。

秋，琴西公辭安慶府知府，返瑞安原籍。

太平軍陷處州窺溫州，以有備，捨去。

南海康有爲長素生。

是年夏，英法聯軍北上，陷大沽礮臺，五月締結〈天津條約〉。清廷復與俄訂〈愛琿條約〉，割黑龍江以北地與俄。金錢會匪周榮、趙起，起事於青田、平陽諸縣，旬月之際，蔓延溫州全境。

咸豐九年己未（1859）　十二歲

琴西公授先生詩法。

案：先生〈窊橫詩質跋〉曰：「詒讓少時先君嘗授詩法，稍長治經史小學，此事遂廢。」

夏，琴西公《遜學齋詩鈔》十卷刊成。

案：俞樾〈孫琴西同年遜學齋詩序〉云：「予讀《詩》三百篇而知古人之立言各有其體也。十五國之風，大半出於勞人思婦之所作，與夫民俗歌謠之辭，故其言微而隱，其旨婉而曲。使人讀之，不能即得其意之所主，而抑揚反復，常有存乎文辭之外者，蓋其人固微者也。情之所感，事勢之所激，耳目聞見之所觸，不能已於言，而又有所不能明言，故其言如此。若夫大小雅之作者，則皆王朝之卿士大夫也，其上者爲周公、召公，即下之亦家父、凡伯之倫也。故其爲詩往往陳祖宗之功德，王業之艱難，而中葉以後，政事之得失，民人之利病，君子小人之進退，中國夷狄之消長，無不見於其詩，視風人之辭，何其異哉！蓋言出於人，其人不同，其言亦異。而世之論詩者，執一以概之，徒見風人之辭，微婉不盡，以爲詩教固如此，是有風而無雅矣。瑞安孫琴西，予同年友也。其人疏簡寬易，而常有當世之志。戊午歲，天津戒嚴，舉朝爭和戰未決，琴西時以翰林直上書房，兩進封事，言甚切。是年夏，遂拜出守安慶之命。攜家累出都，因兵阻迂道吳中。予適寓吳，得相見，蓋自別於京師已四

年矣。出所著詩十卷，屬余校刻，且語余曰：刻成後，勿遽播我詩，以我詩多狂言也。余謂君以一書生，受天子知遇，入史館，直內廷，雖由草茅進，非家父、凡伯爲周之世臣者比，然固從中朝卿大夫之後矣。刻琴西詩竟，因書此於簡端，告海內之讀琴西詩者。至其詩上追漢、魏，而近作尤似蘇、黃，世多知之，弗論也。」

是年六月，太平軍翼王石達開攻寶慶。十一月曾國藩、胡林翼會師鄂州。

咸豐十年庚申（1860）　十三歲

琴西公端居里第，與邑中詩人胡棣甫昆季，唱和甚密。

是年夏四月，以曾國藩爲兩江總督兼欽差大臣，督辦江南軍務。

秋七月，英法聯軍陷天津，攻通州，京師大震，隨後兵薄北京，燬圓明園，文宗出奔熱河，結果訂結〈北京條約〉。

咸豐十一年辛酉（1861）　十四歲

春，琴西公在溫州，泰順林用霖亨甫以《羅昭諫江東外紀》殘本呈示。

秋八月，金錢會匪陷郡城，焚琴西公住宅。公與兄弟奉父母攜妻子，避寇永嘉孫坑。

案：先生敘朱中我《咸豐以來將帥別傳》曰：「粵亂初興，家中父學士君方視學粵西，以巡撫某公諱寇，密疏首發其事。桂林之圍，親在城中，幾瀕於危，泉歸，又奉朝命，治團於鄉，值浙東西淪陷，鄉里墟燼。詒讓甫成童，展轉兵亂間，僅以獲全。……」

□月，林用霖刻《羅昭諫江東外紀》殘本畢，寄呈琴西公一冊。

是年冬十月，太平軍忠王李秀成陷杭州，仁和邵懿行位西遇難，年五十二。

同治元年壬戌（1862）　十五歲

春二月，琴西公奉父母攜妻子歸瑞安。自是僦居城內之邵嶼。

先生長兄詒穀穉民戰死。

案：太平軍由處州入青田窺瑞安，時福建記名道張啓煊燦堂以閩師千人至郡，任先生長兄詒穀爲前鋒，守白沙嶺，遇寇於桃溪，戰死，年二十五。是役也，渠田學士及同里黃漱蘭體芳均參與。

是年，總理各國事務衙門創設同文館。夏四月，曾國荃復蕪湖，進攻秣陵關，克之，遂圍江甯。金錢會匪平。

同治二年癸亥〔1863〕　十六歲

先生補學官弟子。

先生始治經史小學。

案：《札迻·敘》曰：「年十六、七，讀江子屏《漢學師承記》，及阮文達
　　公所集刊《經解》，始窺國朝通儒治經史小學家法。」

先生撰《廣韻姓氏刊誤》一卷。

案：是書爲先生少年著作，至今尙未刊行，原稿未見，其成書確實年代
　　無考，姑繫於是年。〔註5〕

獨山莫友芝子偲撰《唐寫本說文解字木部箋異》刊行。

案：朱《譜》云：「此卷自經莫氏表彰，烜赫海內，後爲涇陽端方午橋所
　　得，近年端氏所藏，其家人斥賣殆盡。此卷歸於白堅，聞白氏以三
　　千金轉售於日人矣。」

是年，湘鄉曾國藩開府皖中，使人召琴西公。公奉命署廬、鳳、穎兵備道，
遂攜妻子赴官。

同治三年甲子〔1864〕　十七歲

春，琴西公治軍臨淮，暫駐壽州，先生隨侍，介友人易得「元管軍上百戶
銅印」。

案：先生〈記元管軍上百戶銅印〉曰：「壽州官舍掘地得殘骸，旁有古銅
　　印一，蓋前代官吏之死於兵者，藁葬於此，印其所殉也。知州施照
　　之幼子，得之以爲珍玩。同治甲子春，家大人攝分巡廬、鳳，以襄
　　喬撫軍營務，暫駐壽州，余隨侍官齋，介友人易得之。」

夏六月，先生祖母丁淑人卒，年七十四。

秋七月，得東漢〈衛鼎〉於安徽壽州。

案：《東甌金石志》卷十二〈漢衛鼎考〉曰：「孫詒讓案：右東漢〈衛
　　鼎〉，同治甲子秋得於安徽壽州。」又《籀膏述林》卷七〈漢衛鼎
　　考〉曰：「秋七月得東漢〈衛鼎〉於淮穎。以建初慮俿銅尺度之，
　　器高五寸八分，口徑七寸二分，兩耳二寸五分三，足高三寸六分。
　　惟蓋已失去，度不可考。腹有稜。純素無文。器鑿篆書大字十二⋯⋯
　　小字三。」

〔註5〕朱《譜》、章氏〈孫詒讓傳〉、吳士鑑奏摺均錄有此作。

是年五月，太平天王洪秀全自殺，太子福瑱即位，以忠王李秀成輔國。六月，大學士曾國藩克復江甯。太平幼主福瑱走江西。八月，江西軍席寶田擒斬之，太平天國亡。

同治四年乙丑（1865）　十八歲

春二月，琴西公告假回籍居喪。

夏五月，先生祖父魯臣公卒，年七十九。

秋，先生從弟詒燕翼齋中鄉試。

冬十月，琴西公主講杭州紫陽書院。冬至日，先生赴杭州。

　　案：俞樾《春在堂隨筆》云：「余與孫琴西衣言，三爲同年。道光十七年丁酉科，君得拔貢，余中副榜；廿四年甲辰科，同舉於鄉；三十年庚戌科，同成進士。相得甚歡，而論詩不合。故余嘗贈以詩曰：『廿載名場同得失，兩家詩派異源流。』然君刻《遜學齋》十卷，止余一敘，余於咸豐九年刻《日損益齋詩》十卷，亦止君一序也。同治四年，兩人分主蘇、杭紫陽書院，又贈以詩曰：『廿年得失共名場，今日東南兩紫陽。』一時以爲佳話。」

琴西公蒐採鄉邦文獻。

　　案：琴西公《甌海軼聞·甲集》序云：「同治戊辰之春，再至京師，頗思蒐採鄉邦軼事，史志所未詳者，隨時輯錄，以補國聞之缺。因思自古以來，盛衰治亂之機，無不因乎學術，至於一州一邑，其人心之邪正，風俗之厚薄，人材之眾寡，莫不於學術見之。然則學術者，鄉邦之大事也。」

　　又：孫延釗〈孫太僕年譜跋〉云：「表章永嘉學術，爲公畢生志力所在。蓋南宋以訖于清，閱年七百；經制之道，寖以湮微。其遺文之猶存者，收藏家往往祕本長扃，并世學人，罕所津逮。公怒然思有以振厥隊緒，廣徵博討，凡前人著作有得于彌綸兢省之全者，咸甄綜而理董之；或易舊鐫以精鐐，或求孤鈔之副帙；丹黃點勘，遲莫勿衰……論定而刊行者，十有三種三百四十六卷。」

先生始治金石文字之學。

　　案：先生〈薛尚功鐘鼎款識跋〉曰：「余少嗜古文大篆，年十七八，得杭州本讀之，即愛翫不釋，嘗取《攷古》、《博古》兩圖及王復齋《款識》、王俅《集古錄》校諸款識，最後得舊景鈔手蹟本，以相參校，

則手蹟本多與《攷古》諸圖合，杭本譌誤甚多，釋文亦有舛互。」先生治金石文字之學凡四十年，即發軔於此，是後數年中，研習是書，遇有心得，即注於眉端，後收入《古籀拾遺》上。

同治五年丙寅（1866）　十九歲

是年，兩江總督曾國藩創設金陵書局，招集歸安周學濬縵堂、獨山莫友芝子偲、德清戴望子高、寶應劉恭冕叔俛等校經籍。

案：先生《古籀餘論·後敘》曰：「猶憶同治間，余侍親江東時，海內方翹望中興，而東南通學，猶承乾、嘉大師緒論，以稽古爲職志。」先生咸從捧手，自是其學益加精進。

冬十月初六日，廣東香山縣孫文逸仙生。

浙江上虞羅振玉叔言生。

是年，清廷循總理各國事務衙門之請，始派官生遊學歐洲。

同治六年丁卯（1867）　二十歲

琴西公校補《水心文集》。

案：公從錢唐丁丙借黎本《水心文集》，校乾隆刻本，補正百餘字。

秋，先生舉浙江補甲子科鄉試，座主爲南皮張之洞孝達。

案：張文襄公得先生卷，擊節嘆賞，稱爲通才。又，先生《周禮正義·敘》曰：「同治之季年，始爲長編數十巨冊，綴輯未竟，而舉主南皮張尙書議集刊國朝經疏，來徵此書。」

冬，先生校勘王致遠《開禧德安守城錄》。

案：先生《開禧德安守城錄·後序》曰：「同治丁卯冬，家大人始從忠敏裔孫仲蘭孝廉許得此錄寫本，乃其族纂修譜牒時迻謄副帙，猶宋本之舊，乃與中父各鈔一冊弆之，復因原鈔繕錄未精，文襫句揢，不可卒讀，乃命詒讓悉心讐正，訂其踳誤，疑不能明者則闕之。至書中所紀事實，雖斠之史文，不無牴溢，然旁稽群籍，則左證憭如。」

同治七年戊辰（1868）　二十一歲

春二月，先生應禮部試，報罷。

三月，渠田公刊孫希旦《禮記集解》六十一卷。《尙書顧命解》一卷成。

琴西公校勘《許及之集》。

　　案：公從大興翁同龢_{叔平}借抄寫本《許及之集》，復爲校勘所疑者。〔註6〕
夏，先生返瑞安原籍。
□月，先生遊永嘉仙巖，手拓沈樞〈持要題記〉並〈詩〉、彭城〈執中題名〉
及〈陀羅尼經幢〉以歸。
　　案：三石刻均收於戴咸弼纂輯之《東甌金石志》。沈樞〈題記〉並〈詩〉
　　　　錄於該書卷八，末附琴西公《遜學齋文鈔·沈樞仙巖題名拓本跋》。
　　　　彭城〈執中題名〉，錄於該書之卷四，石刻在瑞安仙巖龍鬚潭前，先
　　　　生有案語。〈陀羅尼經幢〉，錄於該書卷十二，經幢在今瑞安仙巖寺，
　　　　橫臥寺前。
秋，琴西公授江甯布政使，居瞻園，先生隨侍。
　　案：公承兩江總督馬新貽薦起，以道員需次金陵，曾國藩奏補江甯布政
　　　　使。〔註7〕
琴西公命先生收藏書籍。自此以後，爲先生學問邁進之時代。
　　案：琴西公〈玉海樓藏書記〉曰：「同治戊辰，復爲監司金陵，東南寇亂
　　　　之餘，故家遺書，往往散出，而海東舶來，且有中土所未見者。次
　　　　兒詒讓亦頗知好書，乃令恣意購求，十餘年間，致書八九萬卷。」
　　　　又先生《札迻·敘》曰：「隨家大人官江東，適東南巨寇蕩平，故家
　　　　秘藏多散出，間收得之，亦累數萬卷。每得一佳本，晨夕目誦，遇
　　　　有鉤棘難通者，疑牾累積，輒鬱鬱不怡；或窮思博討，不見端倪，
　　　　偶涉他編，乃獲確證。曠然昭寤，宿疑冰釋，則又欣然獨笑，若陟
　　　　窮山，榛莽霾塞，忽覩微徑，遂達康莊。邢子才云：日思誤書，更
　　　　是一適。斯語亮已。」
先生長子延疇生。
俞樾主講西湖詁經精舍。
是年秋七月，以曾國藩爲直隸總督，馬新貽爲兩江總督，英桂爲閩浙總督。

同治八年己巳（1869）　二十二歲
先生撰〈唐靜海軍考〉。
　　案：南通張謇季直撰先生墓表，列其遺著，有《溫州建置沿革表》一卷，

〔註6〕見朱《譜》。
〔註7〕見朱《譜》。

原稿未見，此篇或即其一部分。〔註8〕先生有〈唐靜海軍考〉，全文附於《籀膏述林》卷四中。

先生撰《永嘉郡記集本》一卷。

案：劉宋鄭緝之《永嘉郡記》，宋以後久佚。先生從《世說·注》諸書，輯其逸文，凡五十餘條，著為一卷。所采之書以宋、元以前為斷，至明以後書，惟據顧祖禹《讀史方輿紀要》錄〈帆遊〉一條。〔註9〕

夏，先生撰《溫州經籍志》始稿。

案：先生有〈徵訪溫州遺書約〉，廣託同志，代為搜訪。

是年夏五月，天津人民焚燬教堂，毆死法國領事。曾國藩病危，請罷免。

同治九年庚午（1870）　二十三歲

春，先生以漢《熹平石經》殘字校《論語》「盍徹乎」原文，補正劉寶楠《論語正義》。寶楠子恭冕深以為然。

案：劉恭冕釐定其父楚楨公《論語正義》付梓，疑漢《石經》「蓋肆乎其肆也」為逸文。先生有與劉叔俛論此條，著〈書南昌府學本漢石經殘字後〉一文云：「當即〈顏淵篇〉『哀公問於有若』章之異文，蓋『肆乎』即『盍徹乎』之異文，『其肆也』即『如之何其徹也』末三字之異文。……同治庚午辛未間，余在江甯，曾舉此義以告叔俛，亦深以為然，因其既已刊成，未及追改，而叔俛遽卒。」

夏，琴西公校勘《浣川集》、《劉給諫集》。

案：公從陸心源存齋假得鈔本戴文子《浣川集》，請友人代為副墨，並以文瀾閣殘本校勘一過。又從豐順丁氏假得《劉給諫集》鈔本，以校所藏新、舊兩鈔本，大約以舊鈔本為主，而文義可通者，則兩從之。

先生假得盧校《越絕書》，手錄存之。

案：盧文弨紹弓校《越絕書》，以明吳琯《古今逸史》本，校張佳胤刻本，又取《史記》、《續漢志注》及唐、宋類書徵引之文，勘今本之奪誤，其舉正多精審。先生從戴望假錄之，並考定〈內經〉八篇目錄。先生〈題盧校越絕書附考定內經八篇目錄〉一文，現載於《籀膏述林》卷六。

〔註8〕見《朱譜》引說。
〔註9〕見《朱譜》。

先生乘舟至京口訪古。

　　案：《古籀餘論·後敘》曰：「猶憶同治間，余侍親江東時。……壯年氣
　　　　盛，嘗乘扁舟溯江至京口，登金山訪〈遂啓諆大鼎〉，不得，迺至焦
　　　　山海雲堂，觀〈無夀鼎〉，手拓數十紙以歸。」

是年秋七月，兩江總督馬新貽在教場遇刺，年五十。

同治十年辛未（1871）二十四歲

春，先生北上應禮部試。

夏四月，先生假翰林院觀所儲《四庫全書》底本數種，皆關於鄉邦文獻之
著作。

□月，先生應試報罷，返江甯。

五月朔，先生與諸名士，於龍樹院，爲蒹葭移雅集圖。

　　案：是年五月朔，太史張之洞孝達，侍郎潘祖蔭伯寅，集名士於龍樹院，
　　　　爲蒹葭移雅集圖。人各有詩，南海桂皓庭文燦，與先生皆與會。

先生撰《艮齋浪語集札記》□卷

　　案：《艮齋浪語集·跋》曰：「案《艮齋浪語集》三十五卷，末一卷爲〈祭
　　　　文〉、〈挽詩〉、〈誌狀〉之屬。寶慶間，艮齋從孫師旦所編。明以來，
　　　　梓本久佚，藏書家展轉傳鈔，脫誤最甚。同治辛未，家大人命詒讓
　　　　參合各本，精校付刊，復錄其異同，爲《札記》□卷。然其訛缺，
　　　　尚未能盡補正也。」

　　又：先生代家大人作《艮齋浪語集·敍》，曰：「先生從孫師旦始編定刊
　　　　行于世。明以來印本殆絕，今所據以校刊者，錢唐丁大令丙所藏明
　　　　鈔殘本，及朱宗丞學勤所藏舊鈔本也。」

先生撰《溫州經籍志》成。

　　《溫州經籍志·敍例》曰：「郡邑之志經籍者，蓋土訓之駢枝，書錄之流裔
　　也。《關東風俗》之傳，〈墳籍〉成篇，北周宋孝王《關東風俗傳》有〈墳
　　籍志〉，見劉知幾《史通·書志篇》。《嘉泰會稽之志》，遺書有錄。方志
　　書曰，此其權輿，元明舊記，多沿茲作，厥後撰箸漸繁，紀載難悉，遂
　　創專志，別帙單行。簿錄之體，不淆釋地；徵文之例，斯爲宏焉。地志
　　書目另爲專書，不知始于何時，黃虞稷《千頃堂書目》十，有祁承爜《兩浙箸作考》
　　四十六卷、曹學佺《蜀中箸作記》十卷。周天錫《愼江文徵》三十八載明永嘉姜準亦
　　有《東嘉書目考》，諸書均不傳，無由知其體例。洪亮吉《更生齋甲集》三有邢澍〈全

秦藝文錄敘〉，稱其書仿《歷史藝文志》，而參以《經義攷》之例，今亦未見其書。溫州自唐以來，魁儒瑋學，纂述斐然。而圖經所載，廑具書名，不詳崖略，疏漏舛謬，研討靡資。惟乾隆《平陽縣志》、道光《樂清縣志》經籍一門略存敘跋，湯成烈咸豐《永嘉縣志稿》體裁淵雅，其〈藝文錄〉全用朱氏《經義考》之例，然所記者止于一縣，且永嘉諸儒遺書，湯多未見，故亦未能詳備。今特為補輯，勒成斯編，犕存辜較，兼拾闕遺。匪敢謂梓桑文籍盡備于斯，然唐、宋而後，嘉、道以前凡人尚存者，箸述不收，謹遵《四庫總目》例也，耳目所及者，亦略具矣。

中壘校書，是有《別錄》，釋名辨類，厥體綦詳。後世公私書錄，率有解題。自汴宋之《崇文》，逮熙朝之《四庫》，目誦所及，殆數十家，大都繁簡攸殊，而軌轍不異。至於篇題之下，眘逡敘跋，目錄之外，采證群書，《通攷·經籍》一門，實創茲例。朱氏《經義考》祖述馬書，益恢郛郭，觀其擇撢群藝，研核臧否，信校讐之總匯，攷鏡之淵藪也。此書之作，意存晐備，故輒遠軌鄱陽，近宗秀水。庶廣甄錄，用備攷稽。

劉〈略〉班〈藝〉，類分以六，厥後荀勗創四部之名，王儉樹《七志》之目，分別部居，襍而不越。勝朝地志，所紀藝文，多以人次，此例亦不知昉于何書。宋高似孫《剡錄》載戴、阮、王、謝四家著述，各以族姓相次，又與此不同。義類紛舛，實乖史裁。蓋經藝異軌，史子殊原，不有區分，曷資參證。故此編分類，一遵四部。至于子目分合，古錄多殊，惟乾隆《四庫總目》辨識最精，配隸尤當，今之編纂，實奉為圭臬焉。《總目》所出子目，其書或溫州箸述所無者，則依孫星衍《廉石居藏書記》例，標曰「某類無」。

目錄之別存佚，自唐釋智昇《開元釋教錄》始也。朱氏沿厥舊規，增成四目。存佚之外，有曰闕者，篇簡俄空，世無完帙也。有曰未見者，弆藏未絕，購覓則難也。四者昕分，實便檢斠。然存闕竝憑目諗，不慮譌舛。惟未見與佚，雖著錄有無，足為左契，而時代遷易，未可刻舟。朱書之例，原始明代，逮于國初，志錄所收，若偶未見，竝不注佚。今去朱氏幾二百年，上溯勝朝尤為遼邈。豈無瑋篇珍帙，晦而復顯，昔艱尋購，今則通行。而隱祕之書，湮沒已久，傳播殆絕，無事存疑，故此編未見之書，所據藏目，斷自昭代。明人所紀，並入佚科。凡明時有刊本者，雖國朝諸目未經著錄，亦注「未見」。又黃氏《千頃堂書目》所收明人書至博，然多存虛目，不必真有藏本。故雖時代匪遙，其不詳卷帙者，並注曰「佚」。更有書匿目睹，

而傳帙塙存者，如《四庫全書》庋儲天府，釋道兩家，各有專藏，釋書據雍正中藏經館所刊《龍藏彙記》，道書據明白雲霽《道藏目錄詳注》，不必經覽，即定爲存，分別觀之，是在鴻博。

網羅放失，有異鑒藏，書不盡存，目宜徵實。唐修《五代經籍志》，附注亡書，悉據梁有。梁有者，阮孝緒《七錄》所有也。朱氏《經義攷》所紀卷數多援史志，實事求是，此爲精例。是編廣意蒐尋，必求審諦。凡隱篇秘笈，久無傳本者，苟箸在前錄，悉注行間。書目所無，別據他書錄入者，亦注所出之書。其據萬曆《溫州府志》、雍正《浙江通志》及近時府、縣志錄者，見明〈志〉則不注近志，見《通志》則不注府、縣志，以省繁冗。書名卷帙，校覈異同並仿此。用楬采摭之本原，且證淪佚之時代。其見存舊帙，紀述稠疊，博引繁傆，有類旒綴。然如經籍藝文，史家專志，晁、陳、鄭、馬儲藏古目，以及乾隆《四庫》，提全書之綱要。晉江《千頃》，粹五史之闕文，《千頃堂書目》原本實《明史·藝文志》稿，見朱彝尊《明詩綜》八十九及盧文弨《抱經堂文集》七，其所載書較官撰《明史》更爲精博，至每類後所附宋、遼、金、元人書，則又以補四史之闕略。故雖出近代，實目錄家要帙也。並鈐鍵藝林，津逮文苑。凡卷帙異同，流傳廣狹，是實足徵，不宜從略。故今凡遇此諸目所收，無論存亡，幷爲詳注也。《宋志》所無者，取倪燦《補志》，《元史》無藝文志，亦取錢大昕《補志》。趙希弁《讀書附志》本附晁《志》之後，今亦與晁《志》一律入錄。

古書流傳浸遠，遞更鈔梓，名淆于屢刻，卷異于重編，苟不辨其原流，將至展卷茫昧。此志于見存之書，標題卷數，悉遵舊本，其有新刊重定，篇第差互，則附注下方，使先後昭晰，優劣粲然。至于亡編逸籍，敘錄多歧，省易分幷，尤難鉤核。今則據舊目以溯厥初，證群籍以廣其異。名期從朔，卷必徵全，附斠駁文，用資攷核。

彭城《史通》，首論限斷，地志書目，蓋亦宜然。世俗崇飾人文，恒多假借，總其凡最，厥有二端：一曰僑寄，一曰依託。蓋郡邑之人，遷徙無常，父子之間，籍貫頓異。如不有界域，則一卷之中，人殊燕越，體例蕪雜，不足取信。此論所收文籍，區別特嚴。大抵自內出者，錄父而刪子，如經部錄葉味道《儀禮解》，而子部不錄葉采《近思錄注》之類。以父尚溫產，子則異籍也。自外入者，錄子而缺父，如集部錄徐璣《二薇亭詩》，而經部不錄徐定《春秋解》之類。以子已土箸，父猶寓公也。至如僞作新編，嫁名前哲，研究既難，采錄宜審。今凡遇鈔迻舊籍，塙有主名，如鄭景望《蒙齋筆談》，

即鈔葉夢得《巖下放言》偽作之類。竝搜厥根荄,檃從芟發。其有書非襲舊,人實傳疑,如《周禮詳說》題王十朋之類。則姑為綴錄,以竢參定。凡此諸類,舊存今創者,更加疏證,別為〈辨誤〉。庶知刊剟有由,異于逞肊棄取。其郡縣志未載,而它書誤題溫州人者,亦附辨之,恐後人不攷,誤據以補入也。

敍跋之文,雅俗雜糅,宋、元古帙,傳播浸希,自非繆悠,悉付掌錄。明氏以來,略區存汰,大氏原流綜悉,有資攷校,義旨閎眇,足共誦覽,凡此二者,並為擷采。或有瞀士剿剟,雅馴既少,書林衒鬻,題綴猥多,則廑存凡目,用歸簡要。張氏《藏書志》于習見之書序跋,皆廑存目,今略仿其例。若編帙既亡,孤文廑在,則縱有疵纇,不廢迻謄。復以馬、朱兩《攷》,凡錄舊文,不詳典據,沾省塗竄,每異本書,偶涉讎勘,輒滋岐牾。今亦依張《志》之例。凡舊編具在者,竝迻寫元文,不削一字,年月繫銜,亦仍其舊。凡敍跋文字,從他書采入者,並依朱《考》,於文首揭箸某某敍跋,其據本書甄錄者,既備載全文,則姓名已具,故不復冠以某某敍跋之題,亦張氏《藏書志》例也。其有名作孤行,散徵他籍者,則備揭根柢,竝箸卷篇,庶使覽者得以討原,不難覆檢。至于辨證之語,刺剟叢殘,實難稽核。朱《攷》概標某曰,尤為疏略。今則直冠書名,用懲肊造,謝啓昆《小學攷》已有此例,特此書名下兼及卷數,與彼小異耳。有刪無改,亦殊專輒。

祿利興而經義濫,風俗敝而小說滋。刪緝藝文,別裁宜審,而《千頃書目》坿制舉于總集,《百川書志》入傳奇于別史,榛楛勿翦,宏達所嗤。此編蒐羅務廣,甄擇特嚴,凡此兩門,雖古帙流傳,輒从刪汰,若高明《琵琶記》、項喬《義則》、劉康祉《四書孤嶼草》之類,今並不收。庶使野言詭說不淆文史。至于譜牒一類,古志例收,然隋、唐以前,崇尚氏族,斜上旁行,悉登官簿。自譜學淪廢,私書繁褥,前創後修,此分彼合,篇帙日增,不可彌究。故《四庫總目》不立此目,分韻編姓,帙附類書,舊志于家牒間登一二,今竝削之。

詔定官書,雜成眾手,史志所箸撰人,或惟主監修,或廑題經進,理無專屬,達例未聞,況復斷地為書,方隅攸限,凡在茲科,宜從蓋闕。至於遊宦名賢,實多載述,如緝之《郡記》,開編譜之閎規,子溫《橘錄》,萃永嘉之珍產。攷徵所藉,捃輯須詳。然主客之間,當有畛域,而溫州舊志,茲與本郡著述相廁,尤為無例。今別錄為〈外編〉一卷,以為蒐討舊聞之助。

兩漢經儒，學有命氏，劉、班所載，師法焯然。朱《攷》凡所標揭，以氏繫名，例雖創立，意則同貫。此編所紀，不盡詁經之書，竊取敬鄉之義，故所稱述，竝沿朱例，至朱《攷》薈稡群書，雖區世代，然不標明，易滋淆舛。今各加識別，俾尋覽憭如。一代之人，或有先後，則竝據科第、生卒之年略為排比。《千頃堂書目》別集一類，悉以科第先後分別著錄，然鄉解與會試錯出無緒，遂多重複。今悉依舉人題名為次，庶可較若畫一。至雍正《通志》及萬曆、乾隆二《府志》選舉一門，科榜先後，每多乖異，則竝依萬曆《府志》為正。諸貢及無科第者，並約其時代附於其後。其有義士逸民，身遭易姓，苟節崇肥遯，則仍繫故朝，若宋林景熙、元朱希晦之類。謹遵《四庫總目》例也。至於姓氏久湮，事實不著者，則坿一代之末，用竢攷定，再為敘次。

寫錄之次，馬、朱互異。貴與彌心舊錄，故敘跋繫晁、陳之後，錫鬯博綜佚聞，則傳狀冠志目之前。凡此科條，未為允協，今之寫定，輒為更張。大抵每書之下，敘跋為首，目錄次之，評議之語又其次也。其有遺事叢談，略綴一二。苟地志已具，則無貴繁徵。凡《通志》、府、縣志有傳者，並不復詳其事蹟。至于申證精奧，規檢譌誤，一得之愚，不敢自祕，殿於末簡，以質大雅。己巳之夏，屬藁伊始，寒暑再更，條緒竹立。凡為卷三十有三，〈外編〉二卷、〈辨誤〉一卷坿焉。箸於錄者一千三百餘家，所目見者十一而已。自知徒殫勾集之勤，未窺述作之怡，紕繆奪漏，懼弗克免，用竢方聞，理而董之。」

案：先生此志，義例精審，足供治目錄學及整理鄉邦文獻者之參攷。又先生《四部別錄》，或當撰於是年前後，余鈔得《浙江學報》三十六年一卷一期《孫詒讓先生百年誕辰專輯》中洪煥春所錄孫氏遺著〈四庫全書簡明目錄箋迻〉一份，為先生手校鈔本。

獨山莫友芝子偲卒。

案：莫氏於先生為父執，往來游讌，踪跡頗密。氏嘗箋校唐寫本《說文・木部》，於同治二年刊行，當時學者，驚為祕笈。先生參攷他說則定為贗品。《溫州經籍志》卷七〈小學・宋戴侗六書故・六書通釋〉又案曰：「案此書〔註10〕所引唐本《說文》，今之治小學者習知之。此外尚有蜀本、監本及李陽冰《廣說文》。晁說之參訂許氏文字諸說，並足資斠勘。近獨山莫氏友芝得唐本《說文・木部》之半，箋校刊行。

〔註10〕指《六書故》、《六書通釋》。

以此書〈木部〉所引唐本二條核之，並不合。此書木部柿字注，唐本唐記反，莫本只有竹革，一紐，械字注。唐本《說文》或說內盛爲器，外盛爲械。莫本作一曰有盛爲械，無盛爲器。友人歙汪茂才宗沂語余曰：『此乃其鄉一通小學者所僞作，其人彼尚識之，莫號能鑒別古書，乃爲所欺，可咍也。』近人得莫本，多信爲眞，慮世之爲校讐之學者，將據以羼改許書，故附識之。」莫本每葉十八行，每行上下勻寫二行，行款與二徐大異。唐本字書今不可見，然石刻五經文字，九經字樣，並不勻排字數，足諭唐宋字書行款不甚相遠。又莫本卷尾附米友仁鑒定跋，稱篆法《說文》六紙。案唐本在宋時，猶今之明寫本，固非絕無僅有之物，況許書唐本全佚彼時尚有流傳，何得殘膡六紙，遽登秘府，又命詞臣鑒定，其爲僞跡顯然，莫氏自不察耳。

是年五月，以李鴻章爲全權大臣，與日本議訂通商條約於天津。俄兵佔我伊犁。

同治十一年壬申（1872）　二十五歲

先生撰《周禮正義》始稿。

《周禮正義・敘》曰：「詒讓自勝衣就傅，先太僕君即授以此經。而以鄭注簡奧，賈疏疏略，未能盡通也。既長，略窺漢儒治經家法，乃以《爾雅》《說文》正其詁訓，以《禮經》、《大》、《小戴記》證其制度，研撢累載，於經注微義，略有所寤。竊思我朝經術昌明，諸經咸有新疏，斯經不宜獨闕。遂博采漢、唐、宋以來，迄於乾嘉諸經儒舊詁，參互證繹，以發鄭注之淵奧，裨賈疏之遺闕。」又〈劉恭甫墓表〉曰：「同治中，詒讓侍親江寧，始得識恭甫。於時大江南北方聞之士，總萃於是。寶應劉君叔俛方繼成其父楚楨先生《論語正義》，甘泉梅君延祖治《穀梁》，亦爲義疏。而恭甫治《左氏》爲尤精，詒讓佝瞀不學，幸獲從諸君子之後，亦復希光企景，儇重疏《周官》，以拾賈氏之遺闕。間有疑滯，輒相與商榷，必得當乃已。」

先生校勘《蒙川遺稿》。

《蒙川遺稿・跋》曰：「同治戊辰，詒讓應禮部試，報罷南歸，道出甬東，購得寫本。……乃得盡刊今本之謬。家大人遂命校勘以廣其傳。大致悉依舊寫本，其有奪誤顯然者，乃依閣本、活字本，略爲補正；稍涉疑似者，則區蓋以俟續勘。」

冬十月，先生撰《古籀拾遺》三卷成。

《古籀拾遺·敘》曰：「攷讀金文之學，蓋萌柢于秦、漢之際，《禮記》皆先秦故書，而〈祭統〉述孔悝〈鼎銘〉，此以金文證經之始。漢許君作《說文》，據郡國山川所出鼎彝銘款以修古文，此以金文說字之始。誠以制器為銘，九能之選，詞誼瑋奧，同符經藝。至其文字，則又上原倉、籀，旁通雅故，博稽精斠，為益無方。然則宋、元以後，最錄款識之書，雖復小學枝流，抑亦秦、漢經師之家法與。宋人所錄金文，其書存者，有呂大臨、王楚、王俅、王厚之諸家，而以薛尚功《鐘鼎款識》為尤備，然薛氏之悑在于鑒別書法，蓋猶未刊集帖之匦，故其書摩勒頗精，而平釋多謬。以商周遺文而迺與晉唐隸艸絜其甲乙，其於證經說字之學，庸有當乎？我朝乾嘉以來，經術道盛，修學之儒，研斠篆籀，輒取證于金文，儀徵阮文達公遂集諸家拓本，賡續薛書，南海吳中丞榮光，箸《筠清館金石錄》，亦以金文五卷冠其首。阮氏所錄既富，又萃一時之方聞邃學，以辯證其文字，故其考釋精塙，率可依據。吳書釋文，蓋龔禮部自珍所纂定，自負其學為能冥合倉、籀之悑，而鑿空貤繆，幾乎陽承慶、李陽冰之說，然其孤文瓻誼，偶窺扃窔，亦間合于證經說字，終非薛氏所能及也。詒讓束髮受經，略識故訓，嘗慨獷秦燔書，別創小篆，倉沮舊文，寖用湮廢，漢人掇拾散亡，僅通四五，壁經復出，罕傳師讀，新莽居攝，甄豐校文，書崇奇字，而黜大篆。甄豐所定六書，一古文，二奇字，三篆文即小篆，四左書，五繆篆，六鳥蟲書，而無大篆，是其證也。建武中興，《史籀》十五篇，書缺有間，魏正始《石經》，或依科斗之形以造古文，晉人校汲冢書以隸古定，多怪詭不合六書，蓋古文廢于秦，籀缺于漢，至魏、晉而益微，學者欲窺三代遺跡，舍金文奚取哉！端居諷字，頗涉薛、阮、吳三家之書，讀之，展卷思誤，每滋疑懣，間用字及它刻，互相斠覈，略有所寤，輒依高郵王氏《漢隸拾遺》例，為發疑正讀，成書三卷。自惟末學膚受，不足以通古籀之原，竊欲刺劙殘瓻，少坿證經說字之學，至於意必之論，刊除未盡。且僅據傳摩，罕斠墨本，點畫漫缺，或茲妄說，世有好古文字如張敞、顏游秦者，儻能理而董之矣。」

劉恭冕《商周金識拾遺·跋》云：「《商周金識拾遺》者，瑞安孫君仲容之所作也。君於學無所不窺，尤多識古文奇字。故其所著，能析其形聲，明其通假，近世鴻通之儒，為此學者，自儀徵阮氏、武進莊氏外，未有堪及君者，可不謂盛與！」

案：此書初名《商周金識拾遺》，此後重定，改名《古籀拾遺》。先生於劉恭冕〈跋〉文之末注曰：「此書初成，名《商周金識拾遺》，而劉君爲跋其後，今重定，改名《古籀拾遺》，而劉君已物故，不欲追改，故仍之，詒讓記。」書凡三卷，上卷訂正宋薛尙功《鐘鼎彝器款識》十四條，中卷訂正阮元《積古齋鐘鼎彝器款識考釋》三十條，下卷訂正吳榮光《筠清館金石錄》二十二條。

同月，先生撰《毛公鼎釋文》

〈毛公鼎釋文跋〉曰：「右濰縣陳氏所藏周〈毛公鼎銘〉卅二行，四百九十七字。吉金款識自〈齊侯鎛鐘〉外，如近人所得〈曶鼎〉、〈散氏盤〉，其文之繁，未有及此者。德清戴君子高，偶得桐城吳氏摹本，使余讀之，因勾集《說文》古籀，及薛、阮、吳諸家所錄金文，攷定其文字，而闕其不可知者。」

同月，琴西公奉旨任安徽按察使，上謝恩摺子。

同月，琴西公以《開禧德安守城錄》付梓。

先生《開禧德安守城錄‧後敘》曰：「此書所紀雖一人一時之事，而爲讀宋史者拾遺補闕。其足與湯、趙二錄並傳，固無疑也。壬申十月，家大人以此書開彫於金陵，殺青既竟，乃命詒讓坿識其原流，並著其足與它書相參證者，綴諸簡末。」

十二月，琴西公以《艮齋浪語集》付梓。

先生代琴西公撰《艮齋浪語集‧敘》曰：「是集宋寶慶間，先生從孫師旦始編定刊行於世。明以來，印本殆絕，今所據以校刊者，錢唐丁大令丙所藏明鈔殘本，及朱宗丞學勤所藏舊鈔本也。刊既成，謹述先生學業傳授之略，與相國嘉惠來學之意，以詔讀者，同治壬申十二月。」

吳縣潘祖蔭著《攀古樓彝器款識》二冊刊行。

歸安吳雲平齋著《兩罍軒彝器圖識》十二卷刊行。

是年春二月，大學士兩江總督曾國藩卒，年六十二。

同治十二年癸酉〔1873〕 二十六歲

春，先生得劉寶楠所錄《大戴禮記舊斠》，手錄藏之。

《大戴禮記斠補‧敘》曰：「猶憶同治癸酉侍先太僕君於江甯，時余方艸創《周禮》疏，而楚楨丈子叔俛孝廉恭冕，適在書局，刊補《論語正義》亦甫成，時相過從，商榷經義，偶出《大戴》斠本示余，手錄歸之。叔

俛喜曰：此本世無副迻，唯嘗寫寄績谿胡子繼教授培系，今子又錄之，大江以南，遂有三本，可不至湮隊矣。」

案：劉寶楠所錄乾嘉經儒《大戴舊斠》，多孫淵如、丁小雅、嚴九能、許周生諸家手記，又有趙雩門所斠殘宋槧異文，與孔書小殊，先生均錄於冊端，後撰《大戴禮記斠補》，並刪定錄入書中。任銘善〈大戴禮記斠補後記〉曾將孫、丁、嚴、許各家校記略作記述。

《劉左史集》四卷刊成。

《劉給諫集》五卷刊成。

《蒙川遺稿》四卷刊成。

夏四月，琴西公到安徽按察使任。先生隨侍。

德清戴望子高卒，年三十一。

《古籀餘論·敘》曰：「憶同治間，余侍親江東時，德清戴子高茂才亦客秣陵，與余有同嗜，朝夕過從，余輒出所得漢陽葉氏舊藏金文拓本二百種同讀之，君亦出舊藏〈季娟鼎〉，相與摩挲椎拓，竟日不倦。時余書方挩橐，而戴君得羸病甚劇，然猶力疾手錄余說於《積古齋款識》冊耑，又嘗屬余爲〈毛公鼎釋文〉。其歿前數日猶迻福不遺一字。蓋余治此學，唯君知之最早，亦愛之獨深，子雲奇字見之伯松，歐公集古每咨貢父，不是過也。」

〈新始建國銅鏡拓本跋〉曰：「猶憶同治季年，余與莫、戴兩君同客江甯，莫先生於讓爲父執，嘗得侍燕譚，而子高與余同爲金石篆籀之學，踪跡尤密；始以此鏡拓本見示，詫其奇古，而未及悉心審校，雲煙過眼，忽忽二紀，兩君宰木已拱，而余幸從鶴亭重覯此拓，得相與精釋其文字，惜不令兩君見之，俾同此愉快也。」

同治十三年甲戌（1874）　二十七歲

春正月初吉丙午，先生撰〈虢季子白盤拓本跋〉。

〈周虢季子白盤拓本跋〉曰：「此盤舊藏毘陵徐氏，兵後爲達官某所得，今在廬州合肥，此紙儀徵劉副貢壽曾所詒，猶初出土時拓本也。」

先生校讀《論語正義》，得賸義數事，移書劉恭冕，專錄奉質。

三月，泰順林鶚太沖卒，年八十三。

案：林氏爲泰順耆宿，與琴西公同爲鄉邦文獻之學，交誼甚篤。其子用霖與先生往來亦密切，嘗刊行《江東外紀拾殘》一卷。序稱咸豐丁

巳，於遂昌逆旅見北宋本羅隱《江東外紀》，首有崇甯癸未婺人張某刊書序，謂原書凡六卷，林所見者，殘缺僅餘半冊，又蠹蝕過半，乃錄其完者十則刊之。其書世不經見，初出時，人或詫爲秘笈，先生撰〈羅昭諫江東外紀辯〉，立八證以考定其爲溫、處人所僞作，並疑即林氏少年戲作。曾舉以質之林氏，林氏不能答也。〔註11〕

夏六月，琴西公加安徽布政使銜。

冬十月，琴西公署安徽布政使。

十二月，先生撰〈吳禪國山碑跋〉。

〈吳禪國山碑跋〉曰：「此碑立于天璽元年，時代相距甚近。……同治甲戌十二月偶檢篋中弇本校讀一過，遂拉雜記之。」

案：先生考釋碑碣，除此之外，尚有〈書徐鼎臣臨秦碣石頌後〉、〈漢司隸校尉楊淮表紀跋〉、〈漢仙人唐公房碑跋〉、〈漢衛尉衡方碑跋〉、〈漢三公山神碑跋〉、〈漢武班碑跋〉、〈漢郃陽令曹全碑跋〉、〈吳九眞太守谷朗碑跋〉、〈晉太公呂望表跋〉、〈北齊西門豹祠堂碑跋〉、〈周保定四年聖母寺四面造像跋〉、〈唐房玄齡碑跋〉、〈唐明徵君碑跋〉、〈唐揭先塋記跋〉、〈宋刻曹娥碑跋〉諸篇，均載於《籀膏述林》卷八，其中多不著年月，茲姑繫於此。張謇撰先生墓表，載其遺著，有《百晉精廬碑錄》一卷。其書蓋未成，上述各篇，或即錄中之一部分。

是年春三月，日本寇臺灣，爭琉球主權。夏四月，以沈葆楨爲欽差大臣，督辦臺灣防務。

光緒元年乙亥（1875） 二十八歲

先生授刑部主事。

先生購得漢陽葉氏金文拓本二百種。因將舊藏益之，合裝四卷，加以題詞。

〈商周金文拓本題詞〉曰：「光緒初元，余得漢陽葉氏金文拓本二百種，有龔定庵禮部攷釋題字，信足寶也，因檢篋中藏拓本二百種益之，莊成四巨冊，因題百廿八字於冊首：『六籍秦燼，吉金不汨，倉簡籀繁，棨乎琢畫，蘄壽綽緒，稱伐薆麻，義禈浹嶙，祕甄王薛，幼習奇觚，長窺寶鬲，目誦手撫，思誤爲適，氈蠟傳迻，莊池什襲，匪云玩物，良懿探賾。』」

〔註11〕見〈羅昭諫江東外紀辯〉，朱《譜》。

案：漢陽葉志詵東卿，癖嗜金石，蒐藏甚富，子名澧潤臣道光舉人，內閣
　　中書。至是其家中落，舉其所藏金文拓本，悉以售諸孫氏。朱《譜》
　　將此條繫於本年，但衡諸題詞「光緒初元」之句，似改繫光緒元年
　　爲是，今姑仍之。

夏五月，先生撰《六曆甄微》五卷成。

《六曆甄微・敘》曰：「黃帝、顓頊、夏、殷、周，六家曆術，漢時掌於
史官，民間亦有傳之者，劉向傳〈洪範〉，作《五紀論》，頗箸其說。向
子歆集《七略》，亦載古曆，總四家八十二卷，演撰權輿備於是矣。向又
謂，黃帝曆有四法，顓頊、夏、殷，並有二術。漢末宋仲子亦集七曆以
攷春秋朔蝕，七曆者，蓋六家之外兼及三統。而所校夏、周兩曆，又各
有二家，是其時諸曆皆完具，且復有別本可資校讎也。然古術章蔀疏闊，
才舉大耑，日蝕歲差，缺焉未具，加以疇人算士，妒異黨同，略涉舊文，
便相訾毀，是以祖沖之排之於前，僧一行詆之於後，羲撓遺典，幾爲躲
的，良足悁已。南北之亂，典籍灰燼，六家之文，益多散佚，故魏李業
興，稱殷曆甲寅，黃帝辛卯，徒有積元，而術數亡缺，修之各爲一卷。
然唐修隋志，辨章經籍，並錄亡書，六家之目，固已無載，李氏所補，
亦復闕如。至於唐、宋而後，議曆之士，雖有援據，蓋由展轉徵引，非
見本書，然其遺文，迺時時見於他籍，如李淳風注《五經算術》，詳推周
曆至朔，睢曇悉達《開元占經》，備列六家歲元，斯皆碻然可徵覓於求野。
它如諸史曆志及天官占驗之書所載，亦頗具較略。爰博爲鉤核，甄其佚
文，別錄四分，用相耆補，爲《曆經》一卷。熹平論元，大明改法，群
議取證，多及六家，開元《大衍》，攷述尤賾，或仰測天行，遠符古象，
或別演新術，獲諗舊編，今並疏通證明，斷自共和，三五步驟，元紀茫
昧，若廑憑積年，則上推易舛，輒放周曆譜諜，漢曆世經，自黃帝初元，
逮於秦亡，列其年歲同異，爲《曆譜》一卷。斗憲淪失，散見舊典，如
淮南書之顓頊術，《易緯》之殷術，《周髀》之周術，竝法數詳碻，足爲
左證，亦刪綴其文，略爲校讎，爲《曆徵》一卷。漢唐治曆之家，率有
立成，法實相乘，數究於九，御率治分，實使布策，復放嘉定錢氏《三
統術鈐》，別演《四分術鈐》一卷，總題曰《六曆甄微》。」

先生移書太平教授胡壤糸子繼，存問起居。

秋八月，太僕公奉旨補授湖北布政使。

光緒二年丙子（1876）　二十九歲

春二月，琴西公到京陛見，先生侍行。得周要君盉於河南項城道次。並審釋其文字。

〈周要君盉攷〉曰：「光緒丙子，家大人以鄂藩入覲，詒讓侍行，得此於河南項城道次，因審定其文字之異者，以資攷覽。」其文曰：「隹正月初吉，要君白□自作饎盉用匄眉壽無疆子子孫孫永寶是尚」。盉藏玉海樓。

三月，琴西公出都。

四月，琴西公抵鄂，接布政使事，上謝恩摺子。

琴西公校刻《橫塘集》。

先生《橫塘集·跋》曰：「忠簡所著《橫塘集》三十卷，宋時刻于台州郡齋。見陳耆卿《嘉定赤城志》。明中葉後，散佚不傳。乾隆間始從《永樂大典》輯出，重定爲二十卷。蓋九先生遺集傳於今者，惟《浮沚集》及《左史》、《給諫集》與此集而四。周集存者不逾十卷，二劉集才四五卷，此集雖殘缺之餘，視宋本已少三之一，然較《浮沚集》卷帙已倍之。瑋文鴻筆，大都具在。奏箚三卷，多建炎間政府密勿之議，後之君子，將欲觀忠簡學業大略與其立朝所建明者，可于是而求之。然則吾鄉九先生不徒名德惟忠簡最顯，其傳書之多，亦無及忠簡者，此非後學所當寶貴者哉！重輯本珍庋秘閣，未有刊帙，藏書家展轉傳錄，訛互頗多。家大人曩從吳興陸氏心源寫得一本，復從祥符周氏季貺得別本，以相讐校，甄著同異，定爲此本。光緒己亥，奉命開荊藩東鄂，會永康胡月樵鳳丹丈領書局，遂屬擇匠刊板，以廣其傳。大典本所佚而見於他書者尚多，儗挼輯之，別爲補遺，竢他日并刊之。至朱子所稱許右丞〈陳少陽哀詞〉者，詒讓以周益公《平園續稾》攷之。實許崧老翰所作……今特爲舉正，俾讀此集者無疑焉。」

琴西公校刻《竹軒雜著》。

先生校刻〈竹軒雜著跋〉曰：「右《竹軒雜著》六卷……乾隆間，與許公《橫塘集》……同於《永樂大典》中錄出。……家大人既以《橫塘集》付刊，以此書流傳尤少，亦并校刊之。」

先生校刊同邑方成珪雪齋《集韻攷正》。

《集韻攷正·跋》曰：「吾邑雪齋方先生博綜群籍，研精覃思，儲藏數萬卷，皆手自點勘，而於《集韻》致力尤深，既錄得段、嚴、汪、陳四家

校本，又以《經典釋文》、《方言》、《說文》、《廣雅》諸書，悉心對覈，察異形于點畫，辨殊讀于翻紐，條舉件系，成《攷正》十卷。蓋非徒刊補曹本之譌奪，寔能舉景祐修定之誤，一一理董之，是非讀《集韻》者之快事哉！……遂請家大人先以此書刊之鄂中。」

案：方氏成珪字雪齋，嘉慶戊辰舉人，官海甯州學正，生平著述甚富，徒以白首校官，名位不顯，身後子姓孤微，遺書不守，散失者不可勝數。《集韻攷正》，尤為其一生精力之所萃。

是年夏六月，以李鴻章為全權大臣，與英使商訂〈煙臺條約〉。秋七月，日本與朝鮮訂立盟約。

光緒三年丁丑（1877）　三十歲

春正月，先生代琴西公撰倪模迂存〈古今錢略序〉。

〈古今錢略序〉曰：「望江倪迂存先生，為乾、嘉間名儒，生平精鑒金石，而藏古泉尤富。又得江秋史、瞿木夫、翁宜泉、嚴鐵橋諸老相與商榷，徧得其拓本，加以考釋，勒成《古今錢略》三十四卷。其書所收不及李氏《古泉匯》之富，而援據詳博殆過之。……某頃者備藩鄂渚，與先生族子豹岑太守為同官，得受其書而讀焉。……」

三月，琴西公奉旨調補江甯布政使。四月接任。先生隨侍金陵。

先生撰《墨子閒詁》始稿。

甘泉梅延祖植之卒。

案：梅氏為江都梅蘊生哲嗣。世治《穀梁》，擬撰義疏，介儀徵劉壽曾以《穀梁》義為問。先生特以校讀所得，剌取七義以質之，未及寄而梅君卒。《籀膏述林》卷十有先生〈與梅延祖論穀梁義書〉曰：「梅君為江都梅蘊生哲嗣，世治《穀梁》學。光緒初，余侍先太僕在江甯，梅君介同歲生儀徵劉君恭甫以《穀梁》義下問，迺剌此七事質之，未及寄，而梅君遽卒。輒置篋中，頃偶檢得，輒錄存之，以示不負亡友之意。他日倘有續成梅君書者，或有取於此耳。癸卯五月記。」

多十月，海甯王國維靜安生。

光緒四年戊寅（1878）　三十一歲

春，先生返瑞安，遊陶山。

案：二月先生與從弟詒燕同至陶山〔註12〕訪碑，乘潮上駛，過城西八里之白塔，檥舟登山，得宋紹興三十一年辛巳焦山〈石塔題記〉。及抵陶山，又得宋天禧四年庚申陶山寺〈佛頂尊勝陀羅尼經幢〉、宋治平二年乙巳〈彌陀殿後重建井記〉及〈鯉魚山磨崖〉，並手拓以歸。四石刻均見於戴咸弼之《東甌金石志》，〈鯉魚山磨崖〉在卷九，石居瑞安陶山花園底鯉魚山。焦山〈石塔題記〉在卷七，此塔在瑞安城西八里江中小山上，俗謂之白塔。先生校補附記曰：「此山純石高巖水流，江濤湍急，最為險阨，向無津逮者。光緒戊寅二月，余與從弟詒燕，同至陶山訪碑，乘潮上駛，過此，檥舟登覽，遂得此刻，亦足喜也。」〈重建井闌記〉在第四卷，於陶山寺大殿後。〈勝陀羅尼經幢〉在三卷，據先生補校，此刻在瑞安陶山寺大殿前，宋真宗天禧四年造。

夏五月，先生整理《永嘉郡記集本》付梓。

《永嘉郡記集本·敘》曰：「《永嘉郡記》者，劉宋鄭緝之所撰也。時則距太寧郡府之開，未盈百祀，紬永初山川之記，奄崒廿州，鄭君以澹雅之才，斐然有作，吾鄉圖牒，斯其權輿。雖復陸任地理之鈔，佚而無攷，隋唐經籍之志，闕而未錄，然而劉玄靖之箋《世說》，徵系諜于琅邪，賈高陽之輯農術，紀簜篛于竹箭，諏古辨物，咸資取證。是則南北之際，傳播殊廣，凡在閎達，靡不綜涉，故知援據之夥頤，由于紀述之淵雅矣。天水以後，傳帙既亡，地學之儒，甄錄尚眾，或稱《永嘉地記》，或稱《永嘉記》，記亦作志，斯竝文偶婚易，誼相通假，楬署任情，討覈匪要。……詒讓嘗事研校，刊厥舛牾，覬得舊經，用資參檢，而宋元諸志隃隊，遂等于邱墳，齊梁以前闇曶，迺同于巢燧，補闕拾遺，僅此劯賸，甌璧零璣，彌足珍貴。屠維大荒，校集粗竟，藏庪十載，重為理董，聊付殺青，貽之方來，庶幾神帆仙石，勾絕代之殊聞，蠣嶼魚倉，備職方之典錄云爾。」

案：張謇撰先生墓表，列其遺著，有《溫州建置沿革表》一卷，其書不傳。此跋言溫州建置沿革頗詳，疑與《唐靜海軍考》，同為《溫州建置沿革表》之一分。〔註13〕

〔註12〕屬集善鄉，在縣西十五里。
〔註13〕見朱《譜》。

是年春二月，左宗棠克復新疆南路西四城，新疆之亂至此全部平定。十月，安集延酋復自俄境入寇。

光緒五年己卯（1879） 三十二歲

春二月，《集韻攷正》刊成。

《集韻攷正‧跋》曰：「吾邑雪齋方先生博綜群籍，研精覃思，儲藏數萬卷，皆手自點勘。而於《集韻》致力尤深，既錄得段、嚴、汪、陳四家校本，又以《經典釋文》、《方言》、《說文》、《廣雅》諸書，悉心對覈，察異形於點畫，辨殊誤於翻紐，條舉件系，成《攷志》十卷。蓋非徒刊補曹本之譌奪，寔能舉景祐修定之誤，一一理董之，是非讀《集韻》者之快事哉。詒讓束髮受書，略窺治經識字之塗徑。竊聞吾鄉修學之儒，自家敬軒編修外，無及先生者，徒以白首校官，名位不顯，身後子孫孤微，遺書不守，散失者不可勝數。嘗見邑中李氏所藏《東萊讀詩記》，胡氏所藏《困學紀聞》，皆先生校本，旁行斜上，丹黃爛然。又見海昌蔣氏《斠補隅錄》，知先生嘗校王定保《唐摭言》，其所攷證，多精確絕倫。此書手稿本，先生歿後亦散出，為先舅祖項几山訓導傅霖所得，幸未淪墜。家中父從項氏寫得副本，而詒讓又於林子琳丈彬許得先生所著《韓昌黎集箋正平議》，精審迴出方崧卿、陳景雲諸書之上。深幸先生遺著，後先踵出，不可不為傳播，遂請家大人先以此書刊之鄂中。而工匠拙劣，所刻不能精善，修改數四，乃始成書。項氏所弆手稿，間有刺舉原文而缺其校語者，殆尚未為定本，今輒就管窺所及，略為補注。詒讓檢覈之餘，間有條記。又嘗得錢唐羅鏡泉以智校本，及長洲馬遠林釗景宋本校勘記。其所得有出先生此書之外者，行將續輯之，以竟先生之緒焉。」

案：先生於光緒二年開始校刊《集韻攷正》，自是刊成，費時三年，正見先生校刊之精。近大通書局印《經學粹編》，特將方氏此書重行問世，正瑞安孫氏墊刻本也。

先生校刻《止齋集》。

《止齋集‧跋》曰：「《止齋集》現存者，明正德丙寅溫州同知林長毓刻本，一遵宋槧，凡宋本文字剝泐不可辨者竝闕之。雖校讎不審，無肊改肊增之失。後嘉靖壬申別有書肆小字本，與正德本並為二十八卷，曰安正堂本。雖卷帙省併，而敘次猶仍曹文肅公編定之舊。惟乾隆丙寅邑人林上梓刻本，及乾隆癸巳陳用光刻本，缺文譌字，無復舊觀，止齋遺書，斯

為一厄。因以正德本為正，參檢群籍，補正數百事。雖不能復宋本之舊，較之明槧，略為完整，不論林陳兩刻也。」

秋八月，琴西公以太僕寺卿內召，因病甚乞假省墓回里，先生侍焉。

先生與同里林祁生慶衍，周伯龍瓏，窮搜溫州金石古刻，得梁天監斷磚於邑之東郊。

《溫州古甓記·敘》曰：「光緒己卯秋，詒讓侍家大人歸自江寧，里居多暇，與二三同志若林祁生慶衍、周伯龍瓏、中龍璪輩，恣意遊覽，窮搜古刻。偶得梁天監斷磚於邑之東郭，輒相與傳觀，矜為創獲。繼又得晉升平、宋元嘉諸磚，率皆斷裂，文字或刓蝕不具。第以其蓋物有紀年，悉收弆之，復拓以遺戴君，咸謂吾鄉金石之古，無過是者，雖殘缺，猶寶貴也。」

案：此次共得梁天監殘磚二方，依《溫州古甓記》與《東甌金石志》所載，一為天監元年殘磚，文曰「天監紀元九月造楚」，存文凡八字，磚厚一寸九分，廣六寸，下半斷，夫長不可計，出平陽東門外鳳山，戴氏《東甌金石志》云：「今藏百晉精廬。」仲容案曰：「梁武帝以齊中興二年壬午四月受禪，改元天監，是磚作於九月，距受禪僅五月也。」另一為天監十年殘磚，文曰「天監十年」，凡四字，并反書。據戴氏《東甌金石志》云：「磚厚一寸九分，廣六寸二分，下半斷失，長不可計。出瑞安東門外城隍殿後街菜圃牆間，今藏百晉精廬。」仲容案曰：「天監十年歲在辛卯，磚殘闕僅存四字，其年字下尚有殘畫，諦審似是十字，或七字，蓋紀月數也。」

永嘉重修縣志，聘先生為協纂。

案：戴咸弼《永嘉縣志·敘》云：「光緒壬午首夏，永嘉新志成，咸弼忝預編纂攷校之役，酒述其緣起而敘之曰：……己卯餘干張侯寶琳蒞任之三年，政理之暇，遂銳意重修，雖資未集勿顧也。于是授簡中山院長黃巖王君菜，猥及鄙人，分任筆札，除館郡庠諸生之秀而文者，稽古諏今，網羅放失。」是知永嘉縣知事餘干張寶琳倡修縣志，聘黃巖王菜子莊為總纂，嘉善戴咸弼鼇舉為總纂兼提調總校，先生任協纂。

琴西公將個人纂述與家藏秘笈，重加整理，移庋局中，以資博覽。

案：戴咸弼《永嘉縣志·敘》云：「孫太僕橋梓自金陵歸，出所說述甚富，

又盡弆家藏秘庋，有關永嘉掌故者，移庋局中，以資博覽，不下萬
餘卷，文獻足徵，誠不易逢之嘉會也。」

是年春閏三月，日本滅琉球，夷爲沖繩縣。

光緒六年庚辰（1880）　三十三歲

春，先生友人黃紹箕仲弢成進士，入翰林。琴西公作詩賀之。

夏五月，先生遊密印寺，〔註14〕得宋元豐七年六月初一日〈登覽院鐘款〉，
手拓以歸。

案：《東甌金石志》卷四〈證覺院鐘款〉先生校補曰：「右鐘在永嘉十三
都鵝頭頸村密印寺。……光緒庚辰五月，詒讓遊密印寺，見此鐘，
手拓其文讀之。」

秋，先生訪得〈故通守朝散項公墓誌銘〉殘石，精拓數紙，復以南隄項氏
譜中所錄全文，校讀之。

案：《東甌金石志》卷十〈項公澈墓誌銘〉先生校補曰：「右宋通判項公
澈墓誌，在瑞安二十四都曹奧，墓已蕪沒、碑腰斜斷爲三，失其中
段。其上段雖尚存，字亦多漫滅。惟下段略可讀。光緒庚辰秋，余
始訪得之，精拓數紙，復以南湜項氏譜中所錄全文校讀一過，始略
得其大概。」

先生從弟詒燕卒。

冬十月，先生得晉泰和諸磚。

《溫州古甓記·敘》曰：「今年十月，家大夫以蓋竹先塋封土，命詒讓往
視工。歸時，道過邑之廿四都下灣，傭者爲言十餘前，黃氏造塚，捐山
取土，得古塚，其磚皆隱起有花紋，字畫燦然可辨。試登山觀之，塚已
破壞殆盡，零甓滿地，檢視其文，則晉泰和三年作也。拾其完善者數塊，
攜歸以示林、周諸君，咸驚嘆爲得未曾有。閱數日，復攜工往爲修葺，
并搜剔遺磚，所得甚夥。鄉農聞余得磚，皆相與聚觀，則詫曰，是纍纍
者，何遽珍重若是！某村某山破塚堆塿，其磚乃亦皆類此。蓋各鄉舊甓
出土者甚多，樵牧者習見之，初不知其爲古物也。則相率道余往求之。
短屐長鑱，尋訪累日，得晉甓梁磚，無慮數十種。乃知荒堳廣隧間，零
落者不可勝算。惜曩時無過問者。村農輒取以捨牀壘竈，率多毀滅。今

〔註14〕永嘉十三都鵝頭頸村，俗呼頭陀寺。

之僅存，乃其千百中之一二，然所得猶若是，蓋亦幸矣。既而鄉人以古磚來告者日眾，輒偕林、周二君訪致之，又旁及於他縣，咸有所獲。檢校其目，以視文達所錄兩浙磚文，數殆過之。其文字多完具可讀，因橅刻爲《溫州古甓記》，通十餘種，爲一卷。」

十二月，先生撰《溫州古甓記》一卷成。

《溫州古甓記‧敘》曰：「此記所橅雖多晉以後物，其文足紀年月姓名，無它記述，然其字畫奇古，篆隸咸備，異文詭體，多與漢魏六朝碑版合。間有古里聚官秩氏族，尤足資考證。區區陶瓴，遂爲吾鄉文獻之徵，是誠不可以無述也。至於隊文磚甓，日出不窮，後之所獲，當復信徙於是，將隨時增之焉。庚辰十二月於百晉精廬。」

案：先生稟承庭訓，於整理文獻外，兼及遺物之蒐求，若磚甓，若碑記，若墓誌，若地券，若鐘款，咸有考索。於古代制度，郡邑掌故，不少貢獻。

是年春正月，以曾紀澤爲出使俄國大臣，議改收回〈伊犂條約〉。秋八月，從李鴻章議，允設陸路電線。

光緒七年辛巳（1881）　三十四歲

先生校方成珪《干常侍易注疏證》。

〈書干常侍易注疏證後〉曰：「此書爲吾鄉方雪齋教授所著，校釋精備，遠出諸集本之上。又以干氏《易》義本孟、京，以孟、京例校干詁，大較符合，別《集證》一卷，以廣其義。干書雖亡，得此足見其概矣。稿本藏教授曾孫中矩所，余從訪得，別錄爲此冊。手稿朱墨粗互，未爲定本，今以意審校董理之。《集證》尾葉，札爛文缺，未敢肊補，謹仍其舊。」

秋，儀徵劉壽曾卒，年四十五。先生爲撰墓表。

〈劉恭甫墓表〉曰：「群經義疏之學，莫盛於六朝，皇、熊、沈、劉之倫，著錄繁夥。至唐孔沖遠修訂《五經正義》，賈、元、徐、楊諸家賡續有作，遂偏諸經，百川洄注，潴爲淵海，信經學之極軌也。南宋以後，說經者好逞臆說，以奪舊詁，義疏之學，曠然中絕者逾五百年。及聖清御宇，經術大昌，於是鴻達之儒，復理茲學，諸經新疏，更迭而出，或更張舊釋，補闕匡違，若邵氏、郝氏之《爾雅》、焦氏之《孟子》、胡氏之《儀禮》、陳氏之《毛詩》、劉氏之《論語》、陳氏之《公羊》是也。或甄撰佚詁，宣究

微學，若孫氏之《尚書》是也。或最栝古義，疏注兼修，若惠氏之《周易》、江氏之《尚書》是也。諸家之書，例精而義博，往往出皇、孔、賈、元諸舊疏之上。蓋貞觀修書，多沿南學，牽於時制，別擇未精，《易》則宗輔嗣而祧鄭、虞，《左》氏則尊征南而擯賈、服，《尚書》則崇信枚姚，使伏、孔今古文之學並亡，厥咎郅鉅。加以義尚墨守，例不破注，遇有舛互，曲為彌縫。沖遠五經，各尊其注，兩不相謀，遂成違伐，若斯之類，尤未先愜。而近儒新疏，則扶微攟佚，必以漢詁為宗，且義證宏通，注有回穴，輒為理董，斯皆非六朝唐人所能及。叔明疏陋，邵武誣謬，尤不足論。然則言經學者，莫盛於義疏，為義疏者，尤莫善於乾、嘉諸儒。後有作者，莫能尚已。嘉慶之季，為義疏之學者，又有劉先生孟瞻，治《春秋左氏傳》，謂鄭、賈、服三君古義久為杜氏所晦蝕，孔疏不能辨也，乃鉤稽三君佚注，精校詳釋，依孫氏《尚書疏》例為《左氏疏證》，凡杜、孔所排擊者糾正之，乾沒者表著之，草創四十年，長編裒然，《疏證》則僅寫定一卷，而先生遽卒，其子伯山先生繼其業，亦未究而卒，伯山先生長子恭甫知縣，紹明家學，志尚閎達，念三世之學，未有成書，創立程限，銳志研纂，屬稿至襄公四年，而恭甫又卒，千秋大業，虧於一簣，斯尤學人所為累欷而不釋者已。恭甫名壽曾，世為揚州儀徵人，曾祖錫瑜，國子監生，祖文淇，優貢生，候選訓導，即孟瞻先生。父毓崧，優貢生，薦舉八旂官學教習，即伯山先生，配李宜人。子一師蒼恭甫，少穎，特工文章，長承庭誥，遂通許鄭之學，資材開敏，行誼純篤。事繼母黃氏以孝聞，姑適田娶而貧歿，為經紀其表。又謀所以恤其孤，皆人所難能者。湘鄉曾文正公開府江甯，重其學行，延入書局，所校刊書史多精善。同治甲子、光緒丙子，兩充江南鄉試副榜貢生，既不得第，乃以佐戎幕，保舉知縣，加同知銜，非其志也。體素充實，既領精《左疏》，而兼治局書校讐文字之役，精力耗損，猶不自已。光緒辛巳秋，由江甯返揚州，邁微疾竟卒，年止四十有五，謂非經生之戹運與！同治中，詒讓侍親江甯，始得識恭甫。於時大江南北，方聞之士，總萃於是。寶應劉君叔俛，方繼成其父楚楨先生《論語正義》，甘泉梅君延祖治《穀梁》，亦為義疏。而恭甫治《左氏》尤精。詒讓愊瞀不學，幸獲從諸君子之後，亦復希光企景，儗重疏《周官》以拾賈氏之遺闕，間有疑滯，輒相與商榷，必得當乃已。曾不數年，踪跡四散。詒讓既南歸，叔俛主講鄂中，

其書甫刻成而卒，梅君書僅成長編數卷亦卒。二君之亡，恭甫輒馳書相告，愴師友之彫謝，忧大業之難成，若有不能釋然者。其卒之前兩月，猶貽書詢「笠轂」疑義。詒讓爲據《考工記》輪轂度數考定其說以復之，恭甫得之則大喜，報書謂編《左疏》已至襄公，而以早成《周官疏》爲勉。方歎恭甫勤敏，其書且暮且有定本，自顧庸窳，《六官疏》未及半，深恐不能速成，以副良友之望。而孰知恭甫之遽止於斯乎！恭甫所著書，自《左疏》外，有《傳雅堂集》若干卷，又著〈昏禮重別論駁議〉，則因伯山先生之緒論而申證之者，其在書局分校南北史，則有〈校義集平〉之作，在江寧從李大理聯琇遊，則有〈臨川答問〉之作。論文好包氏文譜，又爲之類釋，書率精博可傳，其他分纂地志尤夥，以非其學業之大者，故不復論，獨論其《左疏》，以見三世經書，垂成而不克者，爲可惜也。」

案：劉文淇《春秋左氏傳舊注疏證》，已於民國五十五年十月，經香港太平書局鉛印行世。觀書後附錄，適有孫詒讓〈致劉壽曾函〉，論「笠轂義」，而《籀膏述林》不載，洵足寶也。茲姑錄其原文：

「承詢宣四年《左傳》「笠轂」之義。細繹服君三說，第一義，謂轂蓋如笠，以蔽轂禦矢，案《說文》，笠，簦無柄也，又既夕鄭《注》，笠，竹箬蓋，是蓋、笠形制略同。車蓋制，詳《考工・輪人》。惟蓋有柄，笠無柄爲異，若以蔽轂，則當爲二笠栖於車兩騎之外，斜蔽轂上也。第二義，謂車轂上鐵，則李氏輯述所舉田單傳鐵籠一證，自是此注疏義，蓋服君意謂籠笠一聲之轉，笠轂即吳子之籠轂也。李書未及此證，當以沈氏補注補之。第三義，則謂幔輪，李述所舉輪人鄭《注》幬幔轂之說亦塙。此幔字，與夏縵字異，吳子作縵輪，亦是用假借字也。服君前後三義，迥然不同，沈氏文起乃合第一第三兩義爲一，殊誤。杜《注》謂邊人執蓋，依轂而立，則又與服君三說並異。攷兵車之制，軍將與左右三人並立於輿前軾內，故成二年綦毋張從韓厥寓乘就左右，厥皆肘之，使立於後。是輿前不容復立一人以持蓋可知。蓋持蓋者，必立於軍將之後，大抵當輿之中兩輢內，其外正與兩轂相直。〈考工記〉，兵車之輪六尺有六寸，轂居其中，當輪之半徑，則三尺三寸也，鄭君謂兵車之輿四尺四寸，則輪出輿外者，兩嵩各一尺一寸，以輿四尺四寸半之二尺二寸，適與輪半徑相直，又〈輿人〉文云，參分隧一者，前二在後，以揉其式，則式深一尺四寸三分寸之二，左右輢各長二尺九寸三分寸之一，軍將及左右立式內，則持蓋者

當立於兩輈前半一尺之內，其下正當轂也。故意笠轂訓當如是。然如其說，則經當云貫轂笠，不當云貫笠轂，服君前一說亦當云轂笠。足知其非。服君三說，於書傳亦無碻據，前見台州同年王君子莊菜集中，有此經說解，別創新義，謂笠轂即〈考工〉之蓋桯。元解似謂兵車亦有蓋，鄙意似當參用杜人持蓋之義，兵車恐必無蓋也。其說似奇而郅塙，惜彼時未曾錄存，渠今年應江西洪文卿學使之聘，主講經訓書院。茲附去一書，或就近寄屬錄奉，用備采擇，何如？率肊奉陳，諸候酌定。」

光緒八年壬午（1882）　三十五歲

春，先生長子延疇殤，年十五歲。

夏四月，《水心文集》二十九卷、《補遺》一卷刊成。

六月《永嘉縣志》修纂成。

張寶琳《永嘉縣志·敘》云：「戴君《東甌金石志》，瑞安孫琴西太僕有《甌海軼聞》，其少君詒讓有《溫州經籍志》。……」

先生撰〈瑞安縣志局總例〉。

〈瑞安縣志局總例〉曰：

纂輯例：郡縣志雖為輿地專家，而其為書，實兼正史志、表、傳三者之體，至於總萃文獻，則義通乎傳記，剟輯掌故，則例涉乎政書，條目宏博，纂輯至難。唐宋以來，久無達例，總其大較，必以體裁淵雅，援證詳博為宗。本邑元、明舊志，率多淪佚，無從訪覯。今所見乾隆、嘉慶兩志，修例既多未允協，而考辨疏略，舛漏尤不可枚舉。茲議開局重修，應先就兩舊志審其義例門目之當否，斟酌更定，擇其與各史及唐、宋、元、明古籍相關涉者，逐條考校，補闕訂訛，以臻詳實。其嘉慶以後事跡，則俟採訪略有端緒，再行逐類增續。大氐樹例綴文，必以唐宋古志及近代通人所論著為矩矱，以正史及先哲傳書、金石遺文為根據。多立圖表以理紛錯之端，多附小注以廣異同之辨，考證必究其本原，以懲剿竊稗販之弊，記錄必詳其出處，以杜憑虛創造之嫌。不敢因循俗陋，致類鈔謄官簿。至於舊志藝文一門，首列經籍碑碣，寥寥數葉，僅存凡目，不足考覽。而所錄詩文，則連篇累牘，遂居全志十分之三，斯乃明以來地志家之陋習，《四庫總目》及近儒會稽章氏《文史通義》力斥其非體。今既重事修纂，不宜更相沿襲，謹依宋朱長文撰《吳郡圖經續記》，以詩文別為《吳門總集》之例，刪除藝文一目。經籍別為專門，碑碣入之金石，其餘詩文與志有關涉者，分隸

各門。如序跋附經籍，金石題詠山川古跡之類。或篇幅過夥，志內不能全載，及瑋文鴻筆，有裨諷覽而無關考證者，別輯爲《瑞安集》，與志並行，以爲徵文之助。

測繪例：凡考證方輿，以圖學爲最要，近代地志，往往疏略不講，而顧崇飾名勝，侈圖八景，輕重倒置，通學所嗤。本邑舊志，亦蹈茲失。此次重修，首宜彌茲缺點。今議將明成化以前瑞安縣境，_{未分泰順以前。}及今縣所轄全境，分繪兩總圖，以稽古今疆域之殊。其城廂四隅，亦總繪一圖，以辨街衢迂直之方。十二鄉，五十五都，分繪五十五圖，以考宅土奠居之盛。至於經流入海之跡，則以安固江及會昌江爲最大，籌邊守衛之謨，則以沿海營汛爲尤要。均宜分繪數圖，以資考覽。除古今縣境總圖，應由總纂協纂考定，沿海圖應考水師營所存圖冊外，其餘城鄉各圖，議由局延請精究測算專家，周歷各鄉，將村莊市鎮，山形水道，一一測明方位斜直，距數遠近，計里開方，分別精繪。_{寨堡橋埭之類，亦一律詳載。}其水道湮廢者，亦宜逐地訪明繪入，放近代地圖載黃河故道之例，以黑白爲識別，用備考證。不可疏舛簡率，徒費丹書。其名勝景區，已略賅於各圖之內，無庸別繪專圖，以袪蕪冗。

校讎例：校讎之學，主於精究倉雅，深通古書義例。然此爲校定經史及秦漢舊籍言耳。若地志則義兼通俗，不必遠徵雅故，即有援引書冊，亦多出唐宋以後，無奧衍錯互之文，不過逐條勘對無脫，即爲允恰。然有要義二端，不可不講者：曰一字不略過，一字不輕改是也。此次重修邑志，卷帙浩繁，稿本寫定，專恃分校諸君。相助檢閱，以臻精備。今議凡志稿經總纂協纂修定後，由局發鈔，完竣仍送交總纂協纂，分別送請分校，悉心讎覈，應將清本及原稿逐字對讀，遇有寫手脫誤，即應立時補正，不可止檢清本，略觀大意，因其文義可通，即謂無復脫誤。至於人名地名，及曆算計數之文，官牘俗冗之語，雖無關文義，而一字之訛，輒成巨謬，尤宜詳審檢勘。其寫手誤書省別字，亦即逐條改正，_{字體正俗，即依通行字學舉隅，無庸拘守《說文》，致成駭俗。}庶他日謄寫上板，不致重勞訂閱。倘原稿尚有疑義，或前後抵牾，及重複遺漏之處，即請分校籤明，黏貼清本簡端，以資商榷。稿內援證舊文，如有錯互，經分校轉檢他書考正者，亦須逐條注明所據之書，用便覈檢。至於經籍、金石兩門，間有原文零落，不得不闕疑者，尤不可率肊塡補，轉成創疥。

采訪例：地志網羅文獻，事賅今古。稽古則專重考證，諏今則尤資採訪。

此次修志，議區分訪，專訪二項：如忠義孝友，義行烈女，散處城鄉，非一人耳目所能周悉，則由各鄉紳耆分任採訪，并准其家族及戚友來局開報，庶幾見聞較廣，不致湮沒遺漏。惟分任採訪及來局開報之人，務宜破除情面，秉公查覈，不可徇私阿好，略涉誇飾，有乖公論。其邑志舊本，先哲遺書，金石文字及古跡冢墓等，則由局延請諳悉掌故，見聞彌洽者一二人，專司其事，周歷各鄉，分別尋索。出門之日，由局交與簿摺收條，所到之處，徧詢故家儒族，案所訪條例，逐事詢問，遇有家藏書籍，願借入局者，即給予收條，攜入行篋。其收藏珍祕，不肯遠借者，即將書名卷數、撰人姓名、時代，與書之鈔刻完缺，前後有何敘跋，記入冊簿，他日由局酌量往錄。其古跡冢墓，凡有所聞，即開入手摺，查明年代地名，與縣志同異，再親自按地遊歷，悉日察核，以驗其虛實。遇有金石碑碣，即應立時摹拓，不及拓者，即節錄其行款文字大略，並將所在處所詳悉注記，以後續拓。大氐出門採訪，必以不畏勞、不憚煩為第一義。昔皇甫士安自云：遭人而問，少有甯日。而歐陽永叔之敘《集古錄》，亦云：窮崖絕谷，荒林廢冢，無不皆有。斯二語者，願舉為採訪諸君勸焉。

檢查案牘例：舊志秩官、兵賦諸門，所載昭代掌故，並以嘉慶己巳為斷。此次重修，例應賡續增補，以資鏡治理。然此既無書冊可考，又非採訪所能悉，惟有檢查案牘，逐條鈔錄，以為底本。如文員遷調及減豁田賦、增廣額數等事，則縣署必有案可稽；武職遷調及裁兵增餉等事，則協署必有案可稽。茲議由局專請通究律案者，分赴各署，悉心檢錄，雖卷冊繁積，應采撮精要，刊節冗泛；然有文義俚俗，名數繁碎而實有關規制者，即不可任意刪除，致成疏漏。錄出之後，仍將某署某年某月日某房案卷，注於本條之下，庶撰輯之時，遇有歧迕條件，仍可檢取覈校。其有年代久遠，或卷宗遺失，或紙張黴爛，無可覈補者，仍將所缺條目，記入冊簿。大氐各署案牘，往往自相重複；或甲失而乙存，或彼缺而此備，互為鉤稽，必得其端緒。竢鈔錄完備，再由總纂協纂刪繁舉要，以就體裁。

繕寫例：此次重修邑志，卷次浩繁，稿草屢易，必須隨時清繕，以便校閱。茲議由局多派寫官，擇其略通文義而楷法清整，脫課較少者，訂定筆資，逐便發繕。其來局繕寫之時，應照所發稿本篇幅行款，悉心精錄；至於表則斜上旁行，注則條分件繫，尤宜檢看審訂，庶無混淆。仍不得信筆作省體，俗所謂半旁字。譌體，偏旁形聲錯誤。別體，以圣為聖，以蚕為蠶之類。俗體學

則子上作文，惡則心上安西之類。字樣。又局中發到稿本，應隨到隨鈔，隨鈔隨繳，不可遲延。如有事故不暇寫者，即仍將稿本繳回，由局另行發鈔，無得任意留滯，致稽時日。其每紙鈔寫，脫誤不得逾十字，違者經分校校出，罰令重抄，仍扣筆資，以示儆懲。

案：瑞安議修縣志，無年月可考，且其書亦未成。先生所擬諸條，義例精審，計畫周詳，姑錄如上，以供整理鄉邦文獻者之參攷。惟今日交通發達，器材精備，諸如地圖之測繪，可採空中照像，名勝古蹟，亦可攝影，文牘舊卷，改由複印。至於鄉里之忠義孝友，又可藉新聞報社之採訪，電話通訊之查詢，電視錄音之寫眞，較之以往，便捷甚多。究其行跡故可因時改變，而先生所製整理文獻之義例，當千百年而不刊也。此外尚有採訪人物條例三門，文繁不備錄。又有纂輯詳細義例，及檢查案牘條例程式等，據朱《譜》云均未寫定也。

《永嘉叢書》刊竟。其目如次：

宋許景衡《橫塘集》二十卷（光緒丙子）

宋劉安節《劉左史集》四卷（同治癸酉）

宋劉安上《劉給諫集》五卷（同治癸酉）

宋林季仲《竹軒雜著》六卷（光緒丙子）

宋薛季宣《浪語集》三十五卷（同治壬申）

宋陳傅良《止齋集》五十二卷（光緒己卯）

宋葉適《水心集》二十九卷（光緒壬午）

宋劉黻《蒙川遺稿》四卷（同治癸酉）

宋王致遠《開禧德安守城錄》一卷（同治壬申）

清孫希旦《禮記集解》六十一卷（同治戊辰）

清孫希旦《尚書顧命解》一卷（同治戊辰）

清方成珪《集韻攷正》十卷（光緒己卯）

案：會萃鄉邦文獻，都爲叢刻，自明人梓《吳一書》始。樊維城《鹽邑志林》繼之。清嘉慶間，有趙紹祖刻《涇川叢書》，宋世犖刻《台州叢書》，祝昌泰刻《浦城遺書》，邵廷烈刻《婁東雜著》。道光間，有伍元薇刻《嶺南遺書》。同治間，有胡鳳丹刻《金華叢書》。光緒間，此風尤盛，如孫福清刻《檇李遺書》，丁丙刻《武林掌故叢編》，又刻《武林先哲遺書》，陸心源刻《湖州先哲遺書》，趙尚輔刻《湖北叢書》，

王文灝刻《畿輔叢書》，盛宣懷刻《常州先哲遺書》。力大者舉一省，力小者舉一郡一邑。然必其鄉先輩富於著述，而後可增文獻之光，否則雖欲刻書，亦無書可刻矣。孫氏《永嘉叢書》，刻於同、光二朝，發起於琴西公昆仲，校勘諸事，先生之力爲多。至於《永嘉叢書》，與普通版本之異，延釗孫先生於《浙江圖書館館刊》四卷六期中，曾著〈永嘉叢書覽要表〉一文，述之甚詳，因文繁不備載。

先生校補戴咸弼《東甌金石志》

琴西公《東甌金石志・敘》曰：「《東甌金石志》者，予友嘉善戴君咸弼之所爲也。君草創此稿，蓋十年以來。比余歸自金陵，君時來假所藏書，加之考訂，而意殊不自足，復屬予子詒讓爲之補校。詒讓又以所得石刻及晉宋六朝磚文益之，遂成書十有二卷。」

戴咸弼《東甌金石志》凡例云：「瑞安孫仲容孝廉錄示數十種。其古甓文字八十餘種，搜采不遺餘力，考覈尤極精詳，俱唐以前物，亟錄入第一卷，依《兩浙金石志》例也。」

案：先生校補此志，除增益材料外，於考證方面，頗多精賅之作，如卷三〈跋陶山寺廣照院造夾苧釋迦佛〉一身，謂夾苧爲以苧蔴夾土塑成之佛像。卷九〈跋徐德寶造墓告神文〉，詳考地券沿革，皆爲考古學上重要之發明。

番禺陳澧蘭甫卒，年七十二。

是年秋七月，朝鮮內亂，大院君李昰應被執歸，安置保定。日本要求與清兵共駐朝鮮都城。

光緒九年癸未（1883）　三十六歲

春，先生應禮部試，報罷。浙江提學使支恒榮，時爲分校官，爲太息者累日。

秋七月，先生代琴西公撰〈舅母薛太恭人八秩壽序〉。

南海桂文燦卒。

是年秋七月，安南與法國訂立〈法越條約〉，承認安南爲法之保護國。自此安南爲法國之屬地矣。

光緒十年甲寅（1884）　三十七歲

儀徵劉師培申叔生。

吳縣吳大澂清卿撰《說文古籀補》十四卷《附錄》一卷，刊行。

案：吳氏與先生均爲當時金石學大家，兩人似無往來。此書問世後，先生治金石常稱引其說。

是年秋七月，與法宣戰，法軍寇台灣，襲鎭海，均爲我軍擊走。九月，劉銘傳爲台灣巡撫，督辦軍務，駐紮台灣。

光緒十一年乙酉〔1885〕　三十八歲

先生官刑部主事，與當代名流討論金石文字之學。

《古籀餘論・後敍》曰：「繼余以資郎留滯春明，時吳縣潘文勤公藏彝器最盛，與濰縣陳壽卿編修埒，而宗室盛伯熙、福山王文介兩祭酒，元和江建霞、陽湖費峐襄兩編修，同邑黃仲弢學士，皆爲茲學，每有雅集，輒出所藏金文辨證難字。適文勤得克鼎，文字奇瑰，屬王、江諸君爲正其讀，攷跋纍纍，莊成巨冊。公以示余，俾別擇其是非。余輒舉鼎中擾遠能執一語，證以《詩》《書》，謂以擾爲柔，執爲邇，爲聲近假借。仲弢見之，則爲舉《尙書》執祖即禰祖，以證其義，文勤亦以爲至塙。此鼎吳氏未著錄，文勤所藏器殆八百餘種，如齊侯鎛鐘，皆吳氏所未見也。京雒緇塵，萃此古懽，致足樂也。未幾，余省親南旋，而文勤治振畿輔，官事倥傯，猶馳書以新得井人殘鐘拓本寄示，屬爲攷釋，比余答書未及達，而文勤遽薨逝。余亦自是不復至都，意興銷落，此事幾輟。今檢吳氏此錄，則季娟鼎、毛公鼎、井人殘鐘諸器，咸入撫錄，而戴、潘、盛、江諸賢，墓已宿草，永念疇昔，幾同隔世。」

案：道咸以降，金石之學甚盛，人材輩出，其中可區分數類：嘉興之張廷濟，〔註15〕吳縣之潘祖蔭，〔註16〕福山之王瓘，〔註17〕涇陽之端方，〔註18〕不過有力羅致，故陳撫拓觀，所謂鑑賞者耳。南海之吳榮光，〔註19〕錢塘之曹載奎，〔註20〕嘉魚之劉心源，〔註21〕平湖之朱善旂，〔註22〕不過欲聘譽於藝林，故勤搜廣播，所謂好事者。其

〔註15〕　編《清儀閣所藏古器物文》十卷。
〔註16〕　編《攀古樓彝器款識》二冊。
〔註17〕　編《兩漢吉金遺文》不分卷。
〔註18〕　《陶齋吉金錄》八卷。
〔註19〕　編《筠清館金文》五卷。
〔註20〕　輯《懷米山房吉金圖》一卷。
〔註21〕　編《奇觚室吉金文述》二十卷。
〔註22〕　輯《敬吾心室彝器款識》不分卷。

可稱道者，僅吳式芬，〔註23〕吳大澂，〔註24〕陳介祺，〔註25〕及先生〔註26〕等數家，審釋金石古文，大有貢獻於來學耳。

是年春正月，法軍陷諒山，進寇鎮南關。冬十月，英人滅緬甸。大學士左宗棠卒於軍。

光緒十二年丙戌（1886）　三十九歲

琴西公撰《甌海逸聞甲集》成。

　　案：公集鄉先輩及外郡人詩文有關掌故者爲《永嘉內外集》。又以類刺取
　　　　爲《甌海逸聞》各五十餘卷。至是《甲集》撰成。

先生以刑部主事留京師，未久，引疾歸。

　　〈買陂塘〉〔註27〕曰：「丙戌南歸，與君同渡海。」

　　《古籀餘論・後敘》曰：「繼余以資郎留滯春明，……未幾余省親南旋。」

　　甯海章梫〈孫詒讓傳〉云：「報捐刑部主事，簽分未久，引疾歸。」

黃巖給事中楊晨，著《三國會要》，與先生商榷義例。自謂獲益良多。

是年六月，皇太后諭明年舉行皇帝親政大典，不果行。

光緒十三年丁亥（1887）　四十歲

春，先生移書王棻，論尙書大麓義。

　　案：《籀膏述林》卷十有先生與黃巖王子莊同年棻〈論書大麓義書〉。

夏，渠田公主講金陵書院。

冬，先生遊上海，購得日本刻王德膚《易簡方》。呈諸琴西公。公以其爲本鄉宋元醫家最古之冊，驚喜累日。並手跋其後，擬重刻之。

　　《易簡方・敘》曰：「宋永嘉王德膚《易簡方》一卷，見陳氏《直齋書錄》、
　　馬氏《經籍攷》，明以後自《文淵閣書目》外，絕無箸錄，蓋中土久無傳
　　本矣。此本爲倭寬延中刊本，當中土嘉慶間。其咬咀藥料性治及飲子藥治
　　法，後橅刻舊本木記，有是春堂注方善本，及四明楊伯啓刻於純德書堂
　　等字。……曩遊滬瀆，於書肆購得此本。敬呈先君子，以其爲吾鄉宋、
　　元醫家最古之冊，驚喜累日，手跋其後，擬重刊之。」

〔註23〕著《攈古錄金文》九卷。
〔註24〕著《說文古籀補》、《愙齋集古錄》二十六冊。
〔註25〕著《簠齋吉金錄》八卷。
〔註26〕著《古籀拾遺》、《古籀餘論》各三卷。
〔註27〕題洪海籌〈甌江話別圖〉。

是年夏四月，定出洋遊歷人員章程。秋八月，黃河於鄭州下汛十堡處決口
泛濫。

光緒十四年戊子（1888）　四十一歲

春，琴西公爲先生卜築城東金帶橋北，別建大樓五楹，爲藏書讀書之所，
顏曰「玉海樓」。

> 公〈玉海樓書記〉曰：「今年春，爲次兒卜築河上，乃於金帶橋北別建大
> 樓，南北相向，各五楹，專爲藏書讀書之所。盡徙舊藏庋之樓上，而以
> 所刊《永嘉叢書》四千餘版，列置樓下，以便摹印。」

> 案：孫延釗〈玉海樓藏溫州鄉先哲遺書目錄跋〉云；「先祖太僕公，生平
> 殫心鄉邦文獻。每覯往哲遺書，或舊槧易精鏐，或孤鈔迻其副帙，
> 廣討旁搜，不遺餘力，丹鉛點勘，老而猶勤。先考徵君公，紹承弓
> 冶，志溫州經籍，乃有博訪奇觚之約，約後附刊當時收藏書目，箸
> 於錄者，百八十部。」又《遺書目錄》前言云：「瑞安孫氏玉海樓藏
> 溫州鄉先哲遺書目錄，琳琅滿目。案玉海樓創於清儒孫琴西（衣言）
> 先生，逮茲已垂七十年。自太僕徵君父子先後辭世，書樓荒蕪，賴
> 徵君哲嗣孟晉（延釗）先生好學愛書，珍護祖澤，玉海樓乃得以與
> 鄞范氏天一閣及南潯劉氏嘉業樓鼎立於浙水東西。」

重定《古籀拾遺》，刊於溫州。

> 俞樾〈孫仲容古籀拾遺敍〉云：「《詩》云：『昔我先正，其言明且清』。
> 然則古人之言，未有不明且清者也。乃今讀三代之遺書，類多詰曲聱牙
> 而不可通何歟！及讀高郵王氏《經義述聞》、《讀書雜志》，乃知古人之言，
> 所以詰曲聱牙者，由於不明句讀，不審字義，不通古文叚借之故。若以
> 王氏讀書之法，讀古人書，則無不明且清矣。鐘鼎文字其不可通尤有甚
> 者，王氏《讀書》附《漢隸拾遺》二卷，於漢碑之差互難通者，思過半
> 矣。惜其未以此法讀鐘鼎文字。蓋王氏於古音古義所得者多，而於古字
> 或未能盡識也。今讀瑞安孫君仲容所撰《古籀拾遺》，殆爲王氏補其所未
> 逮乎。仲容好學不倦，而精力又足以副之，凡前人所未釋之文及誤仞之
> 字，皆以深湛之思，一索再索而得之，如『匽喜』之即爲『燕喜』，『妄
> 甯』之即『荒甯』，『成唐』之即爲『成湯』，『幽尹』之即爲『幽君』，皆
> 犁然有當於人心。又據〈齊侯鎛鐘〉之『既尃乃心』，證心腹腎腸之誤文，
> 據〈周虡生敦〉之『以召其辟』，證召事厥辟會紹乃辟之誤解，尤有功於

經義。他若據〈楚公鐘〉，知〈楚世家〉熊噩當爲逆，據〈遣小子敦〉疑《左傳・注》甘讒當爲魯，千載之下，考定形聲，獨出己見，非有卓見者，而能若是乎？又謂甲冑之甲，古或从衣，履絢之絢或从久，據古籀之遺文，補《說文》之或體，引申觸類，如此者，當不少矣。仲容與余爲年家子，聞其治《周禮》甚精博，惜未之見，讀此亦可見其得於古者深也。余老嬾廢學，無能爲役，而仲容介蔡君燿客，乞序於余，余因憶《容齋四筆》載《蘇魏公集》，測定政宗爲側足致泉之誤，竊歎以近時之書，而烏焉之誤，已至於此，況三代遺文乎！安得如仲容者，好學深思，舉凡『測定政宗』之類而一掃之也。」

　　案：先生於同治十一年壬申冬十月成《商周金識拾遺》三卷，寶應劉恭冕爲之跋，是後十六年之間，先生時加增損，自是斯重校付刊，並乞序於俞氏。今書《古籀拾遺》僅存劉〈跋〉，俞〈序〉未附。

是年春正月，英兵謀入藏。八月，英領印兵侵藏，藏兵敗。吳大澂署河東河道總督。冬十一月，北洋海軍成。

光緒十五年己丑（1889）　四十二歲

先生撰《白虎通校補》。

　　案：是書原稿未見，諸家亦未有言及者，其目僅見於瑞安廣明印刷所之書目中。成書時代無考，姑繫於是年。〔註 28〕今《籀膏述林》卷四中有〈白虎通義考上〉、〈白虎通義考下〉，或恐與《白虎通校補》有關。

先生撰〈井人殘鐘拓本考釋〉。

吳縣潘祖蔭卒，年六十一。

　　《古籀餘論・後敘》口：「余省親南旋，而文勤治振畿輔，官事倥傯，猶馳書以新得〈井人殘鐘〉拓本寄示，屬爲考釋，比余答書，未及達，而勤遽薨逝。余亦自是不復至都。意興銷落，此事幾輟。」

是年二月，光緒帝親政。

光緒十六年庚寅（1890）　四十三歲

春正月，《古籀拾遺》刊成。

　　《古籀拾遺・敘》後附記曰：「此書成於同治壬申，時在金陵，光緒戊子

重校定，刊于溫州。同里周孝廉璪亦嗜篆籀之學，爲手書以上版，并是正其文字。中牽于他事，三載始竣工。昔亭林顧先生刊《音學五書》，山陽張力臣爲之校寫，世珍爲善本。亭林古音，曠代絕學，非疏漏所敢仰希萬一，而周君之修學妞古，則固今之力臣也。庚寅正月刊成記之。」

三月，先生撰〈克鼎釋文跋〉。

〈克鼎釋文〉曰：「鄭盦宮保以此鼎精拓本見貽，復示諸家釋文。命更審繹，謹摭禮經雅故，略爲疏證。膚學咫聞，百無一是，迻錄奉質，覬理而董之焉。光緒庚寅三月跋。」

光緒十七年辛卯（1891）　　四十四歲

春二月，先生撰〈宋政和禮器文字攷〉成。

《宋政和禮器文字攷·敘》曰：「詒讓昔事柰撢，竊滋疑悟，廣求拓墨，適獲陷銅，文識備完，元號明晢。用證諸器，知其同時。復以遝討群籍、瀏覽四部，紬《永樂》之祕迻，尋公異之遺集，器銘諸章，綴厽靡佚。〈甲午〉之簋，〈欽崇〉之豆，兩文具存，一字不異，根柢既尋，宿疑用祛。信足輔韓門之平攷，砭程、阮之踳駁矣。……然則茲攷之作，匪徒釋紛惑于昔賢，亦以資鑑別于來葉也。辛卯二月，瑞安孫詒讓。」

案：宋政和禮器有〈牛鼎〉、〈甲午簋〉、〈銅鼎〉、〈欽崇豆〉、〈天錫簋〉、〈嘉禮尊〉等。以下分述先生所考：

〈牛鼎〉：詒讓案：甲午爲政和四年，以姚舜輔紀元術推之，是年八月癸朔，丙寅爲二十四日。此鼎汪韓門攷定爲徽宗祀明堂器，郅堉。據《宋史·禮志》，宋制大饗明堂在九月，宋初未建明堂，皇祐以後皆在大慶殿，政和初始建明堂，而成於作鼎後三年，然則四年八月，乃紀作器之月日，非於是日祀明堂。

〈甲午簋〉：詒讓案：此器與豐潤牛鼎同時所作，故銘首年月日並同，銘文爲翟汝文作，見《忠惠集》中。又案：以甲子紀年，始見東漢石刻，阮元阠定此簋爲秦器，遂謂秦時已有此紀年簡易之法，其說尤繆。

〈欽崇豆〉：詒讓案：此鼎亦翟汝文所作，見《忠惠集》。吳榮光定爲秦器，誤也。《薛艮齋集》有〈商豆記〉，其文與此正同，蓋別一器也。

〈天錫簋〉：詒讓案：此簋銘無年月，……形制，蓋即放寶簋而作，

故銘首及之，其爲政和禮器，亦無疑義。

〈鉰鼎〉：詒讓舊藏拓本，器未詳知所在。丙申爲政和六年，以紀元術推之，是年五月甲午朔，辛酉爲二十八日。此銘在五月，蓋紀作器之時日。

〈嘉禮尊〉：銘亦無年月文，與翟汝文《集》禮器銘相類，當亦宋器。阮氏以爲秦器，殆失之。

嫡室諸夫人卒。

通政使黃體芳漱蘭乞休返瑞安。

　　案：黃氏以通政歸田，嘗於城東江濱建飛雲閣，祀同邑詩人。屢與里中
　　　　士夫爲文酒之會，先生雖不工詩，亦時參列。

是年十一月，俄國侵帕米爾，英國侵哪格爾及坎巨提。

熱河金丹道教匪滋事。

光緒十八年壬辰（1892）　四十五歲

先生撰《尙書駢枝》成。

《尙書駢枝·敍》曰：「白文字肇興，而邃古語言得箸於竹帛，累字而成語，累語而成辭，馳騁其辭，錯綜連屬以成文，文辭與語言，固相傳以立者也。語言則童蒙簡而成人繁，憃愚樸而智慧文，野鄙質而都邑雅。夫文辭亦然，有常也，有雅也，或簡而徑，或繁而曲，不可以一端盡也。故常語恆畸於質，期於辭約愊明而已。雅辭則詭名奧誼，不越厥宗，其體遂判然若溝畛之不可復合矣。古記言之經，莫尙於《書》，自夫三科文立，辭體攸殊，唐虞〈典〉、〈謨〉，簡而易通，商周〈命〉、〈誥〉，繁而難讀，是豈如後世揚雄、樊宗師之倫，故爲艱深以難學子哉！亦其辭有雅質，則區以別耳。《大戴禮記·保傳篇》不云乎，天子答遠方諸侯，不知文雅之辭，少師之任也。古者史佚職之。而《禮·聘記》又云，辭無常，孫而說，辭多則史，少則不達。辭苟足以達，義之至也。然則文雅之辭，義至而無弗達，雖古之良史，猶或難之，而可以晚近淺俗之辭例求之乎。《論語》云：子所雅言，《詩》、《書》執禮，皆雅言也，《禮三朝記·小辨篇》孔子曰，《爾雅》以觀於古，足以辨言矣。是知雅言主文，不可以通於俗，雅訓觀古，不可以概於今。故《春秋元命苞》說，子夏問孔子作《春秋》，不以初哉首基爲紀何？蓋《春秋》經則云『元年春王正月』，此記事徵實之辭也。《書·康誥》則云『惟三月哉生魄。

周公初基作新大邑于東國洛』，此記言文雅之辭也。〈釋詁〉之篇託始於初哉首基，所以綜雅辭而明其義也。惟《詩》亦然，〈國風〉方言也，故易通；〈雅〉、〈頌〉雅辭也，則難讀。故〈命〉〈誥〉之辭，與〈雅〉〈頌〉多同。〈大誥〉云：『天棐忱辭』，文邦奧衍，證以〈蕩〉云『天生蒸民，其命匪諶』，〈大明〉云『天難諶斯』，則昭若發蒙矣。〈康誥〉云『汝惟小子，乃服惟宏』，怡亦簡晦。證以〈民勞〉云『戎雖小子，而式宏大』，則弇若合符矣。〈大雅·思齊〉云『肆戎疾不殄，烈假不瑕』，毛、鄭皆未得其義，證以〈康誥〉云『不汝瑕殄』，則渙然冰釋矣。若茲之類，殆不可以僂指數。然則文言雅辭，非淹貫故訓，不能通其讀，而況以晚近淺俗之辭，強為詮釋，其詁籀為病，不亦宜與！《書》自經秦火，簡札殽亂，今古文諸大師之所傳，漢博士之所讀，所謂隸古定者，或以私肊更易，展轉傳授，舛牾益孳。漆書古文，蓋多假借，如非、匪率為棐，今多作正字，其偶存者，則皆誤釋為輔者也。文多作忞，古文著心於文中，今所傳鐘鼎款識咸如是。今絕無忞字，而有譌作窓者，則因釋為安而存其形似也。其它文字殊異，復數百科，《書》之譌易無完札，固不待八戹而然矣。書有八戹，見段氏《撰異·敘》。乾嘉經儒治《尚書》者，如王西莊、段若膺、孫淵如、莊葆琛諸家，多精通雅詁，而王文簡《述聞》、《釋詞》，釋古文辭尤為究極微眇。余少治《書》，於商周〈命〉〈誥〉，輒苦其不能盡通，逮依段、王義例，以正其讀，則大致文從字順。乃知昔之增益顛倒以為釋，而綴累晦澀仍不可解者，皆不通雅辭之蔽也。頃理董舊冊，摭蒙所私定，與昔儒殊異者，得七十餘事，別寫存之。而約舉古文辭之要略，以示家塾子弟，俾知雅辭達詁，自有焯然之通例，斯藉文字句讀，以進求古經之大義，儻有所津逮爾！」

案：讀古書當通辭例，先生此論，至為精碻。茲後王國維依此法以讀《尚書》，頗多創獲。如〈盤庚〉：「恪謹天命」，當作「勞勤大命」，乃古之成語。金文中屢見不尟。凡一見於單伯鐘，再見於毛公鼎，三見於《禮記·祭義》所引衛〈孔悝鼎銘〉，皆可為證。蓋古文勤，見於金文者作堇，故訛作謹耳！〈洪範〉：「農用八政」，《廣雅》：「農勉也」，〈洛誥〉：「茲予其明農哉！」〈呂刑〉：「稷降播種，農植嘉穀。」明農猶言黽勉，農植，猶言勉植，皆農當訓勉之證也。〈梓材〉：「作兄弟方來。」方，國也。《易》：「不寧方來」，言不寧之國亦來也。

金文：「不庭方」，言不庭之國也。此云兄弟方，猶言兄弟之國。〈多方〉：「爾不忱裕之于爾多方」，忱裕疑當作由裕。〈方言〉：「由裕，道也」，道有二義：道德稱道，勸導亦稱道。〈酒誥〉云：「乃由裕民」，亦言勸導民也。由裕轉爲忱裕，猶猶豫之轉爲冘豫，轉爲淫豫也。其後忱裕又轉爲從臾，今又轉爲慫恿矣。又下文云：「爾不克勸忱我命」，勸忱二字相連，則此忱裕二字，亦爲勸導之義無疑矣。〔註29〕

側室陳夫人卒。

光緒十九年癸巳（1893）　四十六歲

冬十月，先生撰《墨子閒詁》成。

《墨子閒詁‧敘》曰：「《漢志》墨子書七十一篇，今存者五十三篇。〈魯問篇〉墨子之語魏越云：國家昏亂，則語之尚賢、尚同。國家貧，則語之節用、節葬。國家憙（音湛湎），則語之非樂、非命。國家淫僻無禮，則語之尊天、事鬼。國家務奪侵凌，則語之兼愛、非攻。今書雖殘缺，然自〈尚賢〉至〈非命〉三十篇，所論略備，足以盡其恉要矣。〈經說〉上下篇，與壯周書所述惠施之論，及公孫龍書相出入，似原出《墨子》，而諸鉅子以其說綴益之。〈備城門〉以下十餘篇，則又禽滑釐所受兵家之遺法，於墨學爲別傳。惟〈脩身〉〈親士〉諸篇，誼正而文靡，校之它篇殊不類。〈當染〉篇又頗涉晚周之事，非墨子所得聞，疑皆後人以儒言緣飾之，非其本書也。墨子之生，蓋稍後於七十子，不得見孔子，然亦甚老壽。故前得無魯陽文子、公輸般相問答，而晚及見田齊太公和，又逮聞齊康公興樂，及楚吳起之亂。身丁戰國之初，感悱於獷暴淫侈之政，故其言諄復深切，務陳古以剴今。亦喜稱道《詩》《書》，及孔子所不修百國春秋。惟於禮則右夏左周，欲變文而反之質，樂則意屏絕之，此其與儒家四術六藝必不合者耳。至其接世，務爲和同，而自處絕艱苦，持之太過，或流於偏激，而非儒尤爲乖盩。然周季道術分裂，諸子奔馳，荀卿爲齊魯大師，而其書〈非十二子〉篇，於游、夏、孟子諸大賢，皆深相排笮。洙泗齗齗，儒家已然，墨儒異方，跰武千里，其相非寗足異乎！綜覽厥書，釋其紕駮，甄其純實，可取者蓋十六七。其用心篤厚，勇於振世救弊，殆非韓、呂諸子之倫比也。莊周〈天下篇〉之論墨氏曰：

〔註29〕採自《王觀堂先生全集》，《觀堂集林》卷二〈與友人論詩書中成語書二〉。

不侈於後世，不靡於萬世，不暉於數度，以繩墨自矯，而備世之急。又曰：墨子眞天下之好也，將求之不得也，雖枯槁不舍也，才士也夫。斯殆持平之論與！墨子既不合於儒術，孟、荀、董無心、孔子魚之倫咸排詰之。漢晉以降，其學幾絕，而書僅存，然治之者殊尠，故脫誤尤不可校。而古字古言，轉多沿襲未改，非精究形聲通假之原，無由通其讀也。舊有孟勝、樂臺注，今久不傳。近代鎮洋畢尙書沅，始爲之注。藤縣蘇孝廉時學，復刊其誤，創通涂徑，多所諟正。余昔事讐覽，旁搛眾家，擇善而從。於畢本外，又獲見明吳寬寫本黃丕烈所影鈔者，今藏杭州丁氏，缺前五卷，大致與《道藏》本同。顧千里校《道藏》本藏本，明正統十年刊，畢本亦據彼校定，而不無舛漏，顧校又有季本，傳錄或作李本，未知孰是。明槧諸本，大氐皆祖藏本，畢《注》略是，今並不復詳校。又嘗得倭寶歷間放刻明茅坤本，并爲六卷，而篇數尙完具。冊耑附校異文，間有可采，惜所見本殘缺，僅存後數卷。用相勘覈，別爲寫定。復以王觀察念孫，尙書引之父子，洪州倅頤煊，及年丈俞編修樾，亡友戴茂才望所校，參綜攷讀。竊謂〈非儒〉以前諸篇，誼恉詳焯，畢、王諸家，校訓略備，然亦不無遺失。〈經說〉兵法諸篇，文尤奧衍淩襍，檢攬舊校，疑滯殊眾，研覈有年，用思略盡，謹依經誼字例，爲之詮釋。至於訂補〈經說〉上下篇旁行句讀，正兵法諸篇之譌文錯簡，尤私心所竊自喜，以爲不繆者，輒就畢本，更爲增定，用遺來學。昔許叔重注淮南王書，題曰《鴻烈閒詁》，據宋槧本《淮南子》及晁公武《讀書志》。閒者，發其疑悟，詁者，正其訓釋。今於字誼多遵許學，故逐用題署，亦以兩漢經儒本說經家法，箋釋諸子，固後學所睎慕而不能逮者也。光緒十有九年，歲在癸巳十月。」

案：仲容《墨子閒詁》大凡十九卷。計《閒詁》十五卷。《目錄》一卷。《附錄》一卷，內含〈篇目考〉、〈佚文〉、〈舊敍〉。《後語》二卷，內含〈墨子傳略〉、〈墨子年表〉、〈墨學傳授考〉三篇爲上卷；〈墨子緒聞〉、〈墨學通論〉、〈墨家諸子鉤沉〉三篇爲下卷。其〈後記〉又曰：「此書寫定於壬辰癸巳間，逮甲午夏，屬吳門梓人毛翼庭，以聚珍版印成三百部。」後之治墨學者，多緣仲容之說而擴大其成就，昔者隱霾不彰，即今已爲當世顯學，先生可謂墨氏功臣矣。

十一月，先生撰《札迻》成。

《札迻·敍》曰：「詒讓少受性迂拙，於世事無所解，顧竊嗜讀古書。咸

豐丙辰丁巳間，年八、九歲，侍家大人於京師澄襄園，時甫受四子書，略識文義。庋閣有明人所刻《漢魏叢書》，愛其多古冊，輒竊觀之，雖不能解，然瀏覽篇目，自以為樂也。年十六、七，讀江子屏《漢學師承記》，及阮文達公所集刊《經解》，始窺國朝通儒治經史小學家法。既又隨家大人官江東，適當東南巨寇蕩平，故家祕藏多散出，間收得之，亦累數萬卷。每得一佳本，晨夕目誦。遇有鉤棘難通者，疑牾絫積，輒鬱轖不怡。或窮思博討，不見耑倪，偶涉它編，迺獲埼證，曠然昭寤，宿疑冰釋，則又欣然獨笑，若陟窮山，榛莽霾塞，忽覯微徑，竟達康莊。刑子才云：『日思誤書，更是一適』，斯語亮己，卅年以來，凡所采獲，咸綴識簡耑，或別紙識錄，朱墨戡骞，紛如落葉。既又治《周禮》及墨翟書，為之疏詁，稽覽群籍，多相通貫，應時楡記，所積益眾。中年早衰，意興零落，惟此讀書結習，猶復展卷忘倦。綴艸雜迻，殆盈篋衍矣。竊謂校書如讐，例肇西漢，都水《別錄》，閒舉譌文。若以「立」為「齊」，以「肖」為「趙」之類，蓋後世校字之權輿也。晉、唐之世，束晳、王劭、顏師古之倫，皆著書匡正群書違繆。經疏史注，咸資援證。近代鉅儒，脩學好古，校刊舊籍，率有記述，而王懷祖觀察，及子伯申尚書，盧紹弓學士，孫淵如觀察，顧澗薲文學，洪筠軒州倅，嚴鐵橋文學，顧尚之明經，及年丈俞蔭甫編修，所論著尤眾。風尚大昌，覃及異域，若安井衡、蒲阪圓所箋校，雖疏淺亦資孜證。綜論厥善，大氐以舊刊精校為據依，而究其微怡，通其大例，精挈博攷，不參成見。其諟正文字譌舛，或求之於本書，或旁證之它籍，及援引之類書，而以聲類通轉為之錧鍵。故能發疑正讀，奄若合符。及其蔽也，則或穿穴形聲，捃摭新異，馮肊改易，以是為非。乾、嘉大師，唯王氏父子邨為精博，凡舉一義，皆埑鑿不刊。其餘諸家，得失間出，然其稽覈異同，啓發隱滯，咸足餉遺來學，沿溉不窮。我朝樸學超軼唐、宋，斯其一耑與！詒讓學識疏譾，於乾、嘉諸先生無能為役，然深善王觀察《讀書雜志》，及盧學士《群書拾補》，伏案掔誦，恒用檢覈，間竊取其義法以治古書，亦略有所寤。嘗謂秦、漢文籍，誼恉奧博，字例文例多與後世殊異，如荀卿書之「案」，墨翟書之「唯」、「毋」，晏子書之以「敹」為「對」，淮南王書之以「士」為「武」，劉向書之以「能」為「而」，驟讀之，幾不能通其語。復以竹帛梨棗，鈔刊婁易，則有三代文字之通叚，有秦、漢篆隸之變遷，有魏、晉眞艸之輥渻，有六朝、唐人俗書之流失，有宋、元、

明校槧之屢改，遠徑百出，多歧亡羊，非覃思精勘，深究本原，未易得其正也。今春多暇，檢理庋藏，自以卅年覽涉所得，不欲棄置，輒取秦、漢以逮齊、梁故書雅記都七十餘家，丹鉛所識，按冊迻錄，申證厥誼，間依盧氏《拾補》例，附識舊本異文，以備甄攷。漢唐舊注，及近儒校釋，或有回穴，亦坿糾正，寫成十有二卷。其群經、三史、《說文》之類，誼證絫博，別有箸錄，以竢續訂。凡所攷論，雖復簡絲數米，或涉瑣屑，於作述閎恉，未窺百一，然匡違苜佚，必有誼據，無以孤證肊說，貿亂古書之眞，則私心所遵循，而不敢越者。儻附王、盧諸書之後，以裨補遺闕，或有所取爾。編寫既竟，謹舉漢、唐以來校讐家之例，論厥要略，覬與學者共商榷焉。光緒十有九年十一月。」

案：此敍論校讐義例，精審不移，乾嘉諸師，無此透關之論也。又案章太炎〈瑞安孫先生傷辭〉，言其遺著，除《札迻》外，又有《經迻》。至於《札迻》十二卷，共校古書七十有七種。計：

卷一：〈易乾鑿度鄭康成注〉、〈易稽覽圖鄭康成注〉、〈易辨終備鄭康成注〉。〈易通卦驗鄭康成注〉、〈易是類謀某氏注〉、〈易坤靈圖鄭康成注〉、〈易乾元序制記鄭康成注〉。

卷二：〈韓詩外傳〉、〈春秋繁露〉、〈春秋釋例〉、〈急就篇顏師古注〉、〈方言郭璞注〉、〈釋名〉。

卷三：〈戰國策高誘注〉、〈越絕書〉、〈吳越春秋〉、〈漢舊儀〉、〈列女傳〉、〈山海經郭璞注〉、〈山海經圖讚〉、〈水經酈道元注〉。

卷四：〈管子尹知章注〉、〈晏子春秋〉、〈老子王弼河上公注〉、〈文子徐靈府注〉。

卷五：〈鄧析子〉、〈列子張湛注〉、〈附校列子盧重元注〉、〈商子〉、〈莊子郭象注〉。

卷六：〈尹文子〉、〈附宋本尹文子校文〉、〈鶡冠子陸佃注〉、〈公孫龍子謝希深注〉、〈鬼谷子陶弘景注〉、〈荀子楊倞注〉、〈呂氏春秋高誘注〉。

卷七：〈韓非子某氏注〉、〈燕丹子〉、〈新語〉、〈賈子新書〉、〈淮南子許愼高誘注〉。

卷八：〈鹽鐵論〉、〈新序〉、〈說苑〉、〈法言李軌注〉、〈太玄經范望注〉、《潛夫論》。

卷九：〈論衡〉、〈附元本論衡校文〉。

卷十：〈白虎通德論〉、〈風俗通義〉、〈獨斷〉、〈申鑑〉、〈中論〉、〈抱朴子〉、〈金樓子〉、〈新論袁孝政注〉、〈六韜〉、〈孫子曹操注〉、〈吳子〉、〈司馬法〉、〈尉繚子〉、〈三略〉。

卷十一：〈素問王冰注〉、〈周髀算經趙爽甄鸞李淳風注〉、〈孫子算經〉、〈數術記遺甄鸞注〉、〈夏侯陽算經〉、〈易林〉、〈周易參同契〉、〈穆天子傳郭璞注〉、〈漢武帝內傳〉、〈列仙傳〉、〈西京雜記〉、〈南方艸木狀〉、〈竹譜〉。

卷十二：〈楚辭王逸注〉、〈蔡中郎集〉、〈琴操〉、〈文心雕龍〉。

而《經迻》，考諸家引述，無有言及此書者。據此敘言「群經、三史、《說文》之類，義證閎博，以竢續定。」疑先生確有《經迻》之撰，惟尚未綴輯成書。其別紙釋錄，皆已編入《籀膏述林》中矣。茲類而別之，分述如下：

（一）考證經義者：〈徹法考〉、〈邶鄘衛考〉、〈唐杜氏考〉、〈聘禮記異讀考〉、〈禮記鄭注考上〉、〈禮記鄭注考下〉、〈聖證論王鄭論昏期異同考〉、〈大夫葬用輴異讀考〉、〈加席重席說〉、〈臺下說〉、〈石染草染鄭義述〉、〈釋周成王元年正月朔日廟祭補正鄭君書注詩箋義〉、〈詩彤弓篇義〉、〈詩不殄不瑕義〉、〈毛詩魯頌駉傳諸侯馬種物義〉、〈今文禮記依銛義〉、〈申喪服注旁尊降義〉、〈官人義〉、〈樂記五色義〉、〈喪大記虞筐義〉、〈听斵謂之定義〉、〈爾雅匡名補義〉、〈爾雅時善乘領義〉、〈紹我周王見休義〉、〈衛宏詔定古文官書考〉、〈嘉靖本周禮鄭注跋〉、〈禮記子本疏義殘本跋〉、〈日本刊孝經鄭注跋〉、〈與黃巖王子莊同年（棻）論書大麓義書〉、〈與南海桂孝廉文燦書〉、〈與劉叔俛論論語義書〉等三十二篇。

（二）考證史傳者：〈公羊去樂卒事義〉、〈公羊昧雉義〉、〈蕭同叔子義〉、〈左傳窒皇義〉、〈左傳齊新舊量義〉、〈國語九畡義〉、〈與梅延祖論穀梁義疏〉等七篇。

（三）考證《說文》者：〈釋冀〉、〈釋枲〉、〈釋疇〉、〈釋纏〉、〈釋蹢〉、〈釋由申玉篇義〉、〈籀文車字說〉、〈書說文玉部後〉、〈與王子莊論假借書〉、〈與海昌唐端夫文學（仁壽）論說文書〉等十篇。

似此，則《經迻》雖未獨自成編，觀《述林》所載，其名亡而實存

矣。

次子延釗孟晉生。

案：先生側室，有陳、楊、侯、李四氏，陳氏先卒，諸子皆三氏所生。〔註30〕
三子延鍇生。

是年冬十月，英、法共謀暹羅，廢止入貢。十二月，與法使會勘廣西邊界，
並繪圖立石。兩湖總督張之洞奏設自強學堂於武昌。

光緒二十年甲午（1894）　四十七歲

夏，先生以《墨子閒詁》，讀者多苦其奧衍，自是重加增定，以聚珍版印行
三百冊。

〈墨子閒詁總目後記〉曰：「此書寫定於壬辰癸巳間，逮甲午夏，屬吳門
梓人毛翼庭以聚珍版印成三百部，質之通學，頗以為不謬，然多苦其奧
衍，瀏覽率不能終卷。」

案：書成丐序於德清俞氏。章太炎〈孫詒讓傳〉亦稱述此書之價值，茲
分錄兩家之說如下：

俞樾《墨子閒詁・敘》云：「乃唐以來，韓昌黎外，無一人能知墨子
者。傳誦既少，注釋亦稀。樂臺舊本，久絕流傳，闕文錯簡，無可
校正，古言古字，更不可曉，而墨學塵薶終古矣。國朝鎮洋畢氏始
為之注，嗣是以來，諸儒益加讐校。涂徑既闢，奧窔粗窺，墨子之
書，稍稍可讀。於是瑞安孫詒讓仲容，乃集諸說之大成，著《墨子
閒詁》，凡諸家之說，是者從之，非者正之，闕略者補之。至〈經說〉
及〈備城門〉以下諸篇，尤不易讀，整紛剔蠹，屃摘無遺，旁行之
文，盡還舊觀，訛奪之處，咸秩無紊。蓋自有《墨子》以來，未有
此書也。」

章太炎〈孫詒讓傳〉亦云：「墨子書多古字古言，〈經〉上下尤難
讀。〈備城門〉以下諸篇，非審曲勿能治。始南海鄒伯奇比次重差旁
要諸術，轉相發明，文義猶詰詘不馴。詒讓集眾說，下以己見，神
恉洞明，文可諷誦。自墨學廢二千歲，儒術孤行，至是較著。詒讓
行亦大類墨氏，家居任卹，所至興學，與長吏楛拄，雖眾怨勿恤也。」

先生撰《周禮三家佚注》刊成。

〔註30〕見朱《譜》。

案：《周禮三家佚注》止一卷，集賈、馬、干三家注之佚，間加補校，
　　為《周禮正義》附錄之一，刊成於光緒甲午之夏。今本《周禮正義》
　　不附此帙，惟中研院尚存有原刊本。

先生撰《札迻》刊成。

案：此書封裏有仲容自題「光緒廿年刊成籀膏」，而俞樾〈敘〉作於光緒
　　二十一年夏。章太炎、馬其昶作〈孫傳〉亦均言及，茲分別擇要錄
　　之如下：

　　俞樾《札迻・敘》云：「今年夏，瑞安孫詒讓仲容以所著《札迻》十
　　二卷見示，讐校古書共七十有七種。其好治閒事，蓋有甚於余矣。
　　至其精研訓詁，通達叚借，援據古籍以補正訛奪，根柢經義以詮釋
　　古言，每下一說，輒使前後文皆怡然理順。阮文達序王伯申先生《經
　　義述聞》云：『使古聖賢見之，必解頤曰：吾言固如是。數千年誤解，
　　今得明矣。』仲容所為《札迻》大率同此。」

　　章太炎〈孫詒讓傳〉云：「《札迻》者，方物王念孫《讀書雜誌》。
　　每下一義，妥貼寧極，淖入腠理。書少於俞氏《諸子平議》，校讐
　　之勤，倍《諸子平議》。」

　　馬其昶〈孫詒讓傳〉云：「詒讓每讀一書，必尋其義據，按冊綴錄，
　　名曰《札迻》。學者擬之王氏《讀書雜誌》。」

四子延瀚生。

是年夏五月，朝鮮東學黨作亂，我派兵往剿。六月，日本襲我運兵船於豐
鳥沖，擊我陸軍於牙山。秋七月，清廷宣布與日本開戰。

光緒二十一年乙未（1895）　四十八歲

琴西公卒，年八十一。

　　先生《易簡方・敘》曰：「先君子以乙未冬捐館舍，詒讓孤露餘生，未遑
　　理董，既釋服，迺檢付梓人，以仰成先志。」

　　先生〈崧橫詩質跋〉曰：「今讀先生茲集，託興孤邁，妙造自然，益復爽
　　然自失。夫商彝周鼎，范製簡樸，而非巧冶所能放造，此豈涂澤雕繪者，
　　所能窺其萬一乎！獨恨先君於前年冬弃養，與季眅先生三十載神交，末
　　得一見。」

　　俞樾〈挽琴西公聯〉云：「數丁酉、甲辰、庚戌三度同年，洵推理學名臣，
　　內官禁近，外任屏藩，晚以太僕歸田，老去白頭，重遊泮水。　　刻《橫

塘》、《竹軒》、《水心》諸家遺集，自任永嘉嫡派，文法桐城，詩宗山谷，更有封章傳世，將來青史，豈僅儒林。」

案：公一生功業，俞氏此聯，包括殆盡矣。

先生自琴西公捐館，即閉門讀禮，日惟著述自適。

多，如皋舉人冒廣生，就婚瑞安黃氏，與先生時相過從。

是年東事甫定，中國賢士大夫，蠢然有國威不振之懼，京都及南洋，皆有強學書局之設。先生與瑞安同人，開學計館於卓忠毅祠，以教邑中子弟。

先生〈瑞安新開學計館敘〉曰：「光緒乙未，東事甫定，中國賢士大夫始蠢然有國威未振之懼。於是京都及南洋，皆有強學書局之舉，而瑞安同人亦議於邑城卓忠毅公祠開學計館，以教邑之子弟。皆以甄綜術藝，培養人材，導厥涂徹，以應時需，意甚盛也。夫時局之艱難，外變之環伺而沓至，斯天為之也，然人材之衰薾，學荒之不講，朝野之間，炭焉有不可終日之慮，則人事或不能無過矣。瑞安褊小，介浙閩之間，僻處海濱，於天下形勢，不足為重輕，然儲材興學，以待國家之用，而出其緒餘以澤鄉里，則凡踐土食毛者，皆與有責焉，固不容以僻遠而自廢也。學計館之開，專治算學，以為致用之本。」

先生著〈學約〉□篇。

先生丙申〈覆梁啟超書〉云：「承詢〈學約〉，乃前年倭議初成，普天憤懣之時。讓適以銜恤家居，每與同人論及時局，憂悶填膺，輒妄有綴述，聊作豪語以強自慰藉。大恉不出尊著說群之意。而未能精達事理，揆之時勢，萬不能行。平生雅不喜虛憍之論，不意懷抱鬱激，竟身自蹈之。及讀鴻議，知富強之原，在於興學，其事深遠，非一蹴所能及，深悔前說之孟浪，已拉雜摧燒之矣。」

案：此篇原稿不存，大致言景教之害，燎原莫遏，當闡明周、孔六藝之學，以抑邪說，以雪讐恥。

海豐吳式芬撰《攗古錄金文》三卷刊行。

是年春三月，李鴻章日本全權大臣伊藤博文訂立〈馬關條約〉十一款。夏四月，割讓臺灣澎湖與日本。多十月，孫中山先生謀起義於廣州。

光緒二十二年丙申（1896）　四十九歲

春正月，先生撰〈冒巢民先生年譜敘〉。

先生〈冒巢民先生年譜敘〉曰：「家史之有年譜，猶國史之有年表也。桓

君山謂太史公〈三代世表〉，實效《周譜》，彭城《史通》，亦謂表譜相因而作，然則表之與譜固同原而異流與！然唐以前國史有世表，有年表，而家史則有世譜而無年譜。先秦傳記之傳於今者，若《晏子春秋》之類，最錄言行，蔚成巨編，而未有分年排次，故讀其書者，多不得其先後。閒有一二可考者，亦多歧牾莫能論定，則以無編年之例故也。自北宋人以陶杜之詩，韓柳之文，按年爲譜，後賢踵作，綴輯事迹以爲書者日多。於是編年之例通於傳記，年經月緯，始末昭焯，此唐以前家史所未有也。蓋名賢魁士，一生從事於學問，論譔之間，其道德文章，既與年俱進，而生平遭際之隆污夷險，又各隨所遇而不同。非有譜以精攷其年，無由得其詳實。即一二瑣屑軼事，亦其精神所流露，國史家傳所不及詳者，皆可摭拾入之年譜。凡史傳碑狀紀述舛午不可治者，得年譜以理董之，而弇然如引繩以知矩也。余治禮經嘗疑鄭君《禮》注與《詩》箋說多駁異，讀山陽丁氏《鄭君年譜》，乃知其箋《毛詩》在中平以後，而《禮》注先行，所據者三家詩也。又嘗疑陽明〈朱子晚年定論〉之不足信，讀白田王氏《朱子年譜》，綜攷論學之年月，及朱陸往來商榷之蹤跡，而後較然得其移易坿會之誣。然則年譜之作，雖肇於宋，而實足補古家史之遺闕，爲論世知人之𨶗椶，不信然與！……余所見名賢年譜幾及百家，若竹汀錢氏，三洪王陸諸譜之簡要，石洲張氏顧閣兩譜之詳核，其尤著者。」

先生撰〈新始建國銅鏡拓本跋〉。

先生〈新始建國銅鏡拓本跋〉曰：「右新莽宜子孫竟，祥符周季貺太守星貽得之閩中，太守歸老吳門，以付其外孫如皋冒鶴亭孝廉廣生。余前二十年於亡友戴君子高許嘗見拓本，獨山莫先生子偲爲跋尾，所著《金石經眼錄》亦載之。子高物故，拓本不審歸何人，今鶴亭以手拓本寄贈，恍如見故人矣。」

先生撰周星貽〈窳橫詩質跋〉。

先生〈窳橫詩質跋〉曰：「右五言律詩一卷，周季貺先生之所著也。先君以道光庚戌成進士，與祥符周叔澐先生爲同歲，又同入史館。……比先君以太僕引疾歸里十餘年，季貺先生亦解組歸寓吳門，書牘疏闊，久不相聞。光緒乙未冬，先生外孫冒鶴亭孝廉來瑞安，得從問先生起居，出示先生手定五言律詩五十餘篇。蓋先生少年時著集甚富，晚年手自刪簡，

又質之仲脩，相與商榷，僅存此一卷。高眇之致，寓諸平易，嶔奇之懷，返之沖澹。杼山長老云：清景當中，天地秋色。可與論先生之詩矣。」

三月，先生得周麥鼎於永嘉，撰〈周麥鼎考〉。

先生〈周麥鼎考〉曰：「光緒丙申三月，得此鼎於永嘉，宋拓其文，尚完皙可誦。唯此數事，略涉隱詭，輒爲發疑正讀，冀得自省覽焉。」

案：劉節曾著〈麥氏四器考〉一文，謂「孫氏著〈麥鼎考〉，然世間未見拓本。前在北平，曾攝得副本，分貽同好。此器字體奇古，峭勁有力，誠如先生所言；與盂鼎似出一原。」

夏四月，王棻移書先生，呈《六書解》一帙，屬爲審正。

同月，先生拓周麥鼎，贈黃紹箕。

秋，先生覆王棻書，奉還《六書解》，駁其假借說之非。

先生〈與王子莊論假借書〉曰：「四月間接誦況畢，深荷注存，並示大著《六書解》一帙。伏案諷味，欽慰何似！六書之說，自汳宋以來，異論蠭起，淺學襪涉，益滋瞀惑。乾嘉諸老，詮校郲書，所釋略備，而得失互陳，未能衷定。得尊解別白而理董之。衍毋山指事之條，闡湘鄉轉注之論，平議精寀，信不刊之作也。惟假借一門所論與前賢特異，詒讓再四籀繹，竊有不敢信者三，請爲執事陳之。」

七月，先生撰《周書斠補》成。

先生《周書斠補‧敘》曰：「余昔讀此書，頗涉讐勘，略有發正，輒付掌錄。覬以思誤之適，自資省覽，不足爲盧、朱兩家拾遺補闕也。至近代治此書者，如王氏裒祖《讀書雜志》、洪氏筠軒《讀書叢錄》、莊氏葆琛《尚書記》、何氏願船《王會箋釋》、俞丈蔭父《群經平議》，其所理董，亦多精塙，既學者所習見，則固不煩捃錄矣，光緒丙申七月。」

先生覆梁卓如論墨子書。

先生〈與梁卓如論墨子書〉曰：「前讀大著《變法平議》，於中國貧弱窳敗之故，洞究原本，俾圜顱方趾之倫，昭然發其蒙蔀微管之望。中外翹仰，深以未得奉手承教爲憾。頃奉誦惠畢，猥以前呈拙著《墨詁》，厚荷藻飾，有逾涯分，伸紙盥繹，尤增愧悚。讓少溺於章句之學，於世事無所解。曩讀墨子書，深愛其撢精道術，操行艱苦，以佛氏等慈之悃，綜西士通藝之學，九流匯海，斯爲巨派。徒以非儒之論，蒙世大詬，心竊怖之。研校廿年，略識恉要，遂就畢本補綴成注，然〈經說〉諸篇，閎

義眇恉，所未窺者尚多。嘗謂《墨經》揭舉精理，引而不發，爲周名家言之宗。竊疑其必有微言大例，如歐士論理家雅里大得勒之演繹法，培根之歸納法，反佛氏之因明論者，惜今書譌闕不能盡得其條理，而惠施公孫龍竊其緒餘，洒流於倡詭口給，遂別成流派，非墨子之本意也。拙著印成後，間用近譯西書覆事審校，似有足相證明者，如〈經上〉篇云，似有以相攖有不相攖也，此疑即《幾何原本》所云，兩直線於同面行至無窮，不相離亦不相遠，而不得相遇，爲平行線，有以相攖，即不相離不相遠之意，有不相攖，即不得相遇之意，此殆亦形學之精理矣。……以執事研綜中西，當代魁士，又夙服膺墨學，輒刺一二奉質，覬博一咲耳。……近欲博訪通人，更爲《墨詁》補義，倘得執事賡續陳鄒兩先生之緒論，宣究其說以餉學子，斯亦曠代盛業，非第不佞所爲望塵擁篲翹盼無已者也。」

新會梁啓超任公移書先生詢問〈學約〉。

案：任公來詢〈學約〉事始末，於先生〈與梁卓如論墨子書〉中言之甚詳。

梁啓超撰〈變法通議〉。

案：梁氏於文中對政治之主張云：「吾今爲一言以蔽之曰，變法之本在育人才，人才之興在開學校，學校之立在變科舉，而一切要其大成在變官制。」

八月，兩湖總督張之洞六十誕辰。先生撰壽序祝嘏。

是年秋七月，工部尚書孫家鼐，奏請開辦京師大學堂。清廷派遣學生赴日留學。

光緒二十三年丁酉（1897）　五十歲

先生校顧亭林詩，寫爲一卷。

先生〈亭林詩集校文後記〉曰：「《亭林詩集》六卷，傳校元鈔稿本，以潘刻本勘之，得佚詩，補十有八篇。潘刻所有而文字殊異者又逾百事，謹校寫爲 一卷。烏虖！蘭畹臕馥，桑海大哀，淒迷填海之心，膠落佐王之學。景炎蹕去，空傷桂管之蟲沙，義熙年湮，猶署柴桑之甲子。掐茲一菊之煤炱，恐化三年之碧血，偶付掌錄，讀之涕零！後之覽者，倘亦亮其存楚之志，而恕其吠堯之罪乎！蘭陵荀羡。」又

「集外詩注中，間有佚事，張氏《顧先生年譜》咸失載，疑石洲亦未覩元

鈔本也。業又記。」又

「豈願區區王佐學，蒼鵝哀怨幾人知？流離幸早一年死，不見天驕平鄭時。」「萬里文明空烈火，人間猶有〈采薇〉篇，臨風掩卷忽長難，亡國於今三百年！」越東逸民苟徵。

　　案：《甌風雜誌》所印《亭林詩集》無此詩，而章太炎《檢論》云：「詒讓發言，時有痛隱」，注「孫詒讓校亭林集後系以詩云，『亡國於今三百年。』記中隱語及署名，似係先生自題。足見先生思想。」

先生撰長洲朱中我〈咸豐以來將帥別傳敘〉。

　　先生〈咸豐以來將帥別傳敘〉曰：「光緒丙申，朝廷以屬藩之亂，與倭搆兵，款議既成，中國士大夫以國威未振，時變日亟，瞿然有人才衰乏之憂，而老友朱君中我，箸《咸豐以來將帥傳》適成，比丁酉刊版既竟，以書寄示，詒讓受而讀之，喟然曰：洪楊之亂，糜爛幾徧寰宇，卒能戡定，劻開中興，雖仰藉文宗憂勤之心，穆宗神武之略，抑亦忠勤蔚興，師武臣力之效。」

餘杭章炳麟太炎以平陽宋恕平子之介，與先生定交。

　　章炳麟〈瑞安孫先生傷辭〉云：「炳麟始交宋恕平子，平子者，與瑞安孫先生為姻，因是通於先生。」

　　案：先生與章氏定交時代無考，朱芳圃《孫詒讓年譜》繫於是年。

費屺懷寄贈先生金文拓本。

　　先生〈與費氏書〉曰：「前賜金文五十種，近寫定釋文一冊，大半用舊釋，當就管見，改定一二。有數種前未著錄者，如乙亥鼎及猶鐘之類，尚有闕字，敬祈審定理董。」又

　　《古籀餘論‧後敘》曰：「今檢吳氏此錄，則季娟鼎、毛公鼎、井人鐘諸器，咸入橅錄，而戴潘盛江諸賢，墓已宿草，永念疇昔，幾同隔世。邇年廄年課子，舊友雲散，唯峧裏收羅彝器，時以拓本寄贈。其所得師奎父鼎、趩尊、師趛鼎、尤卣，亦多足校正吳《錄》。然余年逾五十，多病早衰，目力凶力，咸遠不逮昔矣。」

永嘉王景羲子祥就聘孫詒善家塾，校勘琴西公《甌海逸聞》、《永嘉集》二書。

女鍮生。

　　案：先生女適同邑洪氏。

是年冬十月，德軍入佔膠州灣。十一月，工部主事康有為上書請變法。

光緒二十四年戊戌（1898）　五十一歲

春正月，先生校勘王德膚《易簡方》付梓。

> 先生《易簡方·敍》曰：「先君子以乙未冬捐館舍，詒讓孤露餘生，未遑理董。既釋服，迺檢付梓人，以仰承先志。倭本增注，亦大書與正文同，今改爲小字，以便省覽，亦以其非德膚舊本，不宜淆掍也。倭中所傳，尚有《施發察病指南論》、《續易簡方論》、盧祖常《續易簡方論集》、王暐《續易簡方脈論》，皆吾鄉宋、元醫家佚書。俟更訪求，賡續刊之，亦先君子之志也。光緒戊戌孟陬。」

清廷更新法，尚書瞿鴻機子久、中丞陳右銘，交章推薦先生。

> 先生自題〈變法條議後注〉曰：「戊戌更政，持議者多舉制科，未試而黨獄興矣。不佞以陳右銘中丞，瞿子久尚書薦，亦側名其列。陳尚未識面，蓋得之黨人某也。」

先生撰〈謝奧宋謝天申先生贊〉

> 先生〈謝天申先生贊〉前敍曰：「宋謝閣門天申先生，爲程門高第，事略見朱子《伊洛淵源錄》，及黃南雷《宋元學案》。先生舊居瑞安二十四都謝奧，迄今苗裔蕃盛，猶能守其祠墓，蓋其遺澤遠矣。光緒戊戌，其裔孫錫佩屬爲贊，將以刊其墓隧，敬書四十八字，用識景行之忱焉。」

先生撰〈中西普通書目表敍〉。

> 先生〈中西普通書目表敍〉曰：「光緒戊戌秋，朝廷始更科舉法，以策論易四書文，將以通識時務，屬天下士。於是鄉曲俗儒，昔所挾爲秘冊者，一切舉廢，則相與索諸市，求所謂時務書者，顧問以篇目某某，則盱眙不能應，點估或示以斷爛朝報，輒大喜，急持去。噫！講時務而求之書冊，所得幾何？乃并所謂書冊者，亦不能舉其名，科舉之陋至是！其爲世所詬病，不亦宜乎！余友黃君愚初自滬瀆歸，出新刊《中西普通書目表》見示，曰吾憫夫俗儒之陋，將以是道之途徑，雖自愧簡淺，要得吾書以索之市，可以略識所從事爾。蓋君書兼中西，無所偏主，故以普通爲名。中書多取之南皮尚書《書目答問》，西書多取之新會梁氏〈西書表〉，芟其不甚急，而益以新出之書，所列不必求備，間附評議，亦略揭一端，不必盡其恉要，然以是餉科舉之士，則爲已侈矣。」

時福建陳石遺衍，客張南皮之洞許。南皮詢海內學者，衍曾舉先生及皮鹿門錫瑞以對。

俞樾以衰老辭詁經精舍講席，計在職三十一年。

兩湖總督張之洞刊布《勸學篇》。計〈內篇〉九、〈外篇〉十四。

是年春正月，詔設經濟特科。設京師大學堂。夏四月，詔改各省書院爲學校。五月詔廢八股文，科舉改試策論。秋八月六日，皇太后復垂簾聽政，以帝有疾，宣告中外，並詔復一切舊制。俄人租借旅順、大連，英人租借威海衛，德國佔據膠州灣。內訌外寇，紛至沓來，國事如棼矣。

光緒二十五年己亥（1899） 五十二歲

春二月，先生〈記瑞平化學學堂緣起〉。

　　先生〈記瑞平化學學堂緣起〉曰：「邇來中土士大夫始知自強之原，莫先於興學，內而京師大學堂，外而各行省公私學堂林立，無不以化學爲首務，而溫州獨未有興者，斯不謂非闕典與！不佞曩與同志撢研西藝，流覽新譯各書，深知斯學之體精而用博，而苦無堂舍以資其聚習，無器質以閟其考驗，故略涉其藩而未能深窺其奧窔。爰與平陽楊君愚廬、吳君霽庵，同邑金君遯庵，籌議集資千金，於郡城開設學堂，廣購書器，與夫金石藥劑，萃郡之學人志士，相與切磋，講貫於其中，將博考精研，以通其理而達其用。……其於國家富強大計，或足爲撮壤涓流之助，斯亦大雅閎達，所樂觀厥成者與！光緒祝犁大淵獻二月。」

秋八月，先生撰《周禮正義》八十六卷成。

　　先生《周禮正義·敘》曰：「我朝經術昌明，諸經咸有新疏，斯經不宜獨闕。遂博采漢、唐、宋以來，迄於乾、嘉諸經儒舊詁，參互證繹，以發鄭注之閟奧，裨賈疏之遺闕。艸刱於同治之季年，始爲長編數十巨冊，綴輯未竟，而舉主南皮張尙書議集刊國朝經疏，來徵此書。乃隳栝觗理，寫成一帙以就正。然疏牾甚眾，又多最錄近儒異義，辯論滋絭，私心未愜也。繼復更張義例，剟絭補闕，廿年以來，橐艸屢易，最後迻錄爲此本。其於古義古制，疏通證明，校之舊疏，爲略詳矣。至於周公致太平之迹，宋元諸儒所論多閎侈，而駢拇枝指，未盡楬其精要。顧惟秉資疏闇，素乏經世之用，豈能有所發明，而亦非箋詁所能鉤稽而揚榷也。故略引其耑而不敢馳騁其說，覬學者深思而自得之。中年早衰，儽然孤露，意思零落，得一遺十；復以海疆多故，世變日亟，睠懷時局，撫卷增喟。私念今之大患，在於政教未修，而上下之情暌闕不能相通，故民窳而失職，則治生之計陋隘，而譎觚干紀者眾。士不知學，則無以應事偶變，

效忠厲節，而世常有乏才之憾。夫舍政教而議富強，是猶泛絕潢斷港而蘄至於海也。然則處今日而論治，宜莫若求其道於此經。而承學之士，顧徒奉周經漢注為攷證之淵藪，幾何而不以為已陳之芻狗乎。既寫定，輒略刺舉其可剟今而振敝一二犖犖大者，用示櫽栝，俾知為治之迹，古今不相襲，而政教則固百世以俟聖人而不惑者。」

〈周禮正義略例十二凡〉：

一、經本以《唐石經》為最古，注本以明嘉靖放宋本為最精。今據此二本為主，間有譌挩，則以《孟蜀石經》及宋槧諸本參校補正，箸其說於疏。至版本文字異同，或形體譌別，既無關義訓，且已詳阮、黃兩記，今並不載，以袪繁冗。

二、陸氏《釋文》，成於陳、隋間，其出最先，與賈疏及石經間有不同，所載異本異讀，原流尤古。今並詳議其是非，箸之於疏，以存六朝舊本之辜較。

三、賈疏蓋據沈重《義疏》重修，在唐人經疏中尚為簡當。今據彼為本，訂譌補闕。凡疏家通例，皆先釋經，次述注。然鄭注本極詳博，賈氏釋經，隨文闡義，或與注複，而釋注轉多疏略；於杜、鄭三君異義，但有糾駁，略無申證，故書今制，攣拘闕如。今欲撟斯失，釋經唯崇簡要，注所已具，咸迻省約，注文閎奧，則詳為疏證。蓋注明即經明，義本一軌也。今疏於舊疏甄采精要，十存七八，雖間有刪剟移易，而絕無屬改。且皆明櫽賈義，不敢攘善。唐疏多乾沒舊義，近儒重修，亦或類此，非膚學所敢效也。

四、唐疏例不破注，而六朝義疏家則不盡然。鄭學精軌群經，固不容輕破。然三君之義，後鄭所讚辨者，本互有是非。乾、嘉經儒攷釋此經，間與鄭異，而於古訓古制，宣究詳塙，或勝注義。今疏亦唯以尋繹經文，博稽眾家為主，注有牾違，輒為匡糾。凡所發正，數十百事，匪敢破壞家法，於康成不曲從杜、鄭之意，或無誖爾。

五、古經五篇，文繇事富，而要以大宰八灋為綱領，眾職分陳，區畛靡逾。其官屬一科，〈敘官〉備矣。至於司存攸寄，悉為官職，總櫽大綱，則曰官灋；詳舉庶務，則曰官常；而官計、官成、官刑，亦錯見焉。六者自官職、官常外，餘雖或此有彼無，詳略互見，而大都分繫當職，不必旁稽。唯官聯條緒紛綸，岷絡隱互，椷見百職，鉤

覈爲難。今略爲甄釋，雖復疏闕孔多，或亦稽古論治之資乎。

六、議禮群儒，昔侔聚訟。此經爲周代法制所總萃，閎章縟典，經曲畢晐。而侯國軍賦，苞、何膠於舊聞，明堂辟癰，服、蔡騰其新論。兩漢大師，義詁已自舛互。至王肅《聖證》，意在破鄭，攻瑕索瘢，偏戾尤甚。然如郊社禘祫，則鄭是而王非；廟制昏期，則王長而鄭短。若斯之倫，未容偏主。唐疏各尊其注，每多曲護，未爲閎通。今並究極諸經，求厥至當，無所黨伐，以示折衷。

七、此經在漢爲古文之學，與今文家師說不同。先秦古子及西漢遺文，所述古制，純駮襍陳，尤宜精擇。今廣徵群籍，甄其合者，用資符譣，其不合者，則爲疏通別白，使不相殽掍。近儒攷釋，或綴粹古書，曲爲傅合，非徒於經無會，彌復增其紛粃，今無取焉。

八、經文多存古字，注則多以今字易之。〈考工記〉字例，與五官又不盡同。宋元刻本，未通此例，或改經從注，或改注從經，遂滋岐互，非復舊觀。段玉裁《漢讀考》，及阮、黃兩記，舉正頗多，尙有未盡。今通校經注字例，兼采眾本，理董畫一。或各本並誤，則仍之，而表明於疏。至經注傳譌，或遠在陸、賈以前，爲段、阮諸家及王引之《經義述聞》所刊正者，則不敢專輒改定，並詳箸其說於疏，俾學者擇焉。

九、此經舊義，最古者則《五經異義》所引古《周禮》說，或出杜、鄭之前。次則賈逵、馬融、干寶三家佚詁，亦多存古訓。無論與鄭異同，並爲攟拾。至於六朝、唐人禮議經疏，多與此經關涉，義既精博，甄錄尤詳。間有未允，則爲辨證，用釋疑牾。宋、元諸儒說，於周公致大平之迹，推論至詳，而於周制漢詁，或多疏繆。今所搴擇，百一而已。

十、天筭之學，古疏今密。然此經遠出周初，鄭詁如圓率則徑一圍三，天行則四游升降，並據《九章》、《考靈曜》，雖法數疏闊，而以古術釋古經，致爲塙當。今疏惟〈考工〉一篇，輪蓋周徑，校密率於圓觚，柯欘倨句，證弧角於西筭，餘咸據古棽緯史志及唐以前筭經占經爲釋。後世新法，古所未有，不可以釋周經及漢注也。

十一、二鄭釋經，多徵今制，攷之馬、班史志，衛、應官儀，率多符合。良以舊典隊文，留遺因襲，時代匪遙，足相比況。晉、宋而降，去

古彌遠，政法滋更；北周、李唐，建官頒典，雖復依放六職，而揆之禮經，多不相應。故此疏於魏、晉以後儀制，槩不援證。惟州國山川，宜詳因革，故職方輿地，備釋今名，以昭徵實之學。

十二、舉證古書，咸楬篇目，以示審塙。所據或宋、元舊槧，或近儒精校，擇善而從，多與俗本不同。其文義殊別，有關惝要者，則於疏中特箸某本，非恒例也。佚書則咸詳根氏，用懲肊造，兼資覆勘。昔儒說解，援據古籍，或尚沿俗本及刪改舊文，義惝未備者，今並檢元書勘正，此迺校讐，非改竄也。

　案：章炳麟〈孫詒讓傳〉云：「初賈公彥《周禮疏》多隱晦，世儒各往往傅以今文師說，而拘牽後鄭義者，皆仇王肅，又糅雜齊魯間學。詒讓一切依古文彈正。郊社禘祫則從鄭，廟制昏期則從王。益宣究子春、少贛、仲師之學，發正賈、鄭，凡百餘事。古今言《周禮》者，莫能先也。」

　馬其昶〈孫詒讓傳〉云：「嘗慨清儒於諸經均有新疏，獨《周禮》鄭注簡奧，賈疏闊略，讀者未能深究，而通於治者尤罕。自劉歆、蘇綽、王安石，膠柱鍥舟，益為此經詬病。於是著《周禮正義》八十六卷。本《爾雅》、《說文》正其詁訓，以禮經《大小戴記》，證其制度，博採漢、唐及乾、嘉諸儒舊說，參互繹證，注有違牾，亦輒匡糾。意謂國之富強，從政教入，學無新舊，均可折衷於是書矣。……先是浙省為三禮之學者有秀水盛世佐、烏程沈夢蘭、臨海宋世犖諸家，行輩在前，詒讓最後起，而其書出，囊括眾說，遂集其成矣。」

　曹元弼〈書孫氏周禮正義後〉云：「孫氏《周禮正義》，博采故書雅記，疏通證明，雖於高密碩意，間有差池，而囊括網羅，言審理博，自賈氏以來，未有能及之者也。」

　朱芳圃《孫詒讓年譜》云：「清代經學，遠邁漢、唐，鴻儒輩出，諸經皆有新疏，先生疏最後出，往哲遺著，足資法戒，故其採集之博，義例之精，考證之審，條理之密，實駕諸儒而上之。」

　更生案：是書疏明典制，考定名物，貫通羣經，折衷至當，上承秦蕙田、程瑤田諸儒之緒，下開近世研經之大法，尤其於通經致用之道，則不僅於學術有貢獻，亦足以輔政長民，可謂大矣。

冬十二月，先生撰《大戴禮記斠補》三卷成。

先生《大戴禮記斠補·敘》曰:「近代通人始多治此學,而孔氏《補注》最爲善本。余昔嘗就孔本研讀,又嘗得寶應劉楚楨年丈寶楠所錄乾嘉經儒舊斠,多孫淵如、丁小雅、嚴九能、許周生諸家手記,又有趙雩門所斠殘宋槧異文,與孔書小殊,竝錄於冊耑。藏匧廿年未遑理董也。己亥冬,既寫定《周書斠補》,復取《大戴》斠本別付寫官。以劉錄舊斠傳鈔甚稀,慮其零落,並刪定著之。」

山東濰縣古董商人范維卿,初以安陽小屯出土之甲骨刻辭介紹於世。丹徒劉鶚鐵雲遊京師,於福山王懿榮正儒私第,始發見龜版有契刻篆文。

黃體芳卒。

是年冬十月,法軍艦入侵廣州灣,據之。十二月,立端郡王載漪子溥儁爲大阿哥。繼承穆宗毅皇帝爲嗣。

光緒二十六年庚子（1900）　五十三歲

夏五月,先生撰〈沈丹曾東遊日記跋〉。

先生〈跋〉曰:「光緒己亥秋,日本大治兵於其國之櫪木。歐美各國觀戰者四集,而閩沈丹曾觀察,以蜀帥奎公檄往,四閱月始歸。記其所見,爲書一卷,於兵事外,旁及工蓺商務,而於學校尤詳。……自甲午款議成後,深識之士,始知興學爲自強之基,中外學堂林立。而論者不察,猶或斥爲西法新政,不知以學校治軍,本於《周禮》,固中國二千年前之古法也。余讀觀察此書,既終卷,輒楬其微恉,而摭周軍制學制以證明之,冀爲討論國聞之助,豈弟侈遊覽之奇哉!庚子五月。」

福山王懿榮正儒購得范佑所挾甲骨八百片。

秋七月,八國聯軍陷北京,團練大臣王懿榮殉難。

唐才常謀起兵湖北,事洩被誅。

是年五月,八國聯軍陷大沽礮臺。六月陷天津,十月二十北京城破。太后挈帝,出奔宣化。八月幸太原。九月西幸西安。十一月外人提出和議十二款。

光緒二十七年辛丑（1901）　五十四歲

春正月,先生撰《九旗古義述》一卷。

案:八國聯軍之役,畿輔告警,鑾輿西狩。瑞安城中,亦以伏莽竊發,從事戒嚴。先生索居無聊,治《周禮·大司馬、司常》注,爲《九旗古義述》一卷。時人胡玉縉曾著《九旗古義述·跋》。

夏，武進金武祥湉生，以鈔本張惠言《墨子經說解》寄貽先生。先生移書申謝。

冬，尙書端方以所藏秦權精拓，手跋其後，並大騩權拓本，介黃紹箕寄貽先生，屬爲審定。

> 先生〈秦權拓本跋〉曰：「辛丑臘月長白午橋尙書，以所藏秦權精拓手跋，其後介黃君仲弢寄貽，尋校累日，則積疑爲之渙然。……聞尙書所得秦權甚夥，而此權制特大，手跋定爲五權之石權，精鑒至論，前無古人，至於觚圓鈞石，燦然畢萃，尤爲集古勝緣，遐睇海天，爲之神往。」

六子延撰生。

渠田公卒。

> 案：公遺著有《海日樓詩文集》、《東甌大事記》、《周浮沚年譜》、《陳止齋年譜》、《止庵讀書記》、《呂氏春秋高注補正》各若干卷，多未梓行。

是年六月，改總理各國事務衙門爲外務部。秋七月，清廷與八國簽《辛丑和約》十二款。九月，全權大臣直隸總督李鴻章卒。冬十一月，太后挈帝還京師。

光緒二十八年壬寅（1902）　　五十五歲

春正月，先生撰秦權、大騩權兩拓本跋。

> 案：《籀膏述林》卷八有〈秦權拓本跋〉與〈秦大騩權拓本跋〉。

夏四月，先生撰《周禮政要》四十篇成。

> 先生《周禮政要・敘》曰：「中國變法之議，權輿於甲午，而極盛於戊戌，蓋詭變而中阻。政法未更，而中西新故之辯，舛馳異趣，已不勝其譁聒。夫政之至精者，必協於群理之公，而通於萬事之變。一切弗講，而徒以中西新故畫區畛以自隘，吾知其懵然一無所識也。中國開化四千年，而文明之盛，莫尙於周。故《周禮》一經，政法之精詳，與今泰東西諸國所以致富強者，若合符契，然則華盛頓、拿破崙、盧梭、斯密亞丹之倫，所經營而講貫，今人所指爲西政之最新者，吾二千年之舊政已發其端。吾政教不脩，失其故步；而薦紳先生咸茫昧而莫知其原，是亦綴學者之恥也。辛丑夏，天子眷念時艱，重議更法。友人以余嘗治《周禮》，屬捃摭其與西政合者，甄緝之以備財擇。此非欲標揭古經，以自張其虛憍而飾其窳敗也。夫亦明中西新故之無異軌，俾迂固之士廢然自返，無所騰其喙焉爾！余書凡二卷，都四十篇，雖疏漏尙眾，而大致略具。漢儒不

云乎！爲治不在多言，顧力行何如耳。誠更張今法，集吾群力而行之不疑，則此四十篇者，以致富強而有餘；其不能也，則雖人懷晁、賈之策，戶誦杜、馬之書，其於淪胥之痛，庸有救於豪穤乎。嗚呼！世之論治者，可以鑒矣。光緒壬寅四月。」

案：《周禮政要》卷分上下。上卷計〈朝儀〉、〈冗官〉、〈重祿〉、〈達情〉、〈宮政〉、〈奄寺〉、〈吏胥〉、〈鄉吏〉、〈教胄〉、〈廣學〉、〈通藝〉、〈選舉〉、〈博議〉、〈廣報〉、〈通譯〉、〈觀新〉、〈治兵〉、〈巡察〉、〈圖表〉、〈會計〉。下卷計〈戶版〉、〈口稅〉、〈廛布〉、〈券稅〉、〈金布〉、〈券幣〉、〈漁征〉、〈度量〉、〈礦政〉、〈冶金〉、〈水利〉、〈教農〉、〈樹藝〉、〈保商〉、〈同貨〉、〈攷工〉、〈攷醫〉、〈獄訟〉、〈諭刑〉、〈收教〉。共四十篇。其中有關政治者、有關經濟者、有關社會者、有關財稅者、有關教育者、有關軍事國防者、有關農林工礦者、有關醫藥保健者，皆能紬繹《周禮》之精蘊，配合當時革新之需要，雖代有遷變，而固本棄末，身體力行之旨，將永世而不朽也。

惟道、咸以後，今文學興，龔、魏諸輩，喜以經術作政論。至南海康有爲出，集其大成。新會梁啓超、瀏陽譚嗣同繼其業而光大焉。先生爲古文大師，原與今學異趣，但丁茲時艱，目睹國事之阽危，怵禍至之無日，故亦改變曩日謹守家法之態度，聚集同志，講求維新救亡之術。是書即其對政治方面之具體主張也。以《周官》比附新政，與今文家託《公羊》而言變法者，同一用意。居今日觀之，誠不免蹈梁氏所譏「以西學緣附中學，名爲開新，實則守舊」之失，然亦時代使然，不能爲先生咎也。又此書撰成後，由瑞安普通學堂刊行，溫州各校，皆採用爲教本。自後滬上書肆，競事翻刻，傳布甚廣，於當日思想界頗有相當之影響。

又先生自題〈變法條議後詩注〉：「更法條目緐夥，要當以學堂爲根柢，警察次之。蓋學堂儲立法之材，且開守鴆者之蒙固；警察則使法之必行，而袪積弊。無此而徒議變法，無益也。」此爲先生變法圖強之根本主張。後此之銳意興學，志不少懈，即實行此一主張也。

民國三十六年《浙江學報》出〈孫仲容先生百年誕辰紀念專號〉，張其昀先生曾著〈孫詒讓先生之政治思想〉一文有云：「現距先生之歿已四十年，保守派之阻力已不足爲慮。另一派人，往往忽視我國歷

史傳統，喪失了民族自尊心，輕蔑華化，而侈談西化，宛如建樓閣於沙上，甚至演成離心力量，陷國家於分裂，其足爲新政之阻礙，恐有過於當年之守舊派。」又云「特於《周禮正義》寫成後，再撰《周禮政要》，以資補充。晚清思想界由舊轉新之機運，先生誠有莫大之貢獻。」

五月，先生撰自題〈變法條議後詩〉八章。

先生移書武進金武祥溎生，索其所著筆記。

秋七月，溫州知府王琛改中山書院爲溫州府中學堂，延聘先生及永嘉余朝紳筱璇爲總理。

溫州府屬各縣學堂，次第成立。

> 案：《新修浙江通志》錢南陽〈孫詒讓傳〉云：「先是詒讓與邑人黃紹箕等，創立瑞安學計館及方言館，以教邑中子弟。此朝議興學，益資倡力行。光緒二十七年，設瑞安普通學堂，二十八年，設溫州府中學，及溫屬各縣中小學堂，三十二年，設溫州師範學堂，處州府中學堂，及溫屬各縣女子學堂，歷辦七載，增廣溫處十六縣各級學堂都三百餘所。溫處人士，公推總理學務處事，學部尚書榮慶，侍郎嚴修，奏充諮議官。浙江提學使支恒榮，聘爲學務公所議紳。兩浙人士舉爲教育總會會長。歲必巡視，驗以所得，爲〈學務本議〉四則，〈枝議〉十則，上諸學部，以明教育興革之要。」又
>
> 先生〈敘平陽劉紹寬次饒東瀛觀學記〉，言郡邑學堂之開辦，始於壬寅，以後諸邑次第興舉，瑞安先成，而平陽樂清次之。茲節其書中大略如下：
>
> 一、「敝里刻亦議開學堂，而苦乏貧，弟更歷事變，萬事灰心，媿未能力贊其成也。貴邑學堂，和卿兄不審如何籌商？恐林太尊未必慨允撥費，則亦仍是畫餅耳。更法雖已見諭旨，而舉辦仍未見踴躍。中國通患如是，眞不瘳之痼疾也。」
>
> 二、「敝里蒙學，……大致以教里中子弟識字，并以淺近算學、西藝、體質諸學，導之涂徑，無甚高論也。至縣學堂亦已議定開辦，……功課則以經史、掌故、西政、西藝、輿地、算學七門爲大綱。……七日作策論一篇。洋文則西文教習講授言語文字，并及體操，於中西門徑，約略賅備。但能否切實奉行，尚無把握。……弟頃苦小極，

又以籌議學堂，眾謗群疑，紛然四集，觺冗萬狀。」

三、「敝堂開辦數月，西文甚有進步，中文卻未有把握。改良之說，亦未可必。大抵敝里習氣虛憍，求高之意多，切實研究之心少，此中病根，眞不易治。」

吳縣吳大澂卒，年六十八。

福山王懿榮之子王翰甫，出所藏清夙債，甲骨千餘片最後出，悉數售與丹徒劉鐵雲。

上虞羅振玉叔言，在劉鶚家見甲骨墨本，嘆爲「漢以來小學家若張、杜、楊、許所不得見」之文字，遂謀流傳。

光緒二十九年癸卯（1903） 五十六歲

春二月，先生重訂〈毛公鼎釋文〉。

先生〈重定毛公鼎釋文後記〉曰：「舊作釋文，錄坿《古籀拾遺》冊末刊之。後得吳子苾侍郎式芬《攈古錄金文》，所釋略有異同，又載徐籀莊明經同柏〈釋文〉甚詳，有足補正余釋之闕誤者，謹捃采其精塙者，更以金文字例，博稽精校，重定爲此篇，距前攷釋時已廿有七年矣。再四推校，大致完具可誦讀。銘文不著年月，以文義推之，疑昭王穆王時器，要是西周遺文，淵懿純雅，蓋文侯之命之亞也。古文大篆之學放失千餘年，藉金文略存大較。蒙治此學，自謂用心致悉。昔初見摹本，頗據以糾正薛、阮、吳諸家所釋金文之誤；今重檢斠，則余舊釋罅漏固甚眾，而徐明經、吳侍郎所釋亦不能無誤。甚矣！識字之難也。光緒癸卯二月又記。」

案：三代重器之存於今者，器以盂鼎、克鼎爲最鉅，文以毛公鼎爲最多。此三器皆出道光咸豐間，一時學者，競相考訂：如嘉興徐同柏、海豐吳式芬、吳縣吳大澂及先生，均先後有作，文字可讀者十且八九，嗣後王國維撰〈毛公鼎考釋〉，從善匡違，遂集諸家之大成。而後又有拾遺補闕者，如吳寶煒〈毛公鼎正註〉、張之綱〈毛公鼎斠釋〉、郭沫若《兩周金文辭大系考釋》、于省吾《雙劍誃吉金文選》、吳其昌《金文曆朔疏證》、高鴻縉〈毛公鼎集釋〉、董作賓〈毛公鼎考年〉、〈毛公鼎釋文註譯〉，不下七八家。

先生以邵子進所藏明刊原本，重校《周禮正義》。

先生〈嘉靖本周禮鄭注跋〉曰：「《周禮》單注本傳於世者，以明嘉靖放宋刊本爲最佳。阮文達謂其依北宋本，今以傳校諸南宋本勘之，固皆出

其下。然明刊原本，於桓字間沿宋諱闕筆，則其底本雖出宋槧，亦必在欽宗以後，或南渡後覆刊北宋本與，然今不可攷矣。明印本流傳頗尟，黃蕘圃嘗據以重刊，然以眾宋本參互校定，與景寫覆刊，寔不同也。讓卅年前，侍先君子江甯巡道署時，仁和邵子進大令，需次冶城，亦同寓官齋，出所藏明刊原本見示，蓋海昌陳仲魚舊弆本，而子進尊人位西世丈收得之者。冊耑有丈題字，亦推為佳冊。時余方艸創《周禮正義》長編，以黃校本盛行於世，未遑假校也。既先君子移官皖鄂，讓皆侍行，比重至江甯，則子進已物故，其家旋杭。余頻年治《周禮》，每見阮氏校勘記，所舉嘉靖本異文，校以黃本或不合，竊滋疑懣，而無從究其根柢，輒心念邵藏本不置。逮光緒癸卯，聞子進令子伯絅已捷南宮，入詞館，馳書賀之。并乞假明刊《周禮》，未幾，伯絅以藏本寄至，則書冊完善，與前在江寧時所見無異。……今春多暇，竭兩旬之力校竟，歸之伯絅，因略記其舛互諸條，以識黃本之誤。藉以自釋疑眩。且俾後之校讀此經者，得有所別擇。知明刻實原出北宋精槧，而黃校是非錯出，殊失嘉靖之舊，勿徒震其寫刻之精，遽奉為佳本，斯為善讀經者爾。」

三月，先生及余朝紳辭溫州府中學堂總理職。

先生從張之綱許，假得陽湖楊葆彝《墨經校注》。

夏五月，撰〈與梅延祖論穀梁義書〉後小記。

先生記曰：「梅君為江都梅蘊生先生哲嗣，世治《穀梁》學。光緒初，余侍先太僕在江甯，梅君介同歲生儀徵劉君恭甫，以《穀梁》義下問。迺刺此七事質之，未及寄，而梅君遽卒，輒置匧中。頃偶檢得，輒錄存之以示不負亡友之意。他日儻有續成梅君書者，或有取於此爾。癸卯五月記。」

六月，先生撰《古籀餘論》三卷成。

先生《古籀餘論・後敘》曰：「甄錄金文之書，自錢唐薛氏書外，近代唯儀徵阮氏、南海吳氏最為精富。倉籀遺跡，粲然可尋，固懸諸日月而不刊者也。余前著《拾遺》，於三家書略有補正，近又得海豐吳子苾侍郎《攈古錄金文》九卷，搜錄尤閎博，新出諸器，大半著錄，擇文亦殊精審。儀徵、南海，信堪鼎足。攬涉之餘，間獲新義，又有足正余舊說之疏繆者，并錄為三卷，蓋非弟偶存札樸，抑亦自資砭紫矣。……今檢吳氏此錄，則〈季媧鼎〉、〈毛公鼎〉、〈井人鐘〉諸器，咸入樜錄。而戴、潘、

盛、江諸賢，墓已宿草，永念疇昔，幾同隔世。邇年戟門課子，舊友雲散，唯峫裒收羅彝器，時以拓本寄贈，其所得師奎父鼎、趩尊、師趛鼎、尤卣、□朕鼎，亦多足校正吳《錄》。然余年逾五十，多病早衰，目力囟力，咸遠不逮昔矣。大氐余治此學逾卅年，所覯拓墨亦累千種，恆耽玩篆埶，審校奇字，每覃思竟日，輒萬慮俱忘，眇思獨契，如對古人。不意過眼雲煙，倏成陳迹。迄今世變彌亟，風尚日新，古文字例，殆成廢絀，敝帚自珍，輒用內恧。然泰西學埶大昌，其所傳埃及、巴比倫象形鐵桙古字，遠不如中土篆籀之精妙；彼土學者，捃拾於冢塔土壁之餘，猶攷讀庋儲，珍逾球璧，而我國學子略涉譯冊，輒鄙棄古籀如弁髦，政教之不競，學術亦隨之，斯固相因之理乎。然周、孔之教，儻永垂於天壤，則倉籀遺文，必有愛護於不隊者。此冊既寫定，將寄質峫裒、仲弢兩君，相與商榷定之。而附識弱冠以來，改攬所逮，眾師友存亡并離之跡。綴之卷尾，以志今昔之感。古學將湮，前塵如夢，余又何能無概於心哉！光緒癸卯六月。」

案：〈敘〉云：「每覃思竟日，輒萬慮俱忘，眇思獨契，如對古人。」此種積思若痗，寢饋偕忘之研究精神，後之學者，當永奉為箴銘也。至於「我國學子略涉譯冊，輒鄙棄古籀如弁髦，政教之不競，學術亦隨之。」目古學將湮，思前塵如夢，故又發政教不競之浩歎。其復以窮究學術之誠，發而為濟世利民之願矣。

清廷詔開經濟特科，吏部尚書張百熙、工部尚書唐景崇、兩湖總督張之洞，交章薦先生，以病未與試。

先生撰無錫〈沈儷崑富強芻議敘〉。

先生〈敘〉曰：「無錫沈儷崑內翰，為筱筠觀察哲嗣，於學無所不窺，尤究心經世大業，既恭承庭誥，復多與賢士大夫平議商榷，遂博稽五洲各國盛衰強弱之原，而甄采其精要以自鏡，又雅習國家掌故，於今日沿流文敝之失，咸精究而質言之。所著《自強芻議》，廿有六篇。每篇各首揭大要，而詳舉其利病為續議，義或隱晦，復附小注以發明之，宏綱細目，連類并舉，枝葉扶疏，通貫萬變，如重本根則極陳屯墾之利，開議院則痛砭自由平等之誤解，明經義則申論興中學為保教之本，蓋欲通中西之郵，折新舊之衷，平實精塙，非章句小儒所能窺也。」

秋七月，先生撰〈秦大駜權拓本跋附記〉。

同月，劉鶚鐵雲以所得甲骨文字，選拓一千零五十八片，付諸石印，爲《鐵雲藏龜》六冊。是爲甲骨文著錄行世之第一部。

多，瑞安縣中學堂發生糾紛。

先生甲辰冬〈覆劉紹寬書〉曰：「承詢敝邑學堂事，客冬以來，謗議紛起，原因有二：一、因科舉迂腐之士，本不喜學堂，借此傾軋。二、因西文生要留西文教習，不得，而慍慍者并集，遂有此譁眈。幸開堂以後，舍長林養素辦理認眞，尙足自立。學生亦漸多，浮議雖未盡息，卻無能爲也。」

是年十一月，頒布學堂章程。十二月，日俄宣戰，宣告各省嚴守局外中立。

光緒三十年甲辰（1904）　五十七歲

春，先生重校《墨子閒詁》竟。

先生重校，《墨子閒詁·跋》曰：「此書寫定於壬辰癸巳間，逯甲午夏，屬吳門梓人毛翼庭以聚珍版印成三百部，質之通學，頗以爲不謬，然多苦其奧衍，瀏覽率不能終卷。惟吾友黃中弢學士爲詳校一通，舉正十餘事，多精碻，亦今之張伯松矣。余亦自續勘得賸義逾百事，有前誤讀誤釋，覆勘始覺之者，咸隨時迻錄別冊存之。此書最難讀者莫如〈經〉、〈經說〉四篇。余前以未見皋文先生《經說解》爲憾，一日，得如皋冒鶴亭孝廉廣生書云，武進金湜生運判武祥，臧有先生手稾本，急屬鶴亭馳書求假錄。金君得書，則自校寫一本寄贈。得之，驚喜累日。余前補定〈經下〉篇句讀，頗自矜爲創獲，不意張先生已先我得之。其解善談名理，雖校讐未宷，不無望文生義之失，然固有精論，足補正余書之闕誤者。金冒兩君惠我爲不淺矣。既又從姻親張文伯孝廉之綱許，假得陽湖楊君葆彝《經說校注》，亦間有可取。因與張解并刪簡補錄入冊。凡余舊說與兩家有闇合者，皆改從之。蓋深喜一得之愚，與前賢冥符遙契，固不敢攘善也。竊謂先秦古子，誼恉深遠，如登岳觀海，莫能窮其涯涘。畢、王、張、蘇諸家，於此書研校亦良勤矣，然其偶有不照，爲後人所匡正者，不可僂指數。余幸生諸賢之後，得據彼成說，以推其未竟之緒。然此書甫成，已有旋覺其誤者，則其不自覺而待補正於後人，殆必倍蓰於是者，其敢侈然以自足邪！甲辰春，取舊寫別冊，散入各卷，增定爲此本，并識之。以見疏陋之咎，無可自掩，且以晞望後之能校讀是書者。」

案：近代墨學大昌，著述如林，校字校誼，考經辨說，其闡發殆已盡矣。

然各家多自先生導之，後人不過竟其緒而已。先生重校茲書，望後之學者加以補正；然居今日觀之，則中外治墨家說者，可謂駢肩接踵而至，無負先生之厚望矣。

先生撰〈籀文車字說〉。

先生〈籀文車字說〉曰：「考金文車，本象駟馬車之全形，其義至精。不徒可正《說文》之譌，且可考正古駟馬車制。茲略釋之：蓋金文車字……作𨏂。諦審其形，左兩甲象兩輪，旁兩畫象轂耑之鍵，而軸貫之，其中畫特長，夾于兩輪，與軸午交者輈也，輈曲為梁形前出而連於衡，故右以牜形，長畫與輈午交者衡也，兩旁短畫下岐如半月者，軏與軶也。蓋衡縛於輈，軏縛於衡，而軶又縛於軏。」又：「頃見湯陰羑里出土古龜甲文亦有車字，與金文同，惟中畫上下分岐，不相聯毌，則契刻偶錯異耳。龜甲文多象形，……近人定為商時物，則較金文尤古。」

案：以象形文字比證古代器物，因以考明其制度，為考古學上重要之方法。大抵器物可分二類，一、器物現存，足資比證，如矢、鬲、豆、尊之屬是也。二、易朽之物，後世無傳，如車制、俎形是也。前者較易為力，後者必用推索之功。先生之釋籀文車字，證之《詩》《書》，考之禮制，最後復以甲骨契刻相比勘，皆能遙合冥符，斷然不爽毫髮，實為考古學上之重要著述。

冬十一月，先生撰《契文舉例》成。為開創研究甲骨文之第一人。

先生《契文舉例‧敘》曰：「文字之興，原始于書契，契之正字為㓞，許君訓為刻，蓋鍥刻竹木以著法數，斯謂之契。契者其同聲假借字也。《詩‧大雅‧緜》云：爰始爰謀，爰契我龜。毛公訓契為開，開刻義同。是知契刻又有施之龜甲者。《周禮‧菙氏》掌共燋契，以待卜事。又云：遂吹其焌契，以授卜師。杜子春云：契謂契龜之鑿也，亦舉〈緜〉詩以證義。鄭君則謂契即〈士喪禮〉之楚焞所用灼龜也。綜觀杜鄭之義，知開龜有金契有木契，杜據金契，用以鑽鑿，鄭據木契，用以然灼，二者蓋同名異物。金契即刻書之刀鑿，將卜開甲，俾易兆，卜竟紀事以徵吉殆，皆有契刻之事，《詩》、《禮》所述，義據焯然。商周以降，文字緐孳，竹帛漆墨，日趨簡易，而契刻之文，猶承用不廢，漢承秦燔之後，所存古文舊籍如淹中古經，西州賸簡，皆漆書也。汲冢竹書，出晉太康初，亦復如是。然則契刻文字自漢時已罕覯，迄今數千年，人間殆絕矣。邇年，

河南湯陰古羑里城培土得古龜甲甚夥，率有文字。丹徒劉君鐵雲集得五千版，甄其略明晰者千版，依西法拓印，始傳於世。劉君定爲殷人刀筆書，余謂〈考工記〉築氏爲削，鄭君訓爲書刀，刀筆書即契刻文字也。甲文既出於刀筆，故庸峭古勁，觚折渾成，悅若讀古史手札，唯璣畫纖細，拓墨漫漶，既不易辨仍，甲片又率爛闕，文義斷續不屬，劉本無釋文，苦不能鬯讀也。蒙治古文大篆之學四十年，所見彝器款識逾二千種。大氐皆出周以後鑒賞家所揭橥爲商器者，率肊定不能塙信，每憾未獲見眞商時文字。頃始得此冊，不意衰年睹茲奇迹，愛翫不已，輒窮兩月力校讀之。以前後復緟者，參互宷繹，迺略通其文字，大致與金文相近，篆畫尤簡淆，形聲多不具。又象形字頗多不能盡識，所稱人名號未有謚法，而多以甲子爲紀，皆在周以前之證。羑里於殷屬王畿，於周爲衛地，據《周書‧世俘篇》，殷時已有衛國，故甲文亦有商、周、衛諸文，以相推諗，知必出於商周之間，劉君所定爲不誣。至其以嵒爲子，以絲爲係，閒涉籀文，或疑其出周宣以後，斯則不然。夫史籀十五篇，不必皆其自作，猶之許書九千字，雖爲秦篆，而承用倉沮舊文者十幾七八，斯固不足以獻疑爾。甲文多紀卜事，一甲或數段，縱橫反正，迻遘糾互無定例，蓋卜官子弟，應時記識，以備官成，本無雅辭奧義。要遠古契刻，遺文藉存辜較，朽骼畸零，更三四千年，竟未漫滅，爲足寶耳。今就所通者，略事甄述，用補有商一代書名之佚，兼以尋究倉後籀前文字流變之迹，其所不知，蓋闕如也。光緒甲辰十一月。」

案：先生撰是書畢，即以原稿寄呈端方。辛亥武昌起義，端氏死難蜀中，其後家道中落，遺藏散出。民國五年丙辰冬，王國維得其稿本於上海書肆，因寄羅振玉，印入《吉石盦叢書》中。王氏云：「此書雖繆誤十之八九，然筆路椎輪，不能不推此也。」

先生撰〈改紅封爲櫃完以其羨餘充學款議〉。

瑞安學界同人，因經費支絀，商之紅封各戶，一律照民間櫃完價完納，提櫃價之贏羨，以助學款。集議數次，未能決定。先生撰是議，共八條，應提者四，無可難者四，以釋群疑。

是年春正月，詔舉行皇太后七旬萬壽慶典。冬十月，黃興謀起義於長沙。事洩，東走日本。同月，孫中山先生與黃興合組革命同盟會於日本，謀建中華民國。日俄之戰，於十二月，日兵進佔旅順口，俄軍乞降。

光緒三十一年乙巳（1905）　五十八歲

春三月，溫屬六縣士紳發起創辦溫處學務會，開會成立，公推先生主持一切事宜。

俞樾移書先生，贈書集曹景完碑楷帖，及新刻詩冊各種。先生移書申謝。

先生撰〈劉紹寬東瀛觀學記敘〉。

夏，《周禮正義》刊成。

> 案：先生《周禮正義》八十六卷，為清代群經新疏最後成之一種，其蒐采閎富，攷證精詳。論者謂集漢唐以來諸儒注是經之大成，而躋其盛，洵絕業也。顧書成而先生猶以為未愜，當時僅用細字鑄版，印行海內，無人卒讀。光緒末造，鄂臬梁節盦罷官旅居，及門弟子餽金不受，乃移其貲，謀刻是書，至民國二十年五月始成，是謂楚學社刊本。今台灣藝文印書館所印《孫籀膏先生集》，《周禮正義》即收此刻。

秋七月，溫處兵備道甯鄉童兆蓉紹甫卒，先生為撰神道碑及墓誌銘。

京師大學堂聘任先生為經學教習不赴。同時被聘者，有武進屠敬山寄，亦江南名宿也。

冬，溫處學務處遷入溫州校士館，改稱溫處學務總匯處。由發起人稟請溫處兵備道，轉詳浙江巡撫立案；並札委先生接充總理。於是有創辦師範學堂之議。

> 案：章梫〈孫詒讓傳〉云：「三年之間，兩府中小學堂增至三百餘所；所籌經費，均與地方官紳切實規畫而得。」

十一月，先生撰《名原》二卷成。為研究古文字學第一部書。

> 先生《名原·敘》曰：「汝南許君云：倉頡之初作書，蓋依類象形，故謂之文，其後形聲相益，即謂之字。是文字之初，固以象形為本，無形可象，則指事為之，邅後孳乳寖多，而六書大備。今《說文》九千文，則以秦篆為正，其所錄古文，蓋捃拾漆書經典及鼎彝款識為之，籀文則出於史篇，要皆周以後文字也。倉沮舊文，雖褖廁其間，而叵復識別。況自黃帝以迄于秦，更歷八代，積年數千，王者之興，必有所因於故名，亦必有作於新名，新故相襲，變易孳益，巧歷不能計，又孰從而稽覈之乎。自宋以來，彝器文間出，攷釋家或據以補正許書之譌闕。邇年又有龜甲文出土，尤簡渻奇詭，間有原始象形字，或定為商時契刻，然亦三

代璩迹爾。余少耆讀金文，近又獲見龜甲文，咸有譔錄。每惜倉沮舊文不可復覿，竊思以商周文字展轉變易之迹，上推書挈之初軌，沈思博覽，時獲塙證。最栝論之，書挈初興，形必至簡。迨其後品物眾而情僞滋，簡將不周於用，則增益分析而漸緐。其最後，文極而敝，苟趣急就，則彌務渻多，故復減損而反諸簡。其更迭嬗易之爲，率本於自然。而或厭同耆異，或襲非成是，積久承用，皆爲科律，故歷年愈遠，則譌變益眾。而李斯之作小篆，廢古籀，尤爲文字之大厄。蓋秦漢間，諸儒傳讀經典，已不能精究古文，如古多假㥄爲文，與窞形近，而《書・大誥》曰，窞考窞王前窞人窞武，則皆文之譌也。古文有載巿即禮之爵韠，又有裁字，當爲爵帛本字，而《毛詩・絲衣》曰，載弁俅俅，載則載裁之假也。庸古文作㐭，與敦偏旁相涉，而《左傳》說成王賜魯十田倍敦，倍敦則附庸之譌也。《書》《詩》《傳》自伏生、毛公，左氏《春秋》上於張蒼。大毛公當六國時，前於李斯，伏固秦博士，張則柱下史，咸逮見李斯者，三君所傳，尚不無舛駁，斯之學識，度未能遠過三君，而迺奮肊制作，徇俗蔑古，其違失倉史之恉，甯足責邪？通校古文大小篆，大氐象形字與畫繢通，隨體詰詘，譌變最多。指事字次之，會意形聲字，則子母相檢，沿譌頗尟，而與轉注相互爲例，又至廣博。其字或秦篆所不具，或許氏偶失之，故不勝枚舉。而假借依聲託事，則尤茫無涯涘矣。今略摭金文、龜甲文、石鼓文、貴州紅巖古刻，與《說文》古籀互相勘校，楬其歧異，以著渻變之原；而會最比屬，以尋古文大小篆沿革之大例。約舉辜較，不能備也。世變方亟，茲學幾絕，所覿金石璩刻，日出不窮。倉沮舊迹，儻重見於人間。後之治古文奇字者，執吾說以求之，其於造作書挈之微恉，或得冥符於萬一爾。光緒乙巳十一月。」

案：章炳麟〈孫詒讓傳〉云：「自段玉裁明《說文》，其後小學益密，然說解猶有難理者。又經典相承，諸文字少半缺略，材者欲以金石款識補苴，程瑤田、阮元、錢坫，往往考奇字，徵闕文，不審形聲，無以下筆。龔自珍治金文，蓋繆體滋多於是矣。詒讓初辨彝器情僞，擯北宋人所假名者，即部居形聲不可知輒置之，即可知，審其刻畫，不跌毫釐，然後傳之六書所定文字，皆隱栝就繩墨，古文由是大明，其《名原》未顯於世。」

劉師培申叔《名原・序》云：「《名原》二卷，父執瑞安孫先生仲容詒

讓作也。先生少耽倉雅，博綜明言，上紬初文，迹其蛻化。以爲許書小篆，實準秦文，略見遠源，惟資古籀。顧所攟摭，猶有未備，重文千字，名或弗贍。又現存之字，疑眩難一，是由竹帛易書，錯其形兆，深維廢絕之缺，宜有理董。爰徵銘勒，旁徵龜書，摭彼殊文，通其瑑兆，成《古籀拾遺》、《古籀餘論》、《契文舉例》若干卷。其例略七篇，別爲茲錄，所以審蹄迒之迹，著消變之原，敘錄具存，義例可睹，固無得而述矣。惟是金文譣錄，肇始宋初，亦越今茲，龜文斯顯，綜其著錄，或背貞觀，寧以達儒，蔽斯近跡。顧復嗜奇之癖，竊附揚雲正讀之功，下儕張敞，是其微怊，固自有在。蓋以西州漆簡，常佚人間；東觀中文，寂寥曠世，自斯學者，頗喜野言，啓發地藏，猶痛求野。誠使數文相準，形義可說，定其可知，以俟百世，上規〈虞書〉觀象之經，下裨《周史》諭名之治；是亦廣業所深資，博文所不廢。故其撰述，約以六書，察言區蓋之間，獨寤昭明之術。昭精聲畫，則比類有徵，分別部居，則率履不越。若情僞較著，形檢所窮，慮眩名實，率從蓋闕，俾夫下學啓考文之緒，儒者識立誠之効。擅雕蟲者悔其小技，惑虛造者懲夫嚮壁，信夫好古博物，見疑不惑者矣。其有檢跡近藏，會心祕眇，亦猶緯書晚出，闡自鄭君，汲簡孤文，證於郭璞，雅達廣覽，其詣一焉。若夫千名牁識，高揖汝南，八體未通，俔陵斯邈，奇觚異眾，飾僞萌生，欲以金石瑑刻之微，詭更經典相承之實，是其指奏迥異，今錄九京可作，寧符玄契。故備論先生著書之怊，以曉讀書。

朱芳圃《孫詒讓年譜》云：「晚清之際，古文字學有名著二，一爲吳大澂之《說文古籀補》，二則先生所撰之《名原》也。吳氏之書，綜合古器銘識同文異體之字，依《說文》部勒之，賅博精審，世有定評矣。先生之書，大抵取甲骨、彝器等文，會最比屬以相參證。意在探文字制作之原，及其流變之故，雖瑕瑜互見，是非錯出，然剖析研究之端，實自書開之。學問之道，前修未密，後出最精，殆成定例。是先生此書，補苴闡發，不能不有待於今之學者矣。」又：「先生揭櫫文字形態變遷之原則如次：書契初興，形必至簡，迨其後品物眾而情僞滋，簡將不周於用，則增益分析而漸縟。其最後文極而敝，苟趨急就，則彌務省多，故復減損而反諸簡。簡而變縟，縟而

復簡，驟觀之，似能說明其變遷，然混文字形態之多少與緐簡爲一談，實蹈界域不清之弊。蓋增益漸緐爲橫面問題（多少），苟趨急就爲縱面問題（緐簡），根源雖相牽連，現象卻須分別，（說本聞宥）大概變遷原則，當如左表，較爲恰當。惜先生墓木已拱，不能起而與之商榷矣。

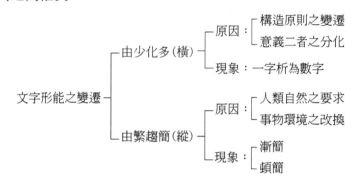

張謇撰先生墓表，列其遺著，有《大篆沿革考》一卷，疑即此書初稿之一部分。」

是年秋，詔停科舉，舉經濟特科。十一月，設立學部。

與日本訂立〈滿州協約〉三款、〈附約〉十二款，致東北九省之權益，盡掌握日本之手。

光緒三十二年丙午（1906）　五十九歲

朝廷行新政，改設學部後，延攬碩學通儒以資顧問，特奏派先生充二等學部諮議官。

浙江提學使支恒榮，聘先生爲學務議紳。

溫處學務總匯處創辦溫州師範學堂，省委先生兼充總理。

秋八月，先生以小學所需格致教育甚亟，遂於師範學堂試辦兩次博物、理化講習所，均定一學期畢業。

德清俞樾卒，年八十八。

陽湖費屺懷卒。

　　案：先生曩昔治學朋儕，至是凋零殆盡。

是年春，清廷宣示教育宗旨。秋，宣示預備立憲，並派五大臣出洋考察。

光緒三十三年丁未（1907）　六十歲

春，師範學堂續辦博物理化講習所一班。

章炳麟太炎移書先生，存問起居，並贈《新方言》一袟。

溫州人士創圖書新社，先生與呂文起各捐巨冊助之。

國營浙江鐵路，而貸用外款，群議請歸商辦。先生首輸萬金。

先生重定《墨子閒詁》十五卷，《目錄》一卷，《附錄》一卷，《後語》二卷。

俞樾〈孫仲容墨子閒詁序〉云：「孟子以楊墨并言，辭而闢之，然楊非墨匹也。楊子之書不傳，略見於列子之書，自適其適而已。墨子則達於天人之理，熟於事物之情，又深察春秋戰國百餘年間時勢之變，欲補弊扶偏，以復之於古。鄭重其意，反復其言，以冀世主之一聽，雖若有稍詭於正者，而實千古之有心人也。尸佼謂孔子貴公，墨子貴兼，其實則一。韓非以儒墨并爲世之顯學。至漢世猶以孔墨并稱。尼山而外，其莫尙於此老乎？墨子死，而墨分爲三，有相里氏之墨，有相夫氏之墨，有鄧陵氏之墨。今觀〈尙賢〉、〈尙同〉、〈兼愛〉、〈非攻〉、〈節用〉、〈節葬〉、〈天志〉、〈明鬼〉、〈非樂〉、〈非命〉，皆分上中下三篇，字句小異，而大旨無殊者。意者此乃相里、相夫、鄧陵三家相傳之本不同，後人合以成書，故一篇而有三乎？墨氏弟子網羅放失，參考異同，具有條理；較之儒分爲八，至今遂無可考者，轉似過之。乃自唐以來，韓昌黎外無一人能知墨子者，傳誦既少，注釋亦稀。樂臺舊本，久絕流傳，闕文錯簡，無可校正，古言古字更不可曉，而墨學塵薶終古矣。國朝鎭洋畢氏，始爲之注，嗣是以來，諸儒益加讐校。涂徑既闢，奧窔粗窺，墨子之書稍稍可讀。於是瑞安孫詒讓仲容乃集諸說之大成，著《墨子閒詁》。凡諸家之說，是者從之，非者正之，闕略者補之。至〈經說〉及〈備城門〉以下諸篇，尤不易讀，整紛剔蠹，冞摘無遺，旁行之文，盡還舊觀，訛奪之處，咸秩無紊，蓋自有墨子以來未有此書也。以余亦嘗從事於此，問序於余，余何足序此書哉！竊嘗推而論之，墨子惟兼愛是以尙同，惟尙同是以非攻，惟非攻是以講求備禦之法。近世西學中光學、重學，或言皆出於墨子，然則其備梯、備突、備穴諸法，或即泰西機器之權輿乎？嗟呼！今天下一大戰國也，以孟子反本一言爲主，而以墨子之書輔之，儻足以安內而攘外乎。勿謂仲容之爲此書，窮年兀兀，徒敝精神於無用也。」

黃紹箕〈墨子閒詁書後跋〉云：「《漢志》墨子書，列在爲墨學者我子及隨巢子、胡非子之後，其〈敍錄〉稱墨家出於清廟之守，茅屋采椽，是以貴儉，養三老五更，是以兼愛，宗祀嚴父，是以右鬼，以孝視天下，

是以上同。及蔽者爲之，見儉之利，因以非禮，推兼愛之意，而不知別親疏。其文蓋出《別錄》。然則詳劉向之意，七十一篇之書，多弟子所論纂。孟、荀、孔鮒諸所據以排斥墨氏者，抑亦有蔽者增附之言，其本師之說不盡如是也。墨子生當春秋之後，戰國之初，憤文勝之極弊，欲一切反之質家，乃遂以儒爲詬病。其立論不能無偏宕失中，故傳其說者益倍譎不可訓。然其哀世變而恤民殷之心，宜可諒也。南皮張尚書語紹箕曰：荀卿有言，矯枉者必過其直。諸子志在救世，淺深純駁不同，其矯枉而過直一也。自非聖人，誰能無過，要在學者心知其意，斯可矣。自太史公敘六家，劉向條九流，各以學術名其家，獨墨家乃繫以姓，豈非以其博學多方，周於世用，儒家之匹亞，異夫一曲不該姝姝自悅者與！今觀其書，務崇儉約，又多名家及兵技巧家言。〈明鬼〉、〈非命〉，往復以申福善禍暴之義，與佛氏果報之說同。〈經上〉以下四篇，兼及幾何算學、光學、重學，則又今泰西之所以利民用而致富強者也。然西人覃思藝事，期於便己適用，爲閒佚以自娛樂而已。墨子備世之急，而勞苦其身，又善守禦而非攻，而西人逐逐焉惟兼并之是務，其宗旨蓋絕異。今西書，官私譯潤，研覽日眾，況於中國二千年絕學、強本節用、百家不能廢之書，知言君子其惡可過而廢之乎！往讀鎮洋畢氏注本，申證頗多，而疑滯尚未盡釋。蓋墨書多引古書古事，或出孔子刪修之外，其難通一也。奇字之古文，旁行之異讀，譌亂迭竄，自漢以來，殆已不免，加以誦習者稀，楮槧俗書，重貤牲謬，無從理董，其難通二也。文體繁變，有專家習用之詞，有雅訓簡質之語，有名家奧衍之恉，有兵法藝術隱曲之文，其難通三也。江都汪氏中、武進張氏惠言，皆嘗爲此學，勒有成書，而傳本未覯。世丈孫仲頌先生，旁羅異本，博引古書，集畢氏及近代諸儒之說，從善匡違，增補漏略，取許叔重《淮南閒詁》之目，以署其書。太史公曰，書缺有閒，其軼乃時時見於他說。鄭康成〈尚書大傳敘〉曰：音聲猶有譌誤，先後猶有差舛，重以篆隸之殊，不能無失。數子各論所聞，以己意彌縫其間，別作章句。所謂閒者，即指音聲之譌誤、先後之差舛、篆隸之殊失而言。彌縫其間猶云彌縫其闕也。先生此書，援聲類以訂誤讀，宋文例以迻錯簡，推篆籀隸楷之遷變以刊正譌文，發故書雅記之晻昧以疏證軼事。其所變易，灼然如晦之見明，其所彌縫，奄然若合符復析。許注《淮南》全袟不可得見，以視高誘張湛諸家之書，

非但不愧之而已。紹箕幸與校字之役，既卒業，竊喜自此以後，孤學舊文，盡人通曉。亦淵如先生所云：不覺儩而識其末也。」

章炳麟〈孫詒讓傳〉云：「《墨子》書多古字古言，〈經〉上下尤難讀，〈備城門〉以下諸篇，非審曲勿能治。始南海鄒特夫比次重差旁要諸術，文義猶佶屈不馴。先生集眾說，下以己見，神恉洞明，文可諷誦。先生行亦大類墨氏，家居任恤，所至興學，與長吏楮柱，雖眾怨，勿恤也。」

案：先生重定是書後，越三歲，[註31]其家始付剞劂。校字之役，王景羲任之。王氏并錄平日所獲聞於先生者，別撰《墨商》一書，凡三卷，其中亦多精論，民國十八年，刊於《敬鄉樓叢書》二輯中。民國十一年李笠因重理銘槧，別取張、楊經說，影嘉靖本，顧校本，王注本，暨孫籀膏、王子祥朱墨校本，稽覈異同，推尊詁恉，成《定本墨子閒詁校補》。今台灣藝文印書館景印之《墨子閒詁》，附李氏《校補》在內，最稱善本。

秋八月，先生〈覆章炳麟書〉，贈《周禮正義》一袟。

先生〈覆章氏書〉曰：「榆敬疏闊，殆近十稔，遐睇滄波，恨用悵惘。頃忽誦手筆，并示大著《新方言》，抃荷無量。禹域大勢，至是可為痛哭。曲園丈亦悲宿草。弟索居愗懂，無復輯述之興。禮書鑄版數載，近始印成，謹以一部奉政。脫誤甚多，未遑校改也。……大著略讀數條，精審絕倫；容再細讀尋繹，或有賸義，當續錄奉質。弟桑榆暮景，意思蕭槭，腦力大減，不耐深沉之思。近惟以研翫古文大篆自遣，頗憤外著文明史者，謂中國象形文已滅絕。頃從金文、龜甲文獲十餘名，皆確實可信者，附以金文奇字，為《名原》七篇，竢寫定當寄質大雅。

案：章氏時違難日本，先生此書至戊申五月始達。比章氏再作覆書，未及寄，而先生已捐館舍矣。

先生六十誕辰，里中親舊，擬稱觴祝嘏。先生撰〈辭壽啟〉，徧告戚友。

冬十月，闔省士民公推先生為教育會長。

清廷開禮學館於禮部，當局擬任先生為總纂。安車蒲輪，頻催上道，而先生以素性靜退，遲遲未赴。

七子延灝生。

是年夏，徐錫麟鎗斃安徽巡撫恩銘。浙江巡撫張曾敭逮捕大通女校校長秋

〔註31〕宣統三年庚戌。

瑾，殺之。冬，孫中山先生與黃興合攻廣西鎮南關，克之，旋敗退。

光緒三十四年戊申（1908）　六十一歲

春，先生著〈學務本議〉四則，〈枝議〉十則。上諸學部，以明教育興革之
要。舉凡溫州各學堂，省立者有師範中學堂，縣立者瑞安中學堂，各縣高
等初等小學，自壬寅至戊申，先後七年，巡視所得，均著於篇。

八子延著生。

夏四月，先生患風痺。

    案：先生盡力公益，心力交瘁。四月，驟患風痺，延醫診視，均謂以息心
        靜養為宜，而先生興學不少懈。又時時語其門下客曰：「先君子《永
        嘉叢書》，雖經詒讓校定付梓，而《甌海軼聞》僅成《甲集》，餘如〈儒
        林〉、〈文苑〉、〈名臣〉、〈隱逸〉等門，卷數未分，郅為恨事。詒讓自
        著如《六歷甄微》、《尚書駢枝》，成而未刻；《名原》、《契文舉例》，
        前以原稿寄示端午橋方制軍，家藏副本，篆文不完，皆非我手定不可。
        老病催人，奈何！」門客尚慰以吉語。

五月二十二日，先生卒。

    案：先生卒後，赴告四方，知與不知者皆同聲歎息，浙中各學堂，停課
        追悼。

□月，葬於永嘉之南湖。

    南通張謇為撰〈墓表〉。章炳麟太炎書〈傷辭〉。寧海章梫為先生作〈家
    傳〉。俱以乾嘉諸老相推許。

秋，翰林院侍講錢塘吳絅齋士鑑奏請宣付史館，列入儒林傳，從之。

    案：吳氏奏摺略云：「臣伏見已故刑部主事孫詒讓，以通經為體，以識時
        為用，與墨守章句，不知通變者，迥不相同。方今海內通儒，日就凋
        落，如詒讓之績學窮經，實不多覯。遽於今年夏間病故，凡在士林，
        同聲惋惜。臣伏查光緒六年，前御史彭世昌，曾以其同鄉翰林院撰劉
        繹，奏請宣付史館，列入儒林傳，欽奉諭旨允准。茲已故刑部主事孫
        詒讓，學問淵通，潛心經術，深明教育，成效昭著。臣籍隸浙江，見
        聞塙鑿，謹援例臚陳事實，合應仰懇天恩，准其宣付史館，列入儒林
        傳以彰碩學。如蒙俞允，所有該故員事實冊及著書，應由史館咨行原
        籍查取，以資纂輯。伏祈皇太后皇上聖鑒。」奉旨：「著照所請，該
        衙門知道，欽此。」

第三章　孫詒讓之經學

一、概　說

（一）論孫氏之經學即禮學

　　孫氏著述如林，惟經學為擅勝；推其於經學方面之成就，復以《周禮正義》為第一。《周禮正義》八十六卷，都二百二十五萬九千餘言，為清代羣經新疏之冠冕。夫清初尚樸學，東南耆獻以治官禮聞于時者，則有萬斯大、方苞，〔註1〕究其論恉，大氐不能越宋賢之藩籬；乾、嘉中，海內說經之風日廣，至欲躐秦、漢而規三代，則有沈彤果堂之〈周官祿田攷〉，王鳴盛西莊之〈周禮軍賦說〉，意在傅合《孟子》、〈王制〉，沆瀣今古為一氣，然累數萬言，而卒未可通，〔註2〕蓋立說若斯之難也。瑞安孫氏仲容以諸經皆有新疏，斯經不宜獨闕，遂采漢、唐、宋以來，迄於乾嘉諸經儒舊詁，參互證繹，以發鄭注之淵奧，裨賈疏之遺漏，〔註3〕其勇破當時門戶之弊，兼綜漢宋之長，閎富淹貫，覃精推論，說者謂集古今諸儒注是經之大成，而躋其盛，洵絕業也。〔註4〕

　　昔周公纘武王之志，光輔成王，宅中作雒，爰述官政，以垂成憲，有周一代之典，炳然大備；然非徒周一代之典也，蓋自黃帝、顓頊以來，紀於民事以命官，更歷八代，斟酌損益，因襲積絫，以集於文、武，其經世大法，咸稡於

〔註1〕萬氏著《周官辨非》一卷，方氏著《周官集注》十三卷、《周官析疑》三十六　　　　卷、《考工記析義》四卷、《周官辨》一卷。

〔註2〕說見《周禮古學考》胡惟德〈敘〉。

〔註3〕孫氏《周禮正義·自敘》語。

〔註4〕見孫氏〈代家大人作艮齋浪語集敘〉語，及楚學社本《周禮正義·跋》語。

是。故此經上承百王，集善革弊，取精用弘，蟠際天地，經緯萬端，爲周公致太平之盛迹。〔註5〕然世變不古，聖學將淹，似此書之宏博浩瀚，讀之難曉，說之滋惑；況彼復一煨燼於秦火，再貶駁於漢儒，次瀆亂於宋學哉！〔註6〕獨先生能讓善伐惡，參綜博攷，以成此百世不刊之鴻教，千載之下，是眞能講明周公之制者也，故曰「孫氏之經學即禮學」。

不寧惟是，孫氏之長於《周禮》，又可於其著述中見之。本書附錄一，有〈孫詒讓先生箸述經眼錄〉，攷得孫氏生平於經學方面之著作共六種，其中關係《周禮》者，即佔四種之多，其他二種，或散佚碎亂，似皆非有系統之作也。茲列其書目如下：

《尚書駢枝》一卷

《籀廎述林》卷五，有《尚書駢枝・敘》。《續修四庫全書提要・經部》二八二頁，有江瀚撰之〈尚書駢枝提要〉。原書在台北中研院史語所藏有民初鉛印本。

《周禮三家佚注》一卷

《續修四庫全書提要・經部》六，有胡玉縉撰之〈周禮三家佚注提要〉，爲《周禮正義・附錄》之一。中研院史語所藏有原刻本。

《周禮正義》八十六卷

《籀廎述林》卷四，有《周禮正義・敘》。

《九旗古義述》一卷

《籀廎述林》卷四，有《九旗古義述・敘》。《續修四庫全書提要・經部》六〇六頁，有胡玉縉撰之〈九旗古義述提要〉。是書在台北中研院史語所藏有原刻本。

《周禮政要》二卷

《續修四庫全書提要・經部》六。有胡玉縉撰之〈周禮正義提要〉。是書中研院史語所藏有普通學堂刊本。

《經迻》

先生校書時迻引此書，章太炎〈孫詒讓傳〉中亦引有此作；惟未見刻本。今《籀廎述林》中錄有考訂經傳之單篇文章共四十九篇。

〔註5〕此櫽括孫氏《周禮正義・敘》。
〔註6〕此綜引宋鄭伯謙〈太平經國之書序〉語。

此外有《大戴記斠補》一書，據任銘善〈大戴記斠補後記〉云：「孫氏《斠補》據劉恭冕錄本著於篇，自〈勸學〉以下則皆闕焉，意其未有完書也。」書既未完，殘卷亦不可覩，故姑存其目以竢攷。

夫「孫氏之經學即禮學」，而其禮學復又以《周禮正義》爲本根，《周禮三家佚注》、《九旗古義述》、《周禮政要》爲枝葉，則吾人欲究明孫氏之經學，勢須原始要終，蒐厥根荄。故本章之寫作以《周禮正義》爲主，甄綜其創制之體例，推衍其考釋之方法，尋繹其治禮之成就；然後以《周禮政要》，徵其經世濟民之抱負；於《周禮三家佚注》，昭其表章絕學之苦心。嗚呼！先生皓首窮經，兀兀終年，通天人之故，明治亂之原，不德如余者，未知能宣究其說於萬一否！

（二）綜述孫氏治禮之經過

孫氏治禮甚早，其自述經過曰：「詒讓自勝衣就傅，先太僕君即授以此經，而以鄭注簡奧，賈疏疏略，未能盡通也。既長略窺漢儒治經家法，乃以《爾雅》、《說文》正其詁訓，以《禮經》、《大》、《小戴記》證其制度，研揮紊載，於經注微義，畧有所窹。」蓋《周禮正義》艸創於同治之季年（1874），始爲長編數十巨冊，綴輯未竟，而南皮張文襄有集刊經疏之議，來徵此書；先生乃隳括觚理，寫成一帙以就正；旋以爲疏牾甚眾，又多最錄近儒異義，辯論滋毣，私心未愜也。繼復更張義例，刌錴補闕，二十年以來，槀艸屢易，最後逐錄爲此本，時當光緒二十五年（1899），去艸創之期，已二十又五年矣。其於古義古制，疏通證明，校之舊疏雖加詳；然先生猶謙言於周公致太平之迹，曰：「秉資疏闇，素乏經世之用，豈能有所發明，且亦非箋詁所能鈎稽而揚榷也；故畧引其常，而不敢馳騁其說，覬學者深思而自得之」。〔註7〕先生自謂：「中年早衰，儽然孤露，意思零落；加上海疆多故，世變日亟，睠懷時局，撫卷增喟」。尤以甲午中日之役後，全國上下，均憤然思變，而中西新故之爭，舛馳異趣，不勝華聒。先生以爲「政之至精者，必協於羣理之公，而通於萬世之變，今一切弗講，而徒以中西新故畫區畛以自隘，吾知其必懵然一無所識也。中國開化四千年，而文明之盛，莫尙於周，故《周禮》一經政法之精詳，與今泰東西諸國所以致富強者，若合符契。今人所指爲西政之最新者，吾二千年前之舊政已發其端。吾政教不脩，失其故步，而薦紳先生咸茫昧而莫知其原，是亦綴學者之恥也。」，

〔註 8〕辛丑夏，先生乃捃摭《周禮》之與西政合者，成《周禮政要》二卷，都四十篇，以爲世之論治者所取資。其痛憂國族淪胥，毅然思所以救之之決心，於後來中山先生倡導國民革命之工作，孫氏亦不無早着先鞭焉。〔註9〕

（三）略言《周禮》分官之恉要

《周禮》者，乃周公設官分職之書也（據鄭玄説），非徒爲有周一代之經世大法，究其政典沿革，仍沿夏、殷之成規。如〈虞書〉羲、和四子，爲六官之權輿，〈甘誓〉六卿爲夏法，〈曲禮〉六大五官，鄭君以爲殷制，咸與此經相符會，是職名之本於古也；至於閟章緟典，并苞遠古，則如五禮、六樂、三兆、三易之屬，咸肇端於五帝，而放於二王；以逮職方州服，兼綜四朝，大史歲年，通晐三統。若斯之類，不可殫舉。蓋以鴻荒以降，文明日啓，其爲治，靡不始於鼉牭而漸進於精詳也。故此經上承百王，經緯萬端，究其條緒，咸具本原。

夫周公之制禮也，其兵農以井田，其取民以什一，其教民以鄉遂，其養士以學校，其建官以三百六十，其治天下以封建，其威民以肉刑。上則有六典、八法、八則、九柄、九貢、九賦、九式之序，次則有祭祀、朝覲、冠、昏、喪紀、師、田、行役之詳，下至於車裝圭璧之器，梓匠輪輿之度，與夫畫繢刮摩摶埴之法，皆克勤小物，再三申復之；鉅細靡遺，綱舉目張，而究其宏意眇恉，先生以爲周公制禮，雖綱紀萬有，如權其大較，要不越政教二科也。其言政曰：「政則自典法刑禮諸大端外，凡王后世子燕游羞服之細，嬪御闍闥之昵，咸隸於治官，宮府一體，天子不以自私也。而若國危、國遷、立君等非常大故，無不曲爲之制，豫爲之防。三詢之朝，自卿大夫以逮萬民，咸造在王庭，與決大議。又有匡人、撢人、大小行人、掌交之屬，巡行邦國，通上下之志，而小行人獻五物之書，王以周知天下之故。大司寇、大僕樹肺石、建路鼓，以達窮遽。誦訓、土訓夾王車，道圖志，以詔觀事辨物。所以宣上德而通下情者，無所不至，君臣上下之間，若會四枝百脈而達於囟，無或雝閼而弗豐也。」其言教：「則國有大學、小學。自王世子公卿大夫士之子，臮夫邦國所貢，鄉遂所進賢能之士咸造焉；旁及宿衛士庶子，六軍之士，亦皆輩作輩學，以德行道藝相切劘。鄉遂則有鄉學六，州學三十，黨學百有五十，遂之屬別如鄉；蓋郊甸之內，距

〔註 8〕引自孫氏《周禮政要・自敍》。
〔註 9〕參閱《浙江學報》一卷一期，張其昀先生爲「孫仲容先生百歲誕辰紀念」作之〈孫詒讓之政治思想〉一文。

王城不過二百里，其爲學辜較已三百七十有奇，而郊里及甸公邑之學，尚不與此數；推之郇縣畺之公邑采邑，遠極於畿外邦國，其學蓋十百倍蓰於是。無慮大數九州之內，意當有學數萬。信乎教典之詳，殆莫能尚矣。」〔註10〕

綜觀先生之言，討覈《周禮》分官，嘆彼時政教之備有如是者！故以四海之大，無不受職之民，無不造學之士；不學而無職者，則有罷民之刑。賢秀挾其才能，愚賤貢其忱悃，咸得自通於上，以致純太平之治，豈偶然哉！

（四）孫撰《周禮正義》之態度

孫氏撰《周禮正義》八十六卷，以二十五年中持久不懈之努力，參綜古今書說千數百種，稿艸屢更者數次，其精力之絕倫，審辨之客觀，持論之正大，態度之恭謹，均非常人所可企及。其研禮立說之宏規良模，堪資後人借鑑者雖多，而別其大要，有以下三則：

（1）信古而不泥古

先生堅信古之政教必可行於今，故其治《周禮》析古制古義爲二，古制爲治之迹，古義爲治之理，劃然別白，不爲牽合，如曰：「夫古今者，積世積年而成之者也。日月與行星，相攝相繞，天地之運猶是也。圜顱而方趾，橫目而直軫，人之性猶是也。所異者，其治之迹與禮俗之習已耳。故畫井而居，乘車而戰，裂壤而封建，計夫而授田，今之勢必不能行也，而古人行之。祭則坐孫而拜獻之，以爲王父尸；昏則以姪娣媵而從姑姊；坐則席地，行則立乘，今之情必不能安也，而古人安之。凡此皆迹也，習也。沿襲之久而無害，則相與遵循之；久而有所不安，則相與變革之，無勿可也。且古人之迹與習，亦有至今不變者。日月與地行同度則相掩蝕，地氣之烝溼則爲風雨，人之所稔知也。而薄蝕則拜跪而救之，湛旱則號呼而祈之，古人以爲文，至今無改也。枳敔柎搏，無當於鏗鎗之均，血腥全烝，無當於飲食之道；而今之大祀，猶沿而不廢。然則古人之迹與習，不必皆協於事理之實，而於人無所厭惡，則亦相與守其故常，千百歲而無變，彼夫政教之閎意眇恉，固將貫百王而不敝，豈有古今之異哉！今泰西之強國，其爲治，非嘗稽覈於周公、成王之典法也，而其所爲政教者，務博議而廣學，以眾通道路，嚴追胥，化土物艸之屬，咸與此經冥符而遙契。蓋政教修明，則以致富強，若操左契，固寰宇之通理，放之四海而皆準者，此又古政教必可行於今者之明效大驗

〔註10〕以上所引見孫氏《周禮正義・自序》。

-89-

也。」則古制受時間空間之限制，後世或未可施行；古義為寰宇之通理，放諸四海而皆準，故曰：「處今日而論治，宜莫若求其道於此經；而承學之士，顧徒奉周經漢注為考證之淵概，幾何而不以為已陳之芻狗乎。」〔註11〕其信古而不泥古之治禮態度，確為先生研經濟世之一大特色。

（2）讓善而不覆短

先生治《周禮》徧蒐古注古疏，舉凡鄭注、陸釋、賈疏、孔義，以及王肅《聖證》，六朝異說，皆一一簡擇，雖有不從，亦不乾沒舊義，務期前修有所傳，後學有所敀，得治經之良法，成學術之公論也。如曰：「博采漢、唐、宋以來迄於乾、嘉諸經儒舊詁，參互證繹，以發鄭注之閟奧，裨賈疏之遺闕」。〔註12〕雖疏不破注，古有成例，但六朝義疏家，則不盡然。鄭學精貫群經，固不容破，然三君之義，後鄭所讚辨者，本互有是非；乾、嘉諸經儒，敀釋此經，間與鄭異，而於古訓古制，宣究詳塙，或勝注義。故先生以尋繹經文，博稽眾家為主，注有牾違，輒為匡糾，凡所發正，數十百事。彼曰：「匪敢破壞家法，於康成不曲從杜、鄭之意，或無詃爾」。〔註13〕如駁鄭大夫不直以菹為葅而讀為藉，則與此經不合，〔註14〕鄭司農釋「王齊當食玉屑」，說蓋據漢時神仙服食家言，於古未聞，不足據。〔註15〕鄭康成注夏后氏世室，說廣脩之度，以意補經，其誤有三。〔註16〕賈公彥疏鄭注「各於其遂，肆之三日」，謂六遂分置六獄，既違經義，又失鄭恉。〔註17〕王肅注《家語·郊問》篇，引〈郊禮〉，以黼裘即大裘，其說殊謬，蓋文由私定，不足置辯。〔註18〕《顏氏家訓·書證篇》，據《詩》：「駉駉牡馬」，謂此經圉人所養良馬皆牡馬，疑參合六朝禮家之謬說，殊不足信。〔註

〔註11〕以上所引均見孫氏《周禮正義·自序》。
〔註12〕見孫氏《周禮正義·自序》。
〔註13〕見《周禮正義·周禮正義略例》，2 頁。
〔註14〕《周禮正義》卷二十一〈地官·司徒·鄉師〉之職，鄭大夫讀菹為藉，孫疏案語。
〔註15〕《周禮正義》卷十二〈天官·玉府〉：「王齊則共食玉」句，鄭司農釋，孫疏仲容案語。
〔註16〕《周禮正義》卷八十三〈考工記·匠人〉：「夏后氏世室，堂脩二七，廣四脩一」句下，鄭玄注，孫疏仲容案語。
〔註17〕《周禮正義》卷六十七〈秋官·遂士〉賈公彥疏，仲容案語。
〔註18〕《周禮正義》卷十三〈天官·司裘〉：「中秋獻良裘王乃行羽物」句，孫疏案語駁王肅《家語》注引經。
〔註19〕《周禮正義》卷六十二〈夏官·校人〉：「凡馬特居四之一」句，孫疏駁顏之推《家訓·書證篇》語。

19〕杜佑《通典・吉禮》謂周祭風師於國城東北，祭司中司命於國城西北，皆誤以北周制爲周制，其謬殊甚。〔註20〕是皆先生破舊注舊說者。誠以學術無私見，眞理辯而愈明，因其能讓善而不覆短，故一本至誠，尊先儒之論，斥謬悠之說，而無露才揚己之失焉。

（3）謙沖而不意必

《穀梁》桓公五年傳曰：「《春秋》之義，信以傳信，疑以傳疑。」孫氏疏《周禮》，即恪遵古訓，守而弗失，凡引書則詳討根氏，用懲肊造；正譌奪，雖近儒糾彈有據，因經注傳譌，或遠在陸、賈之前，彼亦不敢專輒改定；至於古事茫昧，難可質證；禮經闕略，無可得其詳者，先生皆參綜古今，存以竢攷，決無意必之論，茲援數例，以驗其實。

如〈天官・小宰〉之職，鄭注：「前此者，成王作《周官》，其志有述天授位之義，故周公設官分職以法之。」賈疏：「鄭依《書傳》云『周公攝政，三年踐奄』，與滅淮夷同時。」仲容駁賈說：「鄭以《書・敘》滅淮夷即伐淮夷，與踐奄是攝政三年事，亦見《書・成王政敘》孔疏引鄭《書》注。又《書・周官》疏引鄭注云：『《周官》亡』，是鄭注本無此篇。今所傳僞古文《周官》，非鄭所見，且亦無述天授命之說。此則眞《周官》之逸說見於他書者，故鄭得引之。〈地官・敘官〉疏引鄭《志》，趙商問曰『成王《周官》，立太師、太傅、太保，茲惟三公』。是漢時《周官》雖亡，其墜文逸故，猶閒有傳者，述天授位之說，亦其一矣。」〔註21〕此先生攷《周官》之逸說也。

〈冬官・考工記〉：「妢胡之笴」，鄭引杜子春說：「妢讀爲焚咸丘之焚，書或爲邠。妢胡，地名也。」仲容引胡承珙、陳奐說：「並謂妢即汝墳。⋯⋯是汝墳即胡地。⋯⋯」洪頤煊又謂：「〈籥章〉『豳籥』，先鄭云『豳國之地竹』，豳通作邠。⋯⋯」俞樾復據「《爾雅・釋地》云『西至邠國』，⋯⋯邠胡蓋西戎國名。」仲容案曰：「以上諸義，於聲類似皆可通，而未能決定，姑并存之，竢學者攷焉」，〔註22〕此參綜今古，存以竢攷者也。

〈天官・腊人〉：「膴胖之事」句。阮元云：「『膴胖之事』四字疑衍文，下經『膴胖』始有注。若於此先言膴胖，二鄭、杜氏、康成當於此下注矣。《釋文》

〔註20〕　《周禮正義》卷三十六〈春官・小宗伯〉之職：「兆五帝於四郊四望四類亦如之」句，孫疏駁杜佑《通典》語。
〔註21〕　《周禮正義》卷五，163頁。
〔註22〕　《周禮正義》卷七十四，頁3120～3121。

出胖字音於『豆脯』之下，則陸本尚未誤衍。」仲容案曰：「阮據《釋文》校，於義近是。〈甸祝〉疏亦引此經『掌凡田獸之脯腊』，而此疏標起止，則有『之事』二字，或是後人竄改，非賈氏之舊。但有此四字，於義亦尚可通，未敢專輒刪定也。」〔註23〕此經注傳譌，或遠在陸、賈之前，雖近儒糾彈有據，而先生亦不敢專輒刪改之例。

先生於《周禮正義》中發凡起例者甚夥，其每下一義，每正一讀，皆置之古訓古制，渙然冰釋，析若合符，所謂信以傳信，疑以傳疑，謙沖治學，決無意必之論也。

二、孫撰《周禮正義》之體例

先生著《周禮正義》，自書《略例》十二凡，由讐斠《周禮》本文所用之底本輔本，以迄鄭注、陸釋、賈疏之擷摘，古今用字之理董，古術輿地之攷校，舉證古書之依據，均一一發其大例，條其綱領，俾學者沿波討源，振葉尋根也。以下列敘大凡，參證孫疏，以昭徵實之學。

（一）底本最古輔本極多之例

先生曰：「經本以《唐石經》爲最古，注本以明嘉靖放宋本爲最精。此本原出北宋槧，雖明刻，而在諸宋本之上。近黃丕烈有重校刊本。今據此二本爲主，間有譌挩，則以《孟蜀石經》元石久佚，今僅存宋拓〈秋官〉上下二卷，首尾亦有殘闕，拓冊藏湖州張氏。今據湖南周編修讐詒景寫本校。又馮登府《石經考異》，載有〈夏官〉殘拓，今未見。此刻之佳，在兼載鄭注，惟讐勘極疏，譌踳挩衍，不可枚舉；又多妄增助語，蓋沿唐季俗本，難以依據。及宋槧諸本阮元《校勘記》所據，有宋刻小字、大字本，余仁仲本，岳珂本。黃丕烈《札記》所據，有宋紹興董氏本，互注本。今所據，有陽湖費編修念慈所校宋婺州唐氏本，建陽本，附釋音本，巾箱本。又有明汪道昆放岳本，與阮、黃校岳本小異。參校補正，箸其說於疏。凡嘉靖本注譌挩顯然，他本咸不誤者，今徑補正，不箸於疏。唯眾本是非錯出及文通義短，據善本校改者，始箸之。至版本文字異同，或形體譌別，既無關義訓，且已詳阮、黃兩記，今并不載，以袪繁冗。近胡培翬《儀禮正義》、阮福《孝經義疏補》、陳立《公羊傳義疏》，並全錄阮記，俗本譌文，塵穢簡牘，非例也。」

綜上以觀，先生校經以《唐石經》爲底本，校注以明嘉靖放宋本爲底本。

〔註23〕《周禮正義》卷八，頁 308～309。

唐《開成石經》雖較純葡，然據馮登府《唐石經考異》說，一誤于乾符之脩改，再誤于後梁之梟補，三誤于北宋之添注，四誤于堯惠之謬作，遂失鄭唐之舊，然尚可以校勘之功分別之。至於嘉靖放宋本《周禮》鄭注，先生於《籀膏述林》卷六，著有此本之跋，以爲「《周禮》單注本傳於世者，以明嘉靖放宋刊本爲最佳；阮文達謂其依北宋本，今以傳校諸南宋本勘之，固皆出其下。」讐勘經注之輔本，除兼摭《孟蜀石經》及宋槧諸本之長者外，別據有宋婺州唐氏本、建陽本、附釋音本、巾箱本以及汪道昆放岳本等五種之多，可謂集古今經注各刻之大成。其於眾本是非錯出及文通義短者，咸事讐校，參驗異同，每得新解；茲錄數條，以示其鉤稽之大較也。

〈天官・冢宰下・醫師〉：「凡邦之有疾病者、有疕瘍者造焉。」

　　仲容疏：「凡邦之有疾病者有疕瘍者造焉」者，宋本經「疕瘍」上無「有」字，今從《唐石經》及宋小字本。彭元瑞云：「下〈獸醫〉『凡獸之有病者有瘍者』，亦疊有字。」王念孫云：「《太平御覽・疾病部》一引此，亦疊有字。」案：彭、王校是也。（《周禮正義》卷九，頁316～317）

〈天官・冢宰下・典婦功〉：「辨其苦良。」鄭司農云：「苦讀爲鹽。」

　　仲容疏：鄭司農云「苦讀爲鹽」者，舊本挩「云」字，今據宋婺州本校補。賈疏述注亦有。段玉裁云：「《毛詩・鴇羽》傳云：『盬，不功至也。』〈四牡〉傳云：『盬，不堅固也。』杜子春於〈鹽人〉讀苦爲盬，謂出鹽直用不湅治，意義正同。依《說文》則盬爲河東鹽池，亦非正字也。〈鹽人〉『苦鹽』，讀爲盬，而下文云『鬵鹽』，鄭云『湅治之』。然則凡鹽之粗牿者爲盬，因以爲凡物粗牿者之名也。」案：段說是也。（《周禮正義》卷十四，568頁）

〈春官・宗伯下・占夢〉：「遂令始難敺疫。」

　　仲容疏：「遂令始難敺疫」者，此冢上文，謂季冬之難也。《說文・馬部》云：「敺，古文驅，从攴。」敺即敺之隸變。《唐石經》敺字損缺。攷〈射鳥氏〉「敺烏鳶」，〈方相氏〉「敺疫敺方良」，《石經》並作「毆」，此經亦當同。然《說文》毆在〈殳部〉，與古文驅字別，《石經》誤也。今從宋婺州本、嘉靖本、汪道昆本。互詳〈射鳥氏〉疏。（《周禮正義》卷四十八，1976頁。）

案〈夏官・射鳥氏〉仲容疏曰:「祭祀,以弓矢敺鳥鳶」者,敺,《唐
石經》作「敺」,今從嘉靖本及明汪道昆本正。阮元云:「《釋文》作
敺。按敺从攴,《說文》之古文驅也,與〈殳部〉之『毆』絕不同。《唐
石經》大誤。」案:阮說是也。此經敺字凡七見:〈占夢〉云「敺疫」,
此職云「敺鳥鳶」,〈方相氏〉云「敺疫,敺方良」,〈冥氏〉云「以靈
鼓敺之」,〈庶氏〉云「敺蠱」,〈壺涿氏〉云「以炮土之鼓敺之」。〈占
夢〉之敺字,《釋文》無音,《唐石經》亦損缺,無以攷其異同。此職
及〈方相氏〉、〈冥氏〉、〈庶氏〉、〈壺涿氏〉諸文,《釋文》並作「敺」,
音起俱、丘于二反,則皆古文驅字也。《唐石經》并作「毆」,張參《五
經文字》音一口反,與《釋文》不合,殆不足據。又案:此經敺逐字
並作敺,驅馬字又並作驅,若〈大司馬〉、〈田僕〉之驅逆,〈大僕〉、
〈小臣〉之前驅,〈大馭〉之遂驅之是也。此如飄風、禖祀之例,同
一字而錯出,蓋此經字例與《說文》本不同也。(《周禮正義》卷五十
八,2447 頁)

例一為先生以《周禮・唐石經》及宋小字本與宋本對勘,知經文此句應疊
「有」字。例二為據宋婺州本知舊本《周禮》鄭司農下挩「云」字,應據補。
例三由〈春官・宗伯・占夢〉經文「敺疫」字,《釋文》作敺,《唐石經》作毆,
大誤;乃從宋婺州本、嘉靖本、汪道昆本。並由全經字例互證,則此經敺字凡
七見,參綜比勘,知「敺」、「毆」為同字錯出,禮經字例與《說文》本不同也。
先生校經校注,每由歸納、演繹之方式,求出具體之結論,不獨使《周禮》一
經得復原本之舊,其疏通別白,尤為後之治《周官》者闢一坦途。

(二)詳載陸《釋》以存舊詁之例

先生曰:「陸氏《釋文》成於陳、隋間,其出最先,與賈疏及《石經》間有
不同,所載異本異讀,原流尤古;今並詳議其是非,箸之於疏,《釋文》據盧文弨
校本,兼以阮氏《校勘記》,及賈昌朝《群經音辨》參訂之。以存六朝舊本之辜較。」

陸元朗字德明,以字行,蘇州吳人,善名理言,受學於周弘正。〔註24〕癸
卯之歲,掌教上庠,〔註25〕以循省舊音,苦其太簡,況微言久絕,大義愈乖,
遂因暇景,救其不逮。乃研精六籍,采摭九流,搜訪同異,校之蒼雅;輒撰集

〔註24〕《新唐書》、《舊唐書》卷一百八十九有陸氏〈傳〉。
〔註25〕見陸氏《經典釋文・自序》。

五典《孝經》、《論語》及《老》、《莊》、《爾雅》等音，合爲三袟三十卷，號曰《經典釋文》。自言該書之長曰：「古今並錄，括其樞要，經注畢詳，訓義兼辯，質而不野，緜而非蕪；示傳一家之學，用貽後嗣。」〔註26〕明文淵閣有宋槧《釋文》一部，都八百六十葉，乃海內孤本也；後爲錢牧齋所得，葉林宗募筆工謝行甫影寫一本，絳雲一炬，宋刻遂燬，幸有副本流傳，是書種子得以不絕，盧氏抱經所刻，即奉此爲藍本。〔註27〕先生即據盧校本爲說，信六朝以前之舊詁，可藉此並存也。

茲錄數例如次：

〈天官・冢宰下・司裘〉鄭注：「又方制之以爲臬，謂之鵠，著於侯中」

　　仲容疏引《釋文》云：「臬，本亦作準。」疏又曰：丁晏云：「《說文・土部》『墠，躲臬也。從土臬聲，讀若準。』〈木部〉『臬，射準的也。』臬即墠之省文。」賈疏云：「梓人爲侯，廣與崇方，故云『方制之』。質者正也，所射之處，故名爲質。三分其侯，鵠著於侯中。」案：丁說是也。《說文・言部》云「臬，孰也，讀若純。」非此義。《釋文》或本作「準」者，準即墠之借字。賈本臬又作「質」，故釋質爲正，而不及墠。《詩・小雅・賓之初筵》孔疏引鄭此注，亦作質，是孔、賈所見本同。今本疏述注仍作「臬」者，宋人以疏合注時，改從《釋文》也。質與臬義同。《毛詩・賓之初筵》傳云：「的，質也。」《荀子・勸學篇》亦云「質的」。《說文》詁臬爲準的，是墠、臬、的、質同物。……以爲其侯之鵠。（《周禮正義》卷十三，頁500～501）

〈地官・司徒下・質人〉經曰：「邦國朞。」

　　仲容疏：「邦國朞」者，朞，《釋文》作「基」，云「本或作朞」。阮元云：「〈士虞禮〉注云『古文朞皆作基。』近人以朞年字別於期會，直是俗字，然自《廣韻》已如此分別，非也。」詒讓案：《說文・月部》云「期，會也。」又〈禾部〉云「稘，復其時也」，引「《唐書》曰：稘，三百有六旬。」此「邦國朞」之正字當作「稘」，經典通叚期爲之。稘期雖聲類相通，而訓義各別。儻經果作基字，則鄭不宜無釋矣。《釋文》基當本作「期」，〈朝士〉「邦國朞」《釋文》作「期」，是其證也。蓋鄭本經文三「期」字本同，後人妄生分別，改邦國期字爲「朞」，

〔註26〕陸氏《經典釋文・自敘》語。
〔註27〕以上綜引明馮班《經典釋文・跋尾》與清孫毓修《經典釋文校勘記》語。

惟《釋文》尚存鄭本之舊，今本《釋本》作「基」，乃傳寫之誤。（《周禮正義》卷二十七，頁 1079～1080）

〈秋官・司寇下・行夫〉鄭注：「故書曰夷使。」

仲容疏：「故書曰夷使」者，謂故書「使則介」之上多一「夷」字也。《釋文》出「焉使」，云「劉焉音夷」。則劉昌宗以「夷」爲即「焉」之異文。王引之云：「焉字屬上爲句，使則介之，故書『使』上有『夷』字，夷乃發聲，故鄭兼存故書有夷字者，而以發聲解之，非謂『焉』故書作『夷』也。若『焉』字故書作『夷』，則鄭當云『故書焉作夷』，方合全書之例。今不言焉作夷，而云『使謂大小行人也，故書曰夷使』，是故書『使』上多一『夷』字，而『焉』字仍屬上讀明矣。劉音誤甚。陸氏以『焉使』連讀，亦沿劉氏之誤。」案：以注疊故書通例覈之，王說是也。孔繼汾說亦同。劉音及陸讀，并失之。惠棟引〈三年問〉「焉使倍之」，以證焉當訓「於」，陸意或當如是，然非經注義也。（《周禮正義》卷七十三，頁 3058～3059）

夫古人音書止爲譬況之說，其後有反語，南北朝以降，世變人移，音訛字替。陸氏乃援引眾訓，用示童蒙；如徐仙民反易爲神石，郭景純反餤爲羽鹽，劉昌宗用承音乘，許叔重讀皿爲猛，若斯之儔，雖知其有令學者疑昧處，既不敢遺舊，故亦兼存音內，則沿誤爲說，情或不免。〔註28〕仲容意存舊詁，是以辭而闢之，箸於新疏。首例由《釋文》「臺亦作準」之說，與賈本、孔疏相比勘，知今本《周禮》注疏，有宋人於以疏合注時改從《釋文》者。次例援〈朝士〉「邦國朞」，《釋文》作「期」，蓋以鄭本經文三「期」字本同，後人妄生分別，改期爲「朞」；惟《釋文》尚存鄭本之舊，今《釋文》作基，乃抄胥傳寫之訛。末例引鄭注「故書曰夷使」，《釋文》出「焉使」，云「劉焉音夷」，先生以注疊故書通例覈之，劉音陸讀並失，惠定宇據他經以比附陸《釋》，然非經注義也。先生均一一爲之摘伏，致六朝舊詁之存於陸《釋》者，乃得晦而復明焉。

（三）釋經崇簡釋注特詳之例

先生曰：「賈疏蓋據沈重《義疏》重修，據馬端臨《文獻通攷》引董逌說。《隋書・經籍志》載沈重《周官禮義疏》四十卷，與賈本卷帙并同，董說不爲無據，唐修經疏大都沿襲六

〔註28〕以上綜用陸氏《經典釋文・自序》語。

朝舊本。賈疏原出沈氏，全書絕無援引沈義，而其移改之跡，尚可推案。如〈載師〉疏引《孝經援神契》一節，本〈草人〉注『黃白宜以種禾之屬』句釋義，賈移入〈載師〉，而忘刪其述注之文，是其證。至董氏謂賈兼據陳劭《周禮異同評》，則肊揣不足據也。在唐人經疏中尚為簡當。今據彼為本，疏據阮校宋十行本，近德化李氏有宋刊八行本殘帙，遠出十行本之前，未能段校也。訂譌補闕。凡疏家通例，皆先釋經，次述注。然鄭注本極詳博，賈氏釋經，隨文闡義，或與注複，而釋注轉多疏略；於杜、鄭三君異義，但有糾駁，略無中證，故書今制，擘[畫]闕如。今欲撟斯失，釋經唯崇簡要，注所已具，咸迻省約；注文冞奧，則詳為疏證。蓋注明即經明，義本一丱也。今疏於舊疏甄采精要，十存七八。雖間有刪剟移易，而絕無屬改。且皆明楬賈義，不敢攘善。唐疏多乾沒舊義，近儒重修，亦或類此，胡氏《儀禮正義》，閒襲賈《釋》，郝懿行《爾雅義疏》，亦多沿邵《義》，竊所未安。非膚學所敢效也。」

　　綜覽先生之言，在釋經崇簡，釋注特詳之外，於賈疏之甄采，則去蕪存菁，雖有移易，絕無屬改；以示不敢攘善也。先儒舊義，多存故訓，凡所捃錄，皆明出處，亦不乾沒其說。先生嚴守著述道德，珍念前賢手澤，百年以下，猶可想見其風儀也。茲綴數例，以見大略。

　　〈天官・冢宰上・小宰之職〉經文：「小宰之職，掌建邦之宮刑，以治王宮之政令，凡宮之糾禁。」注曰：「杜子春云：『宮，皆當為官。』玄謂宮刑，在王宮中者之刑。建，明布告之。糾猶割也，察也，若今御史中丞。」

　　仲容疏：「掌建邦之宮刑，治王宮之政令」者，天官通掌官府，而小宰、宰夫、宮正、宮伯特治宮政。此王宮刑政等，皆小宰所專領，不佐大宰者也。凡施行為政，布告為令，〈月令〉注云：「宮令，幾出入及開閉之屬」是也。云「凡宮之糾禁」，即〈士師〉五禁「一曰宮禁」，此官與彼為官聯也。」（以上釋經）。　　注杜子春云：「宮皆當為官」者，子春，河南緱氏人，劉歆弟子，鄭大夫、鄭司農皆從受學，詳貫序《周禮廢興》引〈馬融傳〉，馬、鄭〈序〉皆不云杜有詁釋之書，〈射人〉先鄭注引子春說而糾之，則注中所述杜義，疑皆先鄭所口受著之解詁者，後鄭又傳錄之也。杜意此節三宮字及職末「乃退以宮刑，憲禁于王宮」，諸宮字並當為官。以〈大宰〉八灋〈大司寇〉五刑，並有官刑，無宮刑，官、宮字形又相近，故破宮為官。段玉裁云：「凡易字之例，於其音之同部或相近而易之，曰『讀為』。其音無關涉，而改易字之誤，則曰『當為』，或音可相關，義絕無關者，定為聲之

誤，則亦曰『當爲』。」云「玄謂宮刑在王宮中者之刑」者，鄭不從杜易字也。《釋文》謂干氏亦同。王宮中謂皋門以內及後宮，〈大司寇〉五刑，不數宮刑，而〈士師〉五禁以宮禁爲首，此宮刑蓋即犯宮禁者之刑也。賈疏云：「後鄭以宮刑宮中之刑，不從子春官刑者，見〈秋官·司寇〉已云『四曰官刑』，此小宰不往貳之，則不須重掌。又見下文觀治象『乃退，以宮刑憲禁于王宮』，故知宮刑明矣。」阮元云：「經首云掌『建邦之宮刑，以治王宮之政令』，末云『以宮刑憲禁于王宮』。〈宮正〉、〈宮伯〉等職皆言王宮，經無言王官者，則宮刑之非官刑審矣。」云「建，明布告之」者，〈敘官〉注云：「建，立也。」凡物建立之，則眾共見。故引申之，凡明白布告亦曰建。云「糾，猶割也，察也」者，〈宮正〉、〈寺人〉、〈大司徒〉注並同。《説文·糸部》云「糾，繩三合也。」引申之，凡有所繩治，並謂之糾。〈大司馬〉注云：「糾，猶正也。」《廣雅·釋詁》云「割，斷也。」凡物有佹邪者，必割斷之乃正，故糾訓正，亦得訓割也。訓察者，《漢書·平帝紀》顏注云：「糾，謂禁察也。」《左傳》僖二十八年，孔疏云：「糾者繩治之名，割、察皆繩治之事，故鄭兼兩義爲釋。」賈疏云：「既言糾，謂糾舉其非。事已發者，依法斷割之；事未發者，審察之。」云「若今御史中丞」者，賈疏引應劭云：「秩千石，朝會獨坐，副貳御史大夫，內掌蘭臺圖籍，外督刺史，糾察百寮。」《續漢書·百官志》劉注引此職干注，亦云「若御史中丞」，與鄭同。王聘珍云：「《續漢書·百官志》『御史中丞一人，千石。』本注曰：『御史大夫之丞也。舊別監御史，在殿中密舉非法。及御史大夫轉爲司空，因別留中，爲御史臺率。』鄭舉以況小宰者，謂其殿中密舉非法，與小宰掌宮之糾禁相似，非必校其官職之大小也。」黃以周云：「鄭注舉漢官以況周官有二例。其直況之於〈序官〉者，如大府之爲司農、司會之爲尚書，是儗之以其官也。其注〈序官〉不以況，而況之於職內所掌之下者，如大司徒掌建邦土地之圖，曰若今司空郡國輿地圖；里宰以歲時合耦于鋤，曰若今街彈之室，皆儗之以其事也。此舉漢御史中丞以況小宰，亦謂其糾禁宮事同爾。西漢御史中丞，內領府御史，外督部刺史，主糾察百僚。東漢御史中丞屬少府，乃糾察宮事，故鄭舉以況之，非儗其官也。」（以上釋注）（見《周禮正義》卷五，頁157～158）

此例證經崇簡，釋注特詳。賈氏義疏，在唐人經疏中尙稱簡當，凡所徵引，皆明揭其義，不敢攘善。至於先生研覈經注，訂譌補闕，學者細繹上例，即可得其情也。

〈地官・司徒下・調人〉經文：「凡和難，父之讎辟諸海外。」鄭注：「九夷、八蠻、六戎、五狄，謂之四海。」

仲容疏：云「九夷、八蠻、六戎、五狄，謂之四海」者，〈職方氏〉注引《爾雅》同，詳彼疏。賈疏云：「案漢時徐州刺史荀文若問玄，《周禮》父之讎辟之海外，今青州人讎在遼東，可以王法縱不討乎？當問之時，玄已年老，昏耄，意忘九夷、八蠻、六戎、五狄，謂之四海。然則《周禮》在四海之外，辟之如是，亦是遠矣。近則青州、遼東有難，未達周公聖意所趣。若文若之難海水爲四海，故今明之：然讎近東夷之人，當辟之西戎，餘皆放此。趙商問：『〈調人職〉稱，父之讎辟諸海外，君亦然。注「使辟於此，不得就而讎之」。商以《春秋》之義，子不復讎，非子；臣不討賊，非臣。楚勝之徒猶言「鄭人在此，讎不遠矣」。不可以見讎而不討，於是伐之。臣感君恩，孝子思其親，不得不報，和之而已。子夏曰：「居父母之仇如之何？」孔子曰：「寢苫枕干，不仕，不與共天下，遇諸市朝不反兵。」天下尚不反兵，海內何爲和之？豈宜不達二禮所趣？小子曰惑，少蒙解説。』鄭答曰：『讎在九夷之東，八蠻之南，六戎之西，五狄之北，雖有至孝之心，能往討不乎？子之所云，偏於此義。』若然，鄭云『雖有至孝之心，能往討之不乎』者，欲明孝子雖會赦，恒有復讎之心，故避之海外，使絕忠臣孝子之心，使無往之緣。其孔子云『寢苫枕干不仕』者，可通之會赦之後恒然，其君亦然，恐來入中國則殺之也。復讎之法，依《異義》古《周禮》說，復讎可盡五世，五世之內。五世之外，施之於己則無義，施之於彼則無罪。所復者惟謂殺者之身，及在被殺者子孫可盡五世得復之，鄭從之也。」案：文若，荀彧字。其與鄭君問難語，未詳所出。據《後漢書》、《三國志》彧傳，皆不云爲徐州刺史，疑有舛誤。依賈說，則鄭意以海外爲四海之外，所辟絕遠。荀以海水爲難，殆未達鄭恉，賈糾之是也。但以會赦爲説，則仍非經義。又〈曲禮〉疏引《五經異義》云：「《公羊》說，復百世之讎，古《周禮》說，復讎之義，不過五世。許慎謹案：魯桓公爲齊襄公所殺，其子莊公與

齊桓公會，《春秋》不譏。又，定公是魯桓公九世孫，孔子相定公，
與齊會於夾谷，是不復百世之讎也。從《周禮》說。」孔引尤備。所
稱古《周禮》說，蓋此經舊師佚義。復讎盡五世，即謂高祖至玄孫。
賈前疏義，本於彼也。（《周禮正義》卷二十六，頁 1028～1029）

此引賈疏釋注，證「凡和難父之讎辟諸海外」之經恉，文中攷訂賈引荀文若與
鄭君問難語，未詳所出，疑有舛誤。援《曲禮》疏引許叔重《五經異義》，說復
讎可盡五世，不復百世之讎也。古《周禮》說，蓋此經舊師佚義，信《周官》
傳世已久。先生均加甄別而不乾沒其義，於著述者之道德有足多焉。

（四）尋繹經恉博稽衆家之例

先生曰：「唐疏例不破注，而六朝義疏家則不盡然。孔氏《禮記正義・敘》稱皇
侃時乖鄭義，《左傳正義・敘》稱劉炫習杜義而攻杜氏，是也。鄭學精丗群經，固不容輕破。
然三君之義，後鄭所讚辨者，本互有是非。乾嘉經儒攷釋此經，間與鄭異，而
於古訓古制，宣究詳塙，或勝注義。今疏亦唯以尋繹經文，博稽衆家爲主，注
有牾違，輒爲匡糾。凡所發正數十百事，匪敢破壞家法，於康成不曲從杜、鄭
之意，或無諅爾。」

仲容新疏恉在尋繹經義，以討周公致太平之迹，故於古訓古制之攷訂，博
稽衆家；並竊比康成不曲從杜、鄭之意，亦時有糾詰，前修未密，後學轉精，
其極尊鄭注，而不墨守迴護者，蓋欲破當時門戶之見，欲綜漢、宋之長而通其
區畛者也。〔註29〕舉例如次，用相勘讞。

〈地官・司徒上・鼓人〉經文：「以雷鼓鼓神祀」。鄭注：「神祀，祀天神也。」
仲容疏：云「神祀，祀天神也」者，若〈大宗伯〉禋祀、實柴、槱燎
三祀，皆祀天神也。〈大司樂〉圜丘天神亦用靁鼓，賈疏云：「天神稱
祀，地祇稱祭，宗廟稱享。案下靈鼓鼓社祭，又案〈大司樂〉以靈鼓
祭澤中之方丘，大地祇與社同鼓，則但是地祇，無問大小皆靈鼓，則
此雷鼓鼓神祀，但是天神皆用雷鼓也。」詒讓案：祀天神謂圜丘南郊
以下。《御覽・文學部》引孔融〈與諸卿書〉，稱鄭康成以爲郊天之鼓，
必當麒麟之皮。疑漢季有此妄說，抑或文舉未窺鄭學，叚設此以獻嘲。
要鄭諸經注，實無是義，不可誣也。（《周禮正義》卷二十三，900 頁）

此迴護鄭注，斥孔融文舉采漢季妄說詆訶前哲之非之例。

〔註29〕可參看《籀廎述林》卷四〈代家大人作艮齋浪語集敘〉。

〈春官・宗伯下・司常〉經文：「皆畫其象焉，官府各象其事，州里各象其名，家各象其號。」鄭注：「事、名、號者，徽識，所以題別眾臣，樹之於位，朝各就焉。〈覲禮〉曰：『公侯伯子男，皆就其旂而立。』此其類也。或謂之事，或謂之名，或謂之號，異外內也。三者旌旗之細也。〈士喪禮〉曰：『為銘，各以其物。亡則以緇長半幅，䞓末長終幅，廣三寸，書名於末。』此蓋其制也。徽識之書，則云某某之事，某某之名，某某之號。今大閱禮象而為之。兵，凶事，若有死事者，亦當以相別也。」

> 仲容疏：此經承上九旗為文，則自當為旗物之書，與〈大司馬・治兵章〉文正同。蓋此所書，與上經所畫日月以下，咸旗物徽識之通制；而徽識為九旗之屬，其所畫所書既並同，則經舉旗物，自可晐徽識，不必更岐重出，於義無疑。鄭不知此經亦為九旗之正，而專以徽識為釋，則義既未晐，且與上文亦不相承貫矣。（《周禮正義》卷五十三，2217 頁）

此康成專以徽識釋經，先生就本經與〈大司馬・治兵〉章文例，破鄭不知此經亦為九旗之正，而專以徽識為釋，則義既未晐，文亦不相承貫之例。

〈地官・司徒下・遂師〉經文：「大喪，使帥其屬以幄帟先，道野役；及窆，抱磨，共丘籠及蜃車之役。」鄭注：「玄謂磨者，適歷執綍者名也。」

> 仲容疏：云「玄謂磨者，適歷執綍者名也」者，此讀磨為歷，破先鄭義也。賈疏云：「謂天子千人，分布於六綍之上。謂之適歷者，分布稀疏得所，名為適歷也。」王應麟云：「《史記》樂毅書：『故鼎反乎磨室。』徐廣注：『磨，歷也。』《戰國策・燕策》、《新序・雜事》作『歷室』，蓋古字通用。」惠士奇云：「磨當作秝。《說文》『秝，稀疏適秝也。從二禾，讀若歷。』適者，適均。《呂覽・辨士篇》曰『稼疏而不適』，謂分布不均。故二禾相比，稀疏乃適也。然則執綍者千人，分布於六綍，如禾稼有行，勿使疏密，正其行，齊其力，巡行校錄，遂師執書數之，名曰抱秝。秝借為磨，歷、磨皆以秝得聲。《漢書》議郎耿育疏曰『太伯見歷知適，遂循固讓。』王充謂太王亶父以王季當立，故易名為歷。歷者，適也。大伯覺悟去而避之。合觀眾說，則適秝之義明矣。」孔廣森云：「《魏書・蔣濟傳》云『船本歷適數百里中。』歷適猶適歷，疏密均布之謂。磨者，執綍人名籍，取適歷之義以為稱也。古者發大役，必籍其名而稽數之，師則拱稽，喪則抱磨。」

案：孔說是也。此經云抱磨，與〈大史〉「大師抱天時，大遷國抱法」義同，並謂抱持圖籍之書。磨者，即校次執綍者之名籍。《周書·世俘篇》云「馘磨億有十萬七千七百七十有九馘」，磨亦即校數俘馘之籍，可與此經互證。又〈月令〉季冬「命宰磨卿大夫至於庶民土田之數而賦犧牲，以共山林名川之祀。」注云：「磨猶次也。」〈郊特牲〉云「簡其車賦而磨其卒伍。」注云：「簡磨，謂算具陳列之也。」此磨與彼磨聲義并同。蓋因簡磨人役，遂稱其簿書為磨，猶〈小宰〉八成「聽師田以簡稽」，即簡閱稽計士卒之簿書也。（《周禮正義》卷二十九，頁1150～1151）

此先生尋繹經恉，博稽賈疏、王應麟、惠士奇、孔廣森等四家之說，以及別引《周書·世俘篇》、《禮記·月令》、〈郊特牲〉等書互證，經所謂「抱磨」者，即抱持圖籍之書磨也；「及窆，抱磨」者，即校次執綍者之名籍也。援證塙鑿，經恉因而益顯之例。

（五）總列大綱詳舉庶務之例

先生曰：「古經五篇，文緐事富，而要以大宰八灋為綱領，眾職分陳，區畛靡迻。其官屬一科，〈敘官〉備矣。至於司存攸寄，悉為官職，總楬大綱，則曰官灋；若〈大宰〉六典八則之類。詳舉庶務，則曰官常，若〈大宰〉『正月之吉始和布治于邦國都鄙』以下至職末，皆是也。而官計、官成、官刑，亦錯見焉。若〈大宰〉職末受會，則官成也。大計群吏，則官計也。詔王廢置誅賞，則官刑也。六者自官職、官常外，餘雖或此有彼無，詳畧互見，而大都分繫當職，不必旁稽。唯官聯條緒紛緐，岷絡隱互，楸見百職，鉤覈為難。今略為甄釋，雖復疏闕孔多，或亦稽古論治之資乎。」

〈大宰〉八灋曰：「以八灋治官府，一曰官屬，以舉邦治；二曰官職，以辨邦治；三曰官聯，以會官治；四曰官常，以聽官治；五曰官成，以經邦治；六曰官灋，以正邦治；七曰官刑，以糾邦治；八曰官計，以弊邦治」。〔註30〕此八法為治百官之通法，全經六篇，文成數萬，總其大要，蓋不越此八科。以下敬依先生《正義》所攷訂者，參綜討覈，以見禮經五官眾職分陳之要焉。

〈天官·冢宰上·大宰〉之職：

───────────

〔註30〕《周禮·天官·冢宰》經文。

仲容疏：以〈大宰〉一職論之，自職首至末，通爲官職。其中六典、八法之等，建立大綱，則官法也。……歲終，則令百官府各正其治，受其會，聽其致事，而詔王廢置，三歲則大計羣吏之治而誅賞之。受會則官成也，廢置誅賞則官刑也，計吏則官計也。至於率領貳攷以下，則有官屬；旁通五官，則有官聯。其餘六官三百六十職，雖爵有尊卑，事有繁簡，要此八法足以晐之矣。（《周禮正義》卷二，63頁）

以下先生更詳釋八法之內涵。如釋官屬，〈天官・冢宰上・大宰〉之職：

仲容疏：鄭司農云「官屬謂六官其屬各六十」者，據〈小宰〉六屬文。屬猶言屬別，謂以爵秩尊卑相領隸。《國語・楚語》云「五物之官陪屬萬，爲萬官。」彼據五官言之，義亦同也。凡官屬，有總屬，有分屬，有當官之屬，有宂散之屬。總屬即六官屬各六十，通屬於其正是也。分屬若庖人、內饔、外饔、亨人屬膳夫是也。當官之屬，若宮正中下士以下，屬於上士是也。宂散之屬，若四方之以舞仕者屬旄人，國勇力之士屬司右，相犬、牽犬者屬犬人，皆無職名員數是也。四者各以尊卑相隸，通謂之官屬。（《周禮正義》卷二，64頁）

如釋官職，〈天官・冢宰上・大宰〉之職：

仲容疏：云「官職爲六官之職」者，職者，主領之言，即〈敘官〉注云「各有所職而百事舉」也。凡三百六十職，通謂之官職，此舉其大者明之。引〈小宰職〉曰「以官府之六職辨邦治，一曰治職，二曰教職，三曰禮職，四曰政職，五曰刑職，六曰事職」者，亦證此官職辨邦治，與彼文同。（《周禮正義》卷二，64頁）

如釋官聯，〈天官・冢宰上・大宰〉之職：

仲容疏司農注曰：云「凡小事皆有聯」，則不必大事而後有聯。此據六官共舉者言之，故云大事。其小事則不必合六官，或異官，或同官，凡各屬共爲一事，亦得爲聯。《儀禮》〈燕〉、〈食〉、〈射〉、〈聘〉諸篇，眾官各執其事，亦即官聯之法。（《周禮正義》卷二，64頁）

如釋官常，〈天官・冢宰上・大宰〉之職：

仲容疏司農注曰：云「官常謂各自領其官之常職，非連事通職所共也」者，謂各職當官常行之事，〈大史〉云「祭之日執書以次位常」是也。每官各有其專領之職事，不得相侵越，官常主分，與官聯主合，義正相反。蓋以官職分言之，著於書者爲官法，布於行事者爲官常，官尊

者法與常皆備，官卑者則惟奉行官常而已。故〈宰夫〉八職「一曰正，掌官灋以治要；二曰師，掌官成以治凡；三曰司，掌官灋以治目；四曰旅，掌官常以治數。」明司以上皆有官法，旅以下則惟有官常也。（《周禮正義》卷二，65頁）

如釋官成，〈天官・冢宰上・大宰〉之職：

> 仲容《疏》司農注曰：云「官成謂官府之成事品式也」者，謂各官府所掌之事已成，則案其簿書文字，攷其品數法式，即治會之事。〈司會〉云「以參互攷日成，以月要攷月成，以歲會攷歲成。」此官成正與日成、月成、歲成同義。〈司書〉云「凡稅斂，掌事者受灋焉。及事成，則入要貳焉。」注云：「成猶畢也。」此注云成事，猶彼云事成；彼要貳，亦即官成之要會也。然則鄭所謂成事品式，即謂凡官事之有文籍可稽校案驗者，〈小宰〉以比居簡稽等為八成，正是此義。士師掌士之八成，邦汋邦賊之等，亦即最會刑名之簿書。〈王制〉云「百官各以其成質於三官，大司徒、大司馬、大司空以百官之成質於天子」，即此官成也。（《周禮正義》卷二，65頁）

如釋官法，〈天官・冢宰上・大宰〉之職：

> 仲容疏司農注曰：云「官法謂職所主之法度。官職主祭祀、朝覲、會同、賓客者，則皆自有其法度」者，……謂邦之大事，各有專法，著其禮節名數，若今之會典、通禮之屬，一官秉之，以授眾官，使各依法共治之，是謂官法。若〈大司徒〉之地法，〈小司徒〉之比法，〈大司馬〉之戰法，後世謂之司馬法，〈縣師〉之縣法，〈稍人〉謂之縣師之法，皆是也。（《周禮正義》卷二，66頁）

如釋官刑，〈天官・冢宰上・大宰〉之職：

> 仲容疏司農注曰：云「官刑謂司刑所掌墨辠、劓辠、宮辠、刖辠、殺辠也」者，據〈司刑〉五刑文。（《周禮正義》卷二，66頁）

如釋官計，〈天官・冢宰上・大宰〉之職：

> 仲容疏司農注曰：云「官計謂三年則大計羣吏之治而誅賞之」者，據後文，凡三年大計與歲計，通為官計，先鄭略舉一隅為釋也。（《周禮正義》卷二，66頁）

準是以觀，古經五篇，要以八法為綱領，然後眾職分陳，區畛靡越，此乃《周禮》設官分職之一大特色（見表一）。

表一：《周禮》設官分職圖

（六）窮究群經無所黨伐之例

先生曰：「議禮群儒，昔侶聚訟。此經爲周代法制所總萃，閎章縟典，經曲畢晐。而侯國軍賦，苞、何膠於舊聞；明堂辟廱，服、蔡騰其新論。兩漢大師，義詁已自舛互。至王肅《聖證》，意在破鄭，攻瑕索瘢，偏戾尤甚。然如郊社禘祫，則鄭是而王非；廟制昏期，則王長而鄭短。若斯之倫，未容偏主。唐疏各尊其注，每多曲護，未爲閎通。今并究極諸經，求厥至當，無所黨伐，以示折衷。」

先儒議禮，各是其是，今者欲求至當，莫若尊經，故孫氏痛下鍼砭，一空依傍，直采群經以證義；則以漢詁爲羽翼，視唐疏爲雲裳，突破注疏之重圍，得入聖人之門牆，窺宮室之美，見百官之富，而方之清季群儒之聚訟，似又皆出其下，至此方見先生無所黨伐，光風霽月之胸襟爲何如也。茲舉例以徵之：

〈地官・司徒下・媒氏〉經曰：「令男三十而娶，女二十而嫁。」

仲容疏：「令男三十而娶，女二十而嫁」者，此言男女嫁娶年之極也。《說文・女部》云「娶，取婦也。嫁，女適人也。」〈昏義〉孔疏云：「案《異義》：『大戴說，男三十女二十有昏娶，合爲五十，應大衍之數，自天子達於庶人，同一也。《古春秋左氏》說，國君十五而生子，禮也；二十而嫁，三十而娶，庶人禮也。禮爲夫姊之長殤，長殤十九至十六，知夫年十四、十五，見〈士昏禮〉也。許君謹案：舜年三十不娶，謂之鰥。文王十五而生武王，尚有兄伯邑考，知人君早昏娶，不可以年三十，所以重繼嗣也。』若鄭意，依正禮，士及大夫皆三十而後娶，及《禮》云爲夫姊長殤者，關異代也。或有早娶者，非正法矣。天子諸侯昏禮則早矣。」賈疏引《聖證論》，王肅曰：「《周官》云『令男三十而娶，女二十而嫁』，謂男女之限，嫁娶不得過此也。三十之男，二十之女，不待禮而行之，所奔者不禁，娶何三十之限。前賢有言丈夫二十不敢不有室，女子十五不敢不有其家。《家語》，魯哀公問於孔子：『男子十六精通，女子十四而化，是則可以生民矣。聞禮男三十而有室，女二十而有夫，豈不晚哉？』孔子曰：『夫禮言其極，亦不是過。男子二十而冠，有爲人父之端；女子十五許嫁，有適人之道。於此以往，則自昏矣。』然則三十之男，二十之女，中春之月者，

所謂言其極法耳。」又引馬昭曰：「《禮記‧本命》曰『中古男三十而娶，女二十而嫁，合於中節。大古男五十而有室，女三十而嫁。』《尚書大傳》曰『孔子曰：男三十而娶，女二十而嫁，通於織紝紡績之事，黼黻文章之美，不若是，則上無以孝於舅姑，而下無以事夫養子。』《穀梁傳》曰『男子二十而冠，冠而列丈夫，三十而娶。』尹更始云：『男三十而娶，女十五許嫁，笄，二十而嫁。』〈曲禮〉『三十曰壯，有室。』盧氏云：『三十盛壯，可以娶女。』〈內則〉『三十而有室，始理男事，女子十五笄，二十而嫁，有故二十三而嫁。』經有『夫姊之長殤』，舊說三十而娶而有夫姊長殤者何？關盛衰。一說關長殤弱而殞亡。盧氏以為衰世之禮也。張融從鄭及諸家說。又《春秋外傳》，越王句踐蕃育人民，以速報吳，故男二十而娶，女十七而嫁，如是足明正禮男不二十娶，女不十七嫁可知也。」《穀梁》文十二年，傳云「男子三十而娶，女子十五而許嫁。二十而嫁。」范注云：「譙周曰：『國不可久無儲貳，故天子諸侯十五而冠，十五而娶，娶必先冠，以夫婦之道，王教之本，不可以童子之道治之。禮十五為成童，以次成人，欲人君之早有繼體，故因以為節。《書》稱成王十五而冠，著在〈金縢〉。《周禮‧媒氏》曰『令男三十而娶，女二十而嫁。』〈內則〉云『女子十五而笄。』說曰許嫁也。是故男自二十以及三十，女自十五以及二十，皆得以嫁娶。先是則速，後是則晚。凡人嫁娶，或以賢淑，或以方類，豈但年數而已。若必差十年乃為夫婦，是廢賢淑方類，茍比年數而已，禮何為然哉！則三十而娶，二十而嫁，說嫁娶之限，蓋不得復過此爾。故舜年三十無室，《書》稱曰鰥。《周禮》云『女子年二十未有嫁者，仲春之月，奔者不禁』。奔者，不待禮聘，因媒請嫁而已矣。甯謂禮為夫之姊妹服，長殤年十九至十六，如此男不必三十而娶，女不必二十而嫁，明矣。此又士大夫之禮。」《通典‧嘉禮》云「今案：三十、二十而嫁娶者，《周官》云『掌萬民之判』，即眾庶之禮也。故下云『於是時也，奔者不禁』。〈服經〉為夫姊之長殤，士大夫之禮也。《左傳》『十五而生子』，國君之禮也。且官有貴賤之異，而婚得無尊卑之殊乎？則卿士大夫之子，十五之後皆可嫁娶矣。」詒讓案：此經

及《禮‧大戴記‧本命》、《小戴記‧曲禮》、〈內則〉、《春秋穀梁》文十二年傳，並有男子三十娶、女子二十嫁之文。漢魏諸儒，說者互異。以爲天子以下至於庶人，同男三十娶女二十嫁者，許君引大戴說及伏生、班固、盧植、馬昭、張融之說，《淮南子‧氾論訓》亦云「禮，三十而娶。文王十五而生伯邑考，非法也。」是也。以爲大夫士以上，不拘年數，惟庶人男三十而娶，女二十而嫁者，許推《春秋左氏》說及譙周、范甯、杜佑之說是也。以爲男十六以上可娶，女十四以上可嫁，三十娶二十嫁言其極法者，王肅及肅所私定《家語》之說，《大戴禮記‧本命》盧注亦以十六、十四爲嫁娶之期是也。竊謂通校群經，並無男未三十女未二十不可嫁娶及天子以下至於庶人同法之明文。況譙、王諸家所舉未三十二十而嫁娶者，證諭縣彰，非盡衰世之法，則王氏三十二十言極法之說，未嘗不可通。鄭〈曲禮〉注云：「人年二十，弱冠，成人，有爲人父之端。」許君《五經異義》引《左氏》「國君十五生子」之文，以駁《禮》大戴說，而《詩‧召南‧摽有梅》孔疏謂鄭君無駁，則許、鄭所見本同，亦未嘗謂未三十二十必不可嫁娶也。俞正燮云：「媒氏掌萬民之判，令男三十而娶，女二十而嫁。此令也，非禮也。禮不下庶人，令言其極不是過。《墨子‧節用》上云『昔者聖王爲法曰：「丈夫年二十，毋敢不處家；女子年十五，毋敢不事人。」此聖王之法也。聖王既沒，於民次也。其欲早處家者，有所二十年處家；其欲晚處家者，有所四十年處家。』《大戴‧本命》云『男二八十六，然後精通，然後其施行；女二七十四，然後其化成。』《韓詩外傳》云『男子十六而精化小通，女子十四而精化小通。不肖者精化小具，而生氣感動，觸情縱欲，反施亂化，是以年壽亟夭而性不長。』然則十六、十四足以反施亂化，亦足任爲夫婦。是知三十、二十之令，爲民之無力者言其極。士以上婚有禮，禮無嫁娶年者，國家各有事故，政役、喪紀，不可豫期也。案：《詩‧豳風譜‧正義》云『依〈文王世子〉篇，文王十五而生武王，武王尚有兄伯邑考。』《呂氏春秋》云『文王十二而生子。』《詩‧大明‧正義》云『《大戴》稱文王十三生伯邑考。』是文王娶太姒，年不過十二。襄九年《左傳》云『國君十

五而生子』，其娶亦當在十二三。孔子十九娶，見之《史記・仲尼弟子列傳》。顏淵少孔子三十歲，其父路親受業孔子之門，則路亦非三十始娶。《韓非子・外儲說右》云『齊桓公令男二十而室，女十五而嫁。』〈越語〉云『越王令男二十，女十七，不嫁娶其父母有罪。』皆防其極，故皆曰令。然則令著三十二十者何也？女子精化早通，止於四十九，故以二十爲極；男精化通遲，止於六十四，故以三十爲極。女至二十，或嫁二十之男，或不及二十之男，或三十之男，或七十爲宗子之男。男至三十，或娶十五之女，或二十之女，或有故二十三年而嫁之女。男女配合，萬有不齊，各舉其極，非比校年數也。」案：俞說足以釋諸家之紛矣。（《周禮正義》卷二十六，頁 2518～2526）

先生釋《周禮・地官・司徒・媒氏》「令男三十而娶，女二十而嫁」之義，歷援古今各說，通校群經注疏，知譙（案：即譙周）、王（案：即王肅）諸家所舉未三十二十而嫁娶者，證驗縣夥，非盡衰世之法；則王氏三十二十爲極法之說，未嘗不可通，並摭俞正燮〈媒氏民判解〉，〔註31〕以男女婚媾，萬有不齊，各舉其極，非比校年月也，而彌縫之；其取諸經旨，折衷百氏，不偏不黨之求是精神，足以釋諸家之紛，定不解之惑矣。

（七）嚴辨家法疏通別白之例

先生曰：「此經在漢爲古文之學，與今文家師說不同。《大》、《小戴記》及《公羊春秋》並今文之學，故與此經義多不合。先秦古子及西漢遺文所述古制，純駁襍陳，尤宜精擇。今廣徵群籍，甄其合者，用資符論。其不合者，則爲疏通別白，使不相殽掍。近儒攷釋，或綴稡古書，曲爲傅合，非徒於經無會，彌復增其紛粃，如惠士奇《禮說》，義證極博，而是非互陳，失在縣襍。至沈夢蘭《周禮學》，而新奇繆盭甚矣。又陳奐《毛詩傳疏》及鄒漢勛《讀書偶識》諸書，說禮亦多此失，學者詳之。今無取焉。」

漢今文立學，古文不立學，沿習既久，遂以早出立學者爲今文，晚出不立學者爲古文。《周禮》爲古文大宗，〈王制〉爲今文大宗，故其說周代禮制，兩者多不合。而《大戴記》、《公羊春秋》多晚周諸侯之法，孟子、管子爲箴規時弊，因應潮流，亦以方便立說，與《周禮》所述古制有差牾。今先生乃

<hr>

〔註31〕 見俞氏《癸巳類稿》卷三，13 頁。

就先秦古子及西漢遺文所述古制，嚴加精擇；甄其所以合者，而驗其所以不合者，皆一一爲之疏通別白，致毋掍淆。茲舉《周禮》〈地官〉、〈司徒〉建畿外五等邦國之法以實其說。

〈地官・司徒上・大司徒之職〉經文：「凡建邦國，以土圭土其地而制其域。諸公之地，封疆方五百里，其食者半；諸侯之地，封疆方四百里，其食者參之一；諸伯之地，封疆方三百里，其食者參之一；諸子之地，封疆方二百里，其食者四之一。」鄭司農云：「……然則方五百里四百里合於〈魯頌〉、《論語》之言。諸男食者四之一，適方五十里，獨此與今《五經》家說合耳。」

仲容疏：云「獨此與今《五經》家合耳」者，賈疏云：「《五經》家謂若張、苞、何休、孟子等，皆以爲周法公侯方百里，伯七十，子男五十里。子男五十里，故男食五十里，是與《五經》家說合。若自子巳上，以百里、七十里國，於此經二百里巳上四之一、三之一不合，故直舉男地而言。」詒讓案：〈王制〉云「公侯田方百里，伯七十里，子男五十里。不能五十里者，不合於天子，附於諸侯，曰附庸。」《孟子・萬章篇》、《春秋緐露・爵國篇》文並同。《白虎通義・封公侯篇》云「諸侯封不過百里，象雷震百里，所潤雲雨同也。七十、五十里，差德功也。」此先鄭所謂今《五經》家說，即漢時今文經師之說也。賈疏謂若張、苞、何休、孟子等，〈大宗伯〉疏亦云張、苞、周、孟子、何休等不信《周禮》。張、苞、周蓋指張禹、苞咸、周氏。張禹治今文《論語》，苞、周章句並出張侯《論》，見何晏《論語集解・敘》。〈學而篇〉《集解》又引苞咸說千乘之國，從〈王制〉義。是三家皆傳今文《論語》。《公羊》莊元年何注說三等國，並依〈王制〉義。《春秋公羊》亦今文學也。《周禮》爲古文之學，故今文經師皆所不從。今文之說，蓋以〈王制〉、《孟子》所說爲周制，無二百里以上至五百里之國。後鄭以〈王制〉爲虞、夏、殷之制，周初因之；周公制禮，則改制如此經之說。故〈王制〉注云：「此地，殷所因夏爵三等之制也。殷有鬼侯、梅伯，春秋變周之文從殷之質，合伯子男以爲一，則殷爵三等者，公侯伯也。異畿內謂之子。周武王初定天下，更立五等之爵，增以子男，而猶因殷之地，以九州之界尚狹也。周公攝政致太平，斥大九州之界，制禮成

武王之意，封王者之後爲公及有功之諸侯，大者地方五百里，其次侯四百里，其次伯三百里，其次子二百里，其次男百里。所因殷之諸侯，亦以功黜陟之，其不合者皆益之地爲百里焉。」又云：「《春秋傳》曰『禹會諸侯於塗山，執玉帛者萬國。』言執玉帛，則是惟謂中國耳。中國而言萬國，則是諸侯之地有方百里，有方七十里，有方五十里者，禹承堯、舜而然矣。要服之內，地方七千里，乃能容之。夏末既衰，夷狄內侵，諸侯相并，土地滅，國數少，殷湯承之，更制中國方三千里之界，亦分爲九州，而建此千七百七十三國焉。周公復唐虞之舊域，分其五服爲九。其要服之內，亦方七千里，而因殷諸侯之數，廣其土，增其爵耳。《孝經說》曰『周千八百諸侯，布列五千里內。』此文改周之法，關盛衰之中三七之間以爲說也。」是鄭謂虞夏地大而國多，故爵土爲三等，以百里、七十里、五十里爲限，殷地狹於虞夏而國少，故仍夏制，周初亦然。至周公致太平，斥大九州之界，同於虞夏，而封國之數，猶因殷舊，地增國少，故得廣土增爵，有五百里、四百里之封。此後鄭通《周官》、〈王制〉、《孟子》，以調停其說之意。〈王制〉孔疏引《五經異義》云：「古《春秋左氏傳》說，禹會諸侯於塗山，執玉帛者萬國。唐虞之地萬里，容百里地萬國，其侯伯七十里，子男五十里，餘爲天子閒田。」此亦以百里、七十里、五十里等爲虞夏之制，即後鄭所本，先鄭之意或當與彼同也。今攷〈明堂位〉說周公封曲阜地方七百里，《晏子春秋・內篇・雜下》晏子曰「昔吾先君太公受之營丘，爲地五百里。」《史記・漢興以來諸侯年表》云「封伯禽、康叔於魯、衛地，各四百里。」並與此經合。《管子・輕重乙篇》云「天下之旁，天子中立，地方千里，兼霸之壤三百有餘里，此諸侯度百里，負海子男者，度七十里。」雖與此經小異，然亦不以百里爲大國，足徵周制必不如《孟子》所說。況《孟子》又言齊魯之封，儉於百里，則所說三等之國，自謂一代恒法，非周初沿殷權宜之制可知。鄭四代損益之說，不能通於《孟子》、〈王制〉。孔疏引鄭答臨碩云：「孟子當赧王之際，〈王制〉之作，復在其後。蓋亦知二書後出，與周初典法不無歧異也。」（《周禮正義》卷十九，頁 727～730）

《周官・司徒》建畿外五等邦國之法，諸公之地，封疆方五百里，諸侯之地，

封疆方四百里，諸伯之地，封疆方三百里，諸子之地，封疆方二百里，諸男之地，封疆方百里，而〈王制〉、《孟子》則諸侯之地有方百里，有方七十里，有方五十里，無二百里以上，至五百里之國；先生以〈王制〉、《春秋公羊》皆今文學，《周禮》爲古文學，故今文經師皆不從。並援後鄭〈王制〉注，謂周公致太平、斥大九州之界同於虞夏，而封國之數猶因殷舊地，增國少，故得廣土增爵，有五百里、四百里之封，以調停《周官》與〈王制〉、《孟子》爲說之異。須知《孟子》謂齊魯初封，儉於百里者，自是故言其小，以鑴切七國。大抵春秋後人說列國封域大小多非其實，如昭二十五年《左傳》楚沈尹戌曰：「若敖蚡冒至於武、文，土不過同。」《國語・楚語》白公子張說齊桓晉文曰：「其入也，四封不備一同，而至於有幾田以屬諸侯。」以楚武文及桓文初得國時疆域攷之，斷不止此數。〈楚語〉韋注亦云：「方欲善美之，故尤小焉。」彼皆方便說法，與五官不合也宜矣。〈王制〉之作，復在《孟子》後，〔註 32〕與周初舊典，亦不無歧異。先生廣徵博攷，別白今古，然後《周官》古制可知也。

（八）通校經注畫一字例之例

先生曰：「經文多存古字，注則多用今字易之。如獻漁、瀍法、聯連、頒班、于於、攷考、示祇、眡視、政征、敘序、衺邪、栽災、鱻鮮、齋粢、皋罪、貍埋、劀刮、壹一、枲栗、疏暴、覈核、毓育、眚省、嫩美、嬿姻、匰樞、囍艱、馭御、毃擊、敂叩、彊強、箸筮、飆風、果裸、鬻煮、嘑呼、靁雷、磬韶、侑宥、歙吹、圝邪、廛鑪、歮兆、寱夢、攐拜、詣稽、邅原、參三，凡四十餘字，並經用古字，鄭則改用今字以通俗。今字者，漢人常用之字，不拘正叚也。〈考工記〉字例，與五官又不盡同。如殺作糤、擊作毃之類。又五篇古字，如敘、攷、晦、于、皋諸文，〈記〉並從今字，疑故書本如是矣。宋、元刻本，未通此例，或改經從注，或改注從經，遂滋岐互，非復舊觀。段玉裁《漢讀考》，及阮、黃兩《記》，舉正頗多，尚有未盡。今通校經注字例，兼采眾本，理董畫一。或各本並誤，則仍之，而表明於疏。經注字體，咸依《唐石經》、嘉靖本，岳本，參互校定。注疏中間有隋唐以來相沿俗書，如總揔、畝畂、亂亂之類，形聲省別，以承習既久，姑仍其舊。唯疏中蒙案，間用六書正字，以崇古雅，此自是鄙書私定義例，不敢以是盡改古書也。至經注傳譌或遠在陸、賈以前，爲段、阮諸家及王引之《經義述聞》所刊正者，則不敢專輒改定，並詳箸其說於疏，俾學者擇焉。」

〔註32〕見〈王制〉孔疏，鄭荅臨碩語。

　　鄭氏注《周禮》，於經存其古字，於注則易以當世通行之字，但求諧俗，不拘正叚。清金壇段氏於所著《周禮漢讀考》首發其例曰：「漢人注經之例，經用古字，注用今字，如經『灋』注『法』，經『眡』注『視』，經『示』注『祇』，經『槁』注『犒』，經『齍』注『粢』，經『嫩』注『美』，經『匿』注『樞』，經『于』注『於』，其大較也，學者以此求之，思過半矣」。〔註33〕又阮元《周禮校勘記》亦踵其說曰：「凡經用古字，注用今字，段玉裁《漢讀考》中舉其例。」〔註34〕先生承之，於經注用字之不同皆依段、阮之說，再兼采眾本，理董畫一；凡所最錄都四十有八字，今特揀選原疏，略示考訂之要，俾好學深思者得參藉之資焉。

　　　眡、視：古今字，經例用古字，注例用今字也，詳〈大宰疏〉。(《周禮正
　　　　　　義》卷一)

　　　于、於：「於」書作「于」，此經例用古字作「于」，注例用今字作「於」。
　　　　　　此注引書與上文「于」、「於」錯出，疑鄭本通作「於」也。(《周
　　　　　　禮正義》卷一)

　　　歔、漁：凡經用古字作「歔」，注用今字作「漁」。本職先鄭注及〈禮運〉
　　　　　　後鄭注同，並作「漁人」，用正字也。《釋文》別本作「魚」，亦
　　　　　　「漁」之叚字。(《周禮正義》卷一)

　　　灋、法：凡經作「灋」，注皆作「法」。經例用古字，注例用今字也。(《周
　　　　　　禮正義》卷二，)

　　　辠、罪：凡經例用古字或作「辠」，注例用今字皆作「罪」。今〈司刑〉
　　　　　　經並作「罪」，而此注引乃作「辠」，與例不合，疑誤。(《周禮
　　　　　　正義》卷二)

　　　攷、考：凡訓「考成」、「考課」、「考校」者，皆攷敂引申之義，經典多
　　　　　　借考爲之。此經皆作「攷」，注皆作「考」，亦經用古字注用今
　　　　　　字之例也。(《周禮正義》卷四)

　　　示、祇：此經借「示」爲「祇」，注皆作「祇」，亦經用古字，注用今字
　　　　　　之例也。陸所見別本作「祇」，非經例，不足據。(《周禮正義》

〔註33〕見《皇清經解》卷六百三十五，段大令《周禮漢讀考》第十二頁，「軍事共其
　　　　犒牛」條下注。
〔註34〕見《皇清經解》卷八百五十，阮宮保《周禮校勘記》第十八頁，「大神祇」條
　　　　下注。

卷四）

敘、序：此經例用古字作「敘」，注例用今字作「序」，雖述經文亦然。
此注仍作「敘」，疑後人不知注例，依經文改之。（《周禮正義》
卷五）

衺、邪：此經例用古字作「衺」，注例用今字多借「邪」爲之，詳〈司諫〉
疏。（《周禮正義》卷六）

烖、災：此經例作「烖」，注例作「災」，亦或作「灾」，蓋漢時通用「災」
字，亦注從今字之例也。此注各本並作「烖」，疑後人依經改之。
（《周禮正義》卷七）

鬻、煮：凡經烹煮字例作「鬻」，注乃作「煮」。此經作「煮」，與字例亦
不合，詳〈肆師〉疏。（《周禮正義》卷八）

劀、刮：「劀」、「刮」古今字，故經作「劀」，注並作「刮」，亦經用古字，
注用今字之例也。（《周禮正義》卷九）

壹、一：凡經作「壹」，注例並作「一」，亦古今字也。（《周禮正義》卷
九）

橤、栗：經作「橤」，注作「栗」者，亦經用古字，注用今字之例。（《周
禮正義》卷十）

虣、暴：凡此經「暴」字多作「虣」，惟〈大司馬〉、〈大司寇〉、〈訝士〉、
〈禁暴氏〉、〈小行人〉經仍作「暴」，疑皆傳寫之誤。……此注
例用今字作「暴」（《周禮正義》卷十七）

邍、原：古今字，經例用古字當作「邍」，注例用今字當作「原」，邍師
邍隰字正作「邍」，今本此職誤以注改經作「原」，〈夏官·敘官〉
則又以經改注作「邍」，二者交失之。（《周禮正義》卷十八）

毓、育：此經作「毓」，注作「育」，亦經用古字，注用今字之例也。（《周
禮正義》卷十八）

眚、省：此經作「眚」，注作「省」，蓋亦經用古字，注用今字之例。（《周
禮正義》卷十九）

媺、美：經作「媺」注作「美」者，亦經用古字，注用今字之例也。（《周
禮正義》卷十九）

婣、姻：此經作「婣」注作「姻」，蓋亦經用古字，注用今字之例。（《周
禮正義》卷十九）

匭、柩：經作「匭」，注並作「柩」，亦經用古字，注用今字之例。（《周禮正義》卷二十一）

饎、艱：仲容先生引阮元說：「經當作『饎』，注當作『艱』。」案：阮說是也，注例用今字。（《周禮正義》卷二十一）

攌、拜：經例用古字當作「攌」，《唐石經》及宋以來版本並誤，詳〈大祝〉疏。（《周禮正義》卷二十一）

戠、繫：「戠」、「繫」為古今字。此經作「戠」，注作「繫」，亦經用古字，注用今字之例也。（《周禮正義》卷二十八）

彊、強：經作「彊」，注作「強」，即經用古字，注用今字之例。（《周禮正義》卷三十）

篅、笩：笩字經作「篅」，注並作「笩」者，亦經用古字，注用今字之例也。（《周禮正義》卷三十二）

飌、風：「飌」古文「風」，全經六篇，風、雨字皆作「風」，惟風師字作「飌」。《說文》無此字，從蘰與六書例亦不合，所未詳也。（《周禮正義》卷三十三）

頒、班：「頒」注例用今字當作「班」，詳〈宮伯〉疏。（《周禮正義》卷三十六）

嘑、呼：此經作「嘑」，注作「呼」，亦經用古字，注用今字之例也。（《周禮正義》卷三十七）

磬、韶：「磬」、「韶」古今字。經例作「磬」，注例用今字作「韶」。（《周禮正義》卷四十三）

歙、吹：凡經皆作「歙」，注皆作「吹」。經例用古字，注例用今字也。（《周禮正義》卷四十六）

圝、邚：仲容先生引段玉裁、阮元說：「此經用古字，注用今字之一證。今本皆改為『圝』矣。」案：段、阮校是也。此注「圝」字並當作「邚」。（《周禮正義》卷四十六）

虜、鑢：仲容先生引段玉裁說：「經作『虜』，注作『鑢』者，漢人多用『鑢』字，此亦經用古字，注用今字之一證。」案：段說近是。（《周禮正義》卷四十七）

詻、稽：經作「詻」，注作「稽」。亦經用古字，注用今字之例。（《周禮正義》卷四十九）

　　彌、弭：此經例用古字作「彌」，注例用今字當作「弭」，故〈甸師〉注：「弭後姷」字亦作「弭」。今本〈大祝〉、〈小祝〉、〈男巫〉經注並「彌」、「弭」錯出，非其舊也。（《周禮正義》卷五十）

以上就先生四十餘字例中，精選三十五字，以見其判定經注字例之大分，學者循是以求，則《周禮》古經之義即騰躍楮端矣。至於經例用叚借字，先生於疏中輒發其凡，茲錄數例如次：

　　豔、秩：凡經云「秩敘」者，並當爲「豔」之借字。《說文・豐部》云：「豔，爵之次第也。」引〈虞書〉曰：「平豔東作。」今經典通借「秩」爲之。（《周禮正義》卷八）

　　薶、貍：凡此經「薶藏」字皆借「貍」爲之。（《周禮正義》卷八）

　　修、脩：案「修」正字，經例用借字作「脩」。（《周禮正義》卷十一）

　　義、儀：詒讓案：依先鄭、許說，古凡「威儀」字正作「義」，「仁義」字正作「誼」，而「儀」別爲「儀度」字。今禮典通叚「儀」爲威「儀」，「義」爲「仁義」，與古不同。此經故書禮義，義謂威義正與古合。但全經通例多用叚字，故先鄭亦依今字讀爲「儀」，取易通也。（《周禮正義》卷三十七）

　　甸、田：注云「師田，謂起大眾以田也」者，經作「甸」，注作「田」者，〈小宗伯〉注云：「甸，讀曰田。經用叚字，注從正字也。」汪道昆本依經作「師甸」，誤。（《周禮正義》卷五十）

　　握、幄：詒讓案：「幄」正字，「幄」俗字，「握」則同聲叚借字也。《爾雅・釋言》云：「握，具也。」《釋文》引李巡本作「幄」，此經用借字，與《爾雅》郭本同。（《周禮正義》卷五十二）

（九）攟摭舊說聲明來歷之例

　　先生曰：「此經舊詁者，則《五經異義》所引古《周禮》說，謂古文《周禮》說也。或出杜、鄭之前。次則賈逵、馬融、干寶三家佚詁，亦多存古訓。無論與鄭異同，并爲攟拾。近世所傳有唐杜牧《攷工記注》二卷，義恉弇陋，多襲宋林希逸《考工記解》說，僞託顯然，今並不取。至於六朝、唐人禮議經疏，多與此經關涉，義既精博，甄錄尤詳；凡錄舊說，唐以前皆備舉書名。宋、元以後，迄於近代，時代未遠，篇帙見存，則惟箸某云，以省緐碎。大氐宋、元、明舊說，多采之王與之《訂義》，陳友仁《集說》及官纂《義疏》。至國朝諸儒攷釋，則以廣東《學海堂經解》、江蘇南菁書院《續經解》爲

腒藪。此外如吳廷華《疑義》、李光坡《述注》、李鍾倫《纂訓》、方苞《集注析疑》、莊有可《集說》、蔣載康《心解》及林喬蔭《三禮陳數求義》、黃以周《禮書通故》之類，唯吳書僅見傳鈔殘帙，莊書亦未有梓本，餘咸世所通行，故疏中並唯箸姓名，不詳篇目也。至如許珩《注疏獻疑》之疏淺，莊有可《指掌》之武斷，若斯之屬，雖覽涉所及，亦無譏焉。閒有未允，則略爲辨證，用釋疑牾。宋、元諸儒說，於周公致大平之迹，推論至詳，而於周制漢詁，或多疏謬，今所搴擇，百一而已。宋、元迄今，訓釋既多，唯擇其義據通深者錄之，或一條之中，是非錯出，則爲芟剟瑕纇，以歸純粹。凡有繆迂，悉不暇論也。」

　　孫氏集古今禮經注疏之大成，祛其糟粕，存其菁英，成《周禮正義》八十六卷。其所摭舊說，除賈、馬、干三家佚詁輯有專書，本文列有專章說明外，他若古《周禮》說，或出杜、鄭之前，雖吉光片羽，彌足寶愛，故皆詳予箸錄，以存本眞；至於六朝人議禮，唐朝經疏，義雖醇駁互見，要爲蒐討古經之重要參攷，先生具釋其疑牾，甄其博練，以見周制漢詁之其來有自也。茲分列其例，申證所說。

　　〈地官‧司徒下‧載師〉經文：「凡任地，國宅無征，園廛二十而一，近郊十一，遠郊二十而三，甸稍縣都皆無過十二，唯其漆林之征二十而五。」

　　仲容疏：賈疏云：「上之三等爲輕近重遠法。此漆林之稅特重，以其漆林，自然所生，非人力所作故也。」又云：「《異義》第五〈田稅〉：『今《春秋公羊》說，十一而稅，過於十一，大桀小桀；減於十一，大貉小貉。十一稅，天下之中正，十一行而頌聲作。故《周禮》國中園廛之賦，二十而稅一，近郊十而稅一，遠郊二十而稅三。有軍旅之歲，一井九夫百畮之賦，出禾二百四十斛，芻秉二百四十觔，釜米十六斗。……』」陳壽祺云：「〈魯語〉：仲尼言先王制土，其歲收，田一井出稯禾秉芻缶米，不是過也。許偁《周禮》，蓋出此。《說文‧禾部》秅引《周禮》曰『二百四十斤爲秉，曰秉曰筥，十筥曰稯，十稯曰秅，四百秉爲一秅。』案：此〈聘禮記〉文，惟彼斤字作斗，疑許所見本異。又疑此出《周禮說》，故《異義》據之。《說文》偁《周禮》，皆屬《周禮說》，非《周禮》六篇文。」案：陳說是也。《異義》云：「故《周禮》」，當作「古周禮說」。此經爲古文家說也。「有軍旅」以下，自是舊師參合〈魯語〉及〈聘記〉補此經之義，鄭駁蓋偶失攷。（《周禮正義》卷二十四，頁 962～964）

　　〈天官‧冢宰上‧小宰〉經文：「以官府之六屬邦治……」鄭注：「前此

者，成王作《周官》，其志有述天授位之義，故周公設官分職以法之。」

仲容疏：賈疏云：「……此鄭義不見《古文尚書》，故爲此解。若孔
據《古文尚書・多士》已下，並是周公致政後成王之書。周公攝政
時，淮夷、奄與管、蔡同作亂，成王即政後又叛，成王親征之，故
云滅淮夷。還歸在豐，作《周官》用人之法，則彼《周官》在此《周
禮》後，與鄭義異也。」案：賈說非也。鄭以《書・敘》滅淮夷即
伐淮夷，與踐奄是攝政三年事，亦見《書・成王政敘》孔疏引鄭《書
注》。又《書・周官》疏引鄭注云：「《周官》亡」，是鄭注本無此篇。
今所傳僞古文《周官》非鄭所見，且亦無述天授位之說。此則眞《周
官》之逸說見於他書者，故鄭得引之。〈地官・敘官〉疏引《鄭志》，
趙商問曰：「成王《周官》，立太師、太傅、太保，茲惟三公」。是漢
時《周官》雖亡，其墜文逸故，猶閒有傳者，述天授位之說，亦其
一矣。（《周禮正義》卷五，163頁）

此先生攟摭舊說之例：首證許氏《五經異義》引《周禮》，及《說文》稱《周
禮》，皆屬古《周禮》說；次攷鄭注「成王作《周官》，其志有述天授位之義」，
乃眞《周官》之逸說，是漢時《周官》雖亡，而其墜文逸典，猶閒有存者，
鄭引「述天授位」之說，即其一證；並駁賈疏之誤釋。

〈夏官・司馬下・校人〉經文：「凡馬，特居四之一。」注：「欲其乘之性
相似也。物同氣則心一。鄭司農云：『四之一者，三牝一牡。』

仲容疏：紬繹鄭意，自以三牝一牡爲一乘而同氣一心，不如賈所說
也。《顏氏家訓・書證篇》，據《詩》「駉駉牡馬」，謂此經圉人所養
良馬皆牡馬，云「良馬，天子以駕玉路，諸侯以充朝聘郊祀，必無
騇也。」案：〈魯頌〉本作「駉駉牧馬」，顏據誤本，殊不足信。其
謂良馬爲皆牡馬者，疑六朝禮家因上經駑馬三良馬之數，與此經居
四之一分率偶合，遂并爲一義，其說尤謬。（《周禮正義》卷六十二，
頁2613～2614）

〈秋官・司寇上・遂士〉經文：「各於其遂，肆之三日。」注：「言各於其
遂者，四郊六遂，遂處不同。」

仲容疏：云「言各於其遂者，四郊六遂，遂處不同」者，賈疏云：「六
遂分置四郊之外有六處，獄還六處置之，故云不同也。」案：賈說

非也。經云各於其遂肆之三日，謂所肆之地也。鄭雖謂遂士不掌四郊，然此注似亦謂六遂所肆之地不同，非謂獄也。凡四郊六遂之罪人，刑殺皆於郊獄，既殺而肆則各於其所居之地。郊人有罪，殺之則肆於郊之市；遂人有罪，殺之則各肆於遂之市。經不云於郊者，以既有就郊刑殺之文，故畧之。凡囚未決則繫於獄，已決則肆於市，不於獄也。六遂之獄并設於四郊，蓋仍依四郊分置四獄，六遂各隨其所近入之，猶鄉獄并設國中，亦止置一獄，不置四獄也。鄭雖不知遂士掌四郊之獄訟，然實未嘗謂六遂分置六獄，賈說既違經義，又失鄭恉矣。（《周禮正義》卷六十七，頁 2803～2804）

此撫取六朝唐人禮議經疏之例，首引《顏氏家訓・書證篇》據《詩・魯頌》篇：「駉駉牡馬」，謂此經圉人所養良馬皆牡馬；先生以〈魯頌〉本作「駉駉牧馬」，顏注誤本，殊不足信。次舉唐賈公彥疏〈秋官・司寇・遂士〉經，以六遂分置四郊之外有六處，獄還六處置之。先生以為六遂之獄，并設於四郊，以四郊分置四獄，衡之鄭注，實未嘗謂六遂分置六獄也。賈說既違經義，又失鄭恉。先生甄錄各說，於其未允者，輒加辨證，以取明經義而已。

（十）以古術訓釋古經之例

先生曰：「天筭之學，古疏今密。然此經遠出周初，鄭詁如圜率則徑一圍三，天行則四游升降，並據《九章》、《考靈曜》，雖法數疏闊，而以古術釋古經，致為塙當。今疏惟〈考工〉一篇，輪蓋周徑，校密率於圜瓠，柯欘倨句，證弧角於西筭；餘咸據古緯史志及唐以前筭經占經為釋。後世新法，古所未有，不可以釋周經及漢注也。如鄒伯奇《學計一得》，以西法推〈大司徒〉土圭測景，謂非營雒時實測。雖據密率，然非周、漢人所知也。」

我國天文輿地之學，梓匠輪蓋之技，向極發達，以土圭之法測土深，正日景，以求地中，著於〈地官・司徒〉；〈輪人〉為蓋，〈輿人〉為車，〈輈人〉為輈，〈築氏〉為削，〈桃氏〉為劍，〈鳧氏〉為鍾，《周禮》有〈考工〉之記。故《周髀算經》，以勾股之法，度天地之高厚，推日月之運行；〔註35〕《九章算術》有立四表以望遠，及因木而望山之術，〔註36〕皆足以明古道術之淵源。今先生訓釋經注，以古術考校古制；而不以後世新法，溯周初之典，其間雖

〔註35〕見《周髀算經》鮑幹之仲祺序。
〔註36〕見劉徽《九章算術注》原序。

疏密乖牾，要爲研古之良法也，特錄數例，以志其概：

〈地官‧司徒上‧大司徒〉之職經文：「以土圭之灋測土深，正日景以求
地中。日南則景短，多暑；日北則景長，多寒；日東則景夕，多風；日
西則景朝，多陰。」注：「……凡日景於地，千里而差一寸。」

　仲容疏：詒讓案：《周髀算經》云「周髀長八尺，句之損益寸千里。」
又云「夏至之日，晷一尺六寸。髀者，股也。正晷者，句也。正南
千里，句一尺五寸；正北千里，句一尺七寸。」李淳風注引《尚書
攷靈曜》云「日永影尺五寸，日短一十三尺。日正南千里而減一寸。」
又引張衡《靈憲》云「懸天之晷，薄地之儀，皆移千里而差一寸。」
又《玉燭寶典》引《孝經說》云「立八尺竿於中庭，日中度其日晷。
冬至之日，日在牽牛之初，晷長丈三尺五寸。晷進退一寸，則日行
進退千里，故冬至之日，日中北至周雒十三萬五千里。」《淮南子‧
天文訓》云「欲知天之高，樹表高一丈，正南北相去千里，同日度
其陰，北表二尺，南表尺九寸。是南千里陰短寸，南二萬里則無景，
是直日下也。陰二尺而得高一丈者，南一而高五也。則置從此南至
日下里數，因而五之，爲十萬里，則天高也。若使景與表等，則高
與遠等也。」以上諸文，雖步算不同，而皆謂日景千里差一寸，並
鄭君所本。《周髀》李注及《隋書‧天文志》謂陸續、王蕃、姜岌並
同此說。斯乃古率疏闊，非由實測得之，故《隋志》駁之云「案：
宋元嘉十九年壬午，使使往交州測景，夏至之日，影出表南三寸二
分。何承天遙取陽城，云夏至一尺五寸。計陽城去交州路當萬里，
而影實差一尺八寸二分，是六百里而差一寸也。又梁大同中，二至
所測，以八尺表率取之，夏至當一尺一寸七分彊。後魏信都芳注《周
髀四術》稱，永平元年戊子，當梁天監之七年，見洛陽測景，夏至
日中影，長一尺五寸八分。以此推之，金陵去洛，南北暑當千里，
而影差四寸，則二百五十里而影差一寸也。況人路迂迴，山川登降，
方於鳥道，所校彌多，則千里之言，未足依也。」又《隋志》載劉
焯上疏及《周髀》李注、《開元占經》並庤日景千里差一寸之言爲非
實。《舊唐書‧天文志》又載，開元十二年，太史監南宮說始自滑州
白馬縣至豫州上蔡武津，分地測景，謂大率二百二十六里二百七十
步，影差二寸有餘。以上並糾鄭說之誤。江永云：「漢時天學未明，

所謂《考靈曜》者，漢人妄作。見日行有南北，寒暑進退，求其故不得，遂爲四游之說。又謂升降於三萬里中。鄭意地中半於三萬里，遂謂景常以千里差一寸。其說甚謬。景之差，日近天頂則少，遠天頂則多，本非平差，何得限以千里差一寸。」林頤山云：「千里差一寸，其說昉自《周髀》、《淮南》。……鄭君當後漢時，厤學尚疏，此亦時使之然。」案：江、林二說並塙，足以證古率之疏矣。（《周禮正義》卷十八，頁 715～720）

〈地官・司徒下・保氏〉經文：「六曰九數。」注：「九數，方田、粟米、差分、少廣、商功、均輸、方程、贏不足、旁要。今有重差夕桀、句股也。」

仲容疏：云「九數，方田、粟米、差分、少廣、商功、均輸、方程、贏不足、旁要」者，《九章算術》云「方田以御田疇界域，粟米以御交質變易，衰分以御貴賤稟稅，少廣以御積冪方圓，商功以御功程積實，均輸以御遠近勞費，盈不足以御隱雜互見，方程以御錯糅正負，句股以御高深廣遠。」李籍《音義》云：「諸田不等，以方爲正，故曰方田。粟者，米之未舂。諸米不等，以粟爲率，故曰粟米。衰，差也。以差而平分，故曰衰分。少廣從多，以從之多，益廣之少，故曰少廣。商，度也。以度其功庸，故曰商功。均，平也。輸，委也。以均平其輸委，故曰均輸。盈者滿也，不足者虛也，滿虛相推，以求其適，故曰盈不足。方者左右也，程者課率也，左右課率，總統羣物，故曰方程。句，短面也；股，長面也。短長相推，以求其弦，故曰句股。」案：差分即衰分，旁要即句股，古今異名耳。先鄭說並本《九章》。劉徽《九章算術注・敘》亦云：「周公制禮而有九數，九數之流則九章是矣。」與先鄭說同。（《周禮正義》卷二十六，頁 1010～1015）

〈冬官・考工記〉：「兵車之輪六尺有六寸，田車之輪六尺有三寸，乘車之輪六尺有六寸。」注：「此以馬大小爲節也。兵車，革路也。田車，木路也。乘車，玉路、金路、象路也。兵車、乘車、駕國馬，田車駕田馬。」

仲容疏：詒讓案：此經及鄭注所算圓周、圓徑，並據六觚率，與《九章算術・方田篇》圓田率同。法數雖疏，然古法本如是。圓率自祖沖之以來，所推益密，非先秦、兩漢人所得聞也。今於圓率周徑相

求，並首列古法，以明經注之本義；而附著密率，以窮法數之微焉。

（《周禮正義》卷七十四，3136頁）

首例疏注「日景於地，千里而差一寸」之法，先生援《周髀算經・卷上》之文，及李淳風注釋引《尚書考靈曜》說，與《隋書・天文志》及《舊唐書・天文志》相較，證古率疏闊，非由實測；而江永、林頤山以近世厤術勘驗經注，以爲漢時天學未明，所謂《考靈曜》者，乃漢人妄作，日景於地之差，何得限於千里一寸乎。第以《九章算術》訓〈地官・司徒保氏〉「六日九數」經文。次疏〈冬官・考工記・敘官〉，先生自明鄭注所算圓周圓徑，法數雖疏，而古術本當如是。故其於圓率周徑之求，首列古法，以明經注之本義；附著密率，以窮法數之精微；此即先生以古術訓釋古經之大畧也。

（十一）以今名詳注職方之例

先生曰：「二鄭釋經，多徵今制，攷之馬、班史志，衛應官儀，率多符合。良以舊典隊文，留遺因襲，時代匪遙，足相比況。晉、宋而降，去古彌遠，政法滋更；北周、李唐，建官頒典，雖復依放六職，而揆之禮經，多不相應。故此疏於魏、晉以後儀制，槩不援證。惟州國山川，宜詳因革，故職方輿地，備釋今名，以昭徵實之學。」

禮尚因襲，故夫子有三代損益，百世可知之訓，二鄭詁經，輒舉漢法相況，〔註37〕良以舊典隊文，因襲沿革，時代匪遙，足堪比況也。而職方輿地之名，代雖不同，而地無變更，州國山川，宜詳因革，故先生以今名備釋古地，以昭徵實。令學者討古，而無扞格之虞。

〈夏官・司馬下・職方氏〉經文：「東南曰揚州，其山鎮曰會稽，其澤藪曰具區，其川三江，其浸五湖，……」注：「……會稽在山陰。大澤曰藪。具區、五湖在吳南。浸，可以爲陂灌漑者。」

仲容疏「三江」曰：今案：三江之說，以《漢志》最爲近古可信。

〔註37〕如鄭司農於〈地官・司徒・鄉大夫〉職訓「興賢者能者」，以爲「興賢者，若今舉孝廉；興能者，若今舉茂才。」（《周禮正義》卷二十一）同官〈黨正〉「以歲時涖校比」，司農以爲「校比族師職所謂以時屬民而校登其族之夫家眾寡，辨其貴賤老幼廢疾可任者，及其六畜車輦，如今小案比（《周禮正義》卷二十二）。此司農舉漢法爲況之例。鄭康成於〈春官・宗伯上・肆師〉之職「凡國之大事，治其禮儀以佐宗伯。」鄭以爲「治，如今每事者更奏白王禮也。」（《周禮正義》卷三十七）又〈秋官・司寇下・小行人〉「都鄙用管節，皆以竹爲之」，鄭以爲「亦有期以反節、管節，如今之竹使符也。」（《周禮正義》卷七十二）

蓋江水自彭蠡以西，止有經流獨行，至彭蠡以東，乃分爲三。以今水道校之，江水自四川松潘廳羊膊嶺發源，過四川、湖南、湖北、江西、安徽，經江蘇揚州府江都縣、常州府武進江陰兩縣，即漢毗陵縣境，至通州入海，此即《漢志》之北江也。《志》於湔氐道箸其源，於毗陵詳其委，迄今二千年，經流無改，亦向無異說，而中江、南江則說多舛異。蓋《漢志》謂中江出蕪湖，至陽羨入海，其遙流無可校驗。《水經‧江水篇》今本有闕佚，故中江下流亦無見文。王象之《輿地紀勝》云「《水經》云『中江在丹陽蕪湖縣東，南至會稽陽羨入海。』今縣河東達黃池，入三湖，至銀林止，所謂中江東至陽羨，即此是也。蘇、常承此江下流，常病漂沒，後築銀林五堰以窒之。自是中江不復東，而宣、歙諸水，皆由蕪湖西達大江矣。」又《文選‧江賦》李注引《水經注》云「中江東南左會涌湖。」又引《風土記》謂涌湖在陽羨，此與《漢志》亦正合。金氏、阮氏推校眾說，謂中江即今安徽太平府蕪湖縣南之蕪湖水，古蓋本通江蘇常州府宜興縣之荊谿，故樂史《太平寰宇記》江南東道常州宜興縣下云「荊谿，《漢志》中江，即此谿也。」今宜興即漢陽羨縣地，惟蕪湖水自唐宋時築銀林五堰，中江故流遂斷不復東。又荊谿東注太湖，亦不遙入海，並與漢時異。其下流，則顧炎武、胡渭、阮元並謂即今之松江，東爲吳淞江，由上海縣入海者，與金說畧同。陳澧則謂中江蓋自今荊谿入太湖，又東爲長涇白湖，東流至常熟縣入海。今攷蕪湖水及荊谿爲中江遺跡，殆無疑義。惟入海下流尚無塙證。南江依酈說，則當由今安徽池州貴池縣西，分出一派，其下流蓋入太湖，出爲今江蘇蘇州府吳江縣運河，即漢吳縣境也。又南流至今浙江紹興府山陰縣爲浙江，《說文‧水部》浙字注所云「江水東至會稽、山陰爲浙江」者也。其下流又至今紹興府餘姚縣入海。《水經‧沔水篇》注載南江白石城至餘姚入海之蹟，文尚完備。今貴池分江之處，故瀆久湮，吳江運河與浙江又不相屬，故酈說亦無可案驗。金氏、阮氏並據酈說以證《班志》，顧炎武、胡渭、錢大昕、洪亮吉說並同。但《漢志》南江本云從吳南入海，而分江水自從餘姚入海，二文本不同，吳與餘姚南北相距殊遠，中尚隔由拳、海鹽諸縣，

似不可并爲一。況《漢志》分江水下並不云揚州川，《水經》江水下流，今本文既譌闕，酈氏〈沔水〉注又多疏謬，所說或未必合班氏之恉，故程瑤田、全祖望、戴震、錢坫、陳澧並謂分江水非即南江，其說似不可通。川流湮徙，舊籍紛互，難以決定，謹備列衆說，用資摹覈。至魏晉以來說三江者，異說甚多。《國語・越語》韋注云：「三江，松江、錢塘江、浦陽江。」《水經・沔水》注云：「松江自太湖東北流，逕七十里，江水奇分，謂之三江口，《吳越春秋》稱范蠡去越，乘舟出三江之口，入五湖之中者也。此亦別爲三江五湖，雖稱相亂，不與〈職方〉同。庾仲初〈揚都賦〉注云：『今太湖東注爲松江，下七十里有水口，分流，東北入海爲婁江，東南入海爲東江，與松江而三。』此非〈禹貢〉之三江也。」今案：庾說與〈禹貢〉釋文引《吳地記》同。《史記・夏本紀》張氏《正義》亦從其說，此別爲太湖以下之三江。酈道元謂非〈禹貢〉、〈職方〉之三江，〈禹貢〉疏亦云：「〈職方〉揚州，其川曰三江，宜舉州內大川。其松江等，雖出震澤入海，既近《周禮》，不應舍岷山大江之名，而記松江等小江之說」。是也。《吳越春秋》則以浙江、浦陽江、剡江爲三江，是又專就浙東之水言之，並與《書》、《禮》無會。又徐堅《初學記・地部》驟括孔、鄭《書注》「三江」義云：「左合漢爲北江，會彭蠡爲南江，岷江居其中。」此謂三江之分在彭蠡。以上與〈禹貢〉疏所引三江分於彭蠡爲三孔入海者義菲，疑徐氏之誤，實非鄭注也。《史記正義》引《括地志》云「〈禹貢〉三江俱會於彭蠡，合爲一江入于海。」此說與徐引鄭說略同，並顯與經違，不可依據。唐、宋以後，衆說紛異尤甚，今悉無取焉。

仲容疏「五湖」曰：云「具區、五湖在吳南」者，……詒讓案：《山海經・南山經》云「浮玉之山，北望具區。」郭注云：「今吳縣西南太湖也。」〈禹貢〉「震澤底定」，僞《孔傳》云「震澤，吳南大湖名。」孔疏云：「案《周禮・職方》，揚州藪曰具區，浸曰五湖。五湖即震澤。若如《志》云『具區即震澤』，則浸藪爲一。案：餘州浸藪皆異，而揚州同者，蓋揚州浸藪同處，論其水謂之浸，指其澤謂之藪。」胡渭云「具區，班固以爲即震澤。蓋澤自吳西南境東出爲松江，一

名笠澤，在今吳江縣界北，去吳五十里。《水經注》云『笠澤在吳南，松江在右，《國語》越伐吳，吳禦之笠澤，越軍江北，吳軍江南者是也。』宋葉夢得《避暑錄話》云「孔氏以太湖爲震澤，非是。《周官》揚州澤藪爲具區，其浸爲五湖。既以具區爲澤藪，則震澤即具區也，太湖乃五湖之總名耳。凡言藪者，皆人資以爲利，故曰藪以富得民，而浸則但水之所鍾也。今平望八尺震澤之間，水瀰漫而極淺，與太湖相接，而非太湖，自是入於太湖，自太湖入於海。雖淺而瀰漫，故積潦暴至，無以洩之，則溢而害田，所以謂之震，猶言三川皆震者。然蒲魚蓮芡之利，人所資者甚廣，亦或可隄而爲田，與太湖異，所以謂之澤藪。」黃儀云：「今土人自包山以西，謂之西太湖，水始淵深。自莫釐武山以東，謂之南湖，水極灘淺，蓋即古之震澤，止以上流相通，後人遂混謂之太湖，誤矣。」案：胡、黃說是也。具區者，太湖旁水希之地，故謂之藪，亦謂之震澤，五湖始爲太湖。《書》僞孔傳及郭璞、孔穎達、酈道元諸人並淆混莫辨。鄭此注則以其同在吳南，故牽連釋之，非謂二者爲一也。《國語・越語》云「越興師伐吳，戰於五湖。」韋注云：「五湖，今太湖。」《方言》郭注義同。《文選・江賦》李注引張勃《吳錄》云「五湖者，太湖之別名也，周行五百餘里。」《說文・水部》云「湖，大陂也。揚州浸有五湖。」案：今江南蘇州府吳縣即漢故縣，太湖在西南三十里。至五湖枝別之名，秦漢古書無文，吳晉以後異說殊眇。如《水經・沔水》注云「南江東注于具區，謂之五湖口。五湖謂長蕩湖、太湖、射湖、貴湖、滆湖也。」又云：「范蠡滅吳，返至五湖而辭越，斯乃太湖之兼攝通稱也。虞翻曰：是湖有五道，故曰五湖。」又《史記・夏本紀・正義》云：「五湖者，菱湖、游湖、莫湖、貢湖、胥湖，皆太湖東岸五灣，爲五湖，蓋古時應別，今并相連。」范成大《吳郡志》引《吳地記》說同。《太平寰宇記》江南東道湖州引韋昭《三吳郡國志》云「太湖邊有游湖、莫湖、胥湖、貢湖，就太湖爲五湖。」又云「胥湖、蠡湖、洮湖、滆湖，就太湖爲五也。」又引虞仲翔《川瀆記》云「太湖東通常州松江水，南通烏程霅溪水，西通義興荊溪水，北通晉陵滆湖，東通嘉興韭溪水。凡五通，謂之五湖。」《後漢書・馮衍傳》李注云：「滆湖、洮湖、射湖、貴湖及太湖爲五湖，並太湖之

小支，俱連大湖，故太湖兼得五湖之名。」諸書所說五湖，名各殊異，不知孰爲周秦舊名。攷《韓非子·初見秦》篇，說秦破荊襲郢，取洞庭五湖，則楚南別有五湖，與揚浸殊異。若《史記·河渠書·索隱》又引郭璞〈江賦〉，以五湖爲具區、洮滆、彭蠡、青草、洞庭。今檢郭〈賦〉並不以此爲五湖，說青草、洞庭，遠在荊域，尤與揚浸違牾，洮、滆亦本二湖，而并爲一，其說殊謬，不足據也。（以上均見《周禮正義》卷六十三，頁 2643～2648）

先生釋三江、五湖，歷引各家之說，並證之古書，驗之今地，上求下攷，至爲詳悉。唯川流湮徙，舊籍紛互，《漢書》班〈志〉雖爲近古，說北江由通州入海，而中江、南江，二千年來，經流屢更，難可徵校；致唐、宋以來，家各異趣，多與經違。具區即震澤，太湖旁水希之地，《書》僞孔傳及郭璞、孔穎達、酈道元諸家皆淆掍莫辨，先生援胡渭、黃儀之說以疏通別白之，由是則具區五湖之名，始昭若發蒙矣。

（十二）舉證古書咸揭篇目之例

先生曰：「舉證古書，咸楬篇目，以示審塙。所據或宋、元舊槧，或近儒精校，擇善而從，多與俗本不同。其文義殊別，有關恉要者，則於疏中特著某本，非恒例也。佚書則咸詳根氏，或兩書同引，而互有省改，宜兼采者，則兩箸之。用懲肊造，兼資覆勘。近代佚書輯本甚夥，然多舛誤難據。若劉逢祿《論語述何》，以何晏《論語集解》爲何休說佚文，乃沿《北堂書鈔》陳禹謨本之誤。陳氏《詩疏》，以《儀禮經傳通解》說五門制爲《尚書大傳》佚文，乃沿董豐垣輯本《書傳》之誤。並由討覈不審，故有茲失。昔儒說解，援據古籍，或尚沿俗本及刪改舊文，義恉未備者，今并檢元書勘正，此迺校讐，非改竄也。」

古書聚散無常，滋人惋憾者：或厄於獨夫之專制，〔註38〕或厄於兵燹之薦臨，〔註39〕或厄於人謀之不臧，〔註40〕至於書賈之剗刻，蠹魚之蚛蝕，皆

〔註38〕如《晉書·牛弘傳》謂：「秦皇馭宇，事不師古，始下焚書之令，此書之一厄也。」之類。
〔註39〕如胡應麟《少室山房筆叢》謂：「隋開皇之盛極矣，未幾悉灰於廣陵；唐開元之盛極矣，未幾悉灰於安、史；肅、代二宗，荐加糾集，黃巢一亂，又復蕩然；宋世圖書，一盛於慶曆，再盛於宣和，而女眞之禍成矣；三盛於淳熙，四盛於嘉定，而蒙古之師至矣。」之類。
〔註40〕如錢謙益《牧翁遺事》謂「絳雲樓災後，宋元精刻，皆成劫灰」，全謝山〈二考閣藏書記〉云：「太沖先生最喜收書，其搜羅大江以南諸家殆遍，垂老遭大

所以人存書聚，人去書亡，豈不痛可哀耶！加以舊槧新刻，本既不同，正誤
互歧，學者從事研覈，其郭公夏五之弊，實不可不特加之意。先生於舉證古
書，咸揭篇目，引述佚說，詳究根氏，其科學之求證精神，有足多也。以下
略攄數例，以申其說：

〈天官・冢宰下・酒正〉經文：「二曰醫」，注：「醫之字，從殹從酉省
也。」

　　仲容疏：云「醫之字，從殹從酉省也」者，《釋文》云：「從殹，烏
　　兮反。徐烏例反。本或作醫。」臧琳云：「醫字正從殹從酉，不當
　　言從酉省。考賈疏云：『從殹省者去羽，從酉省者去水』，則賈疏本
　　作『從醫從酒省也。』《釋文》音烏兮反，蓋已誤作殹。或作醫，
　　即醫之俗字。徐仙民音烏例反，當作蔽翳之翳，與賈疏本同。今賈
　　疏亦作『從醫從酉』，幸有去羽去水之言可考也。《說文・酉部》云
　　『醫，治病工也。殹，惡姿也。醫之性然，得酒而使，從酉。王育
　　說，一曰殹，病聲，酒所以治病也。《周禮》有醫酒。』據《說文》
　　則殹爲病容，一曰病聲，皆取會意，不從翳省。而鄭云從翳省者，
　　鄭以醫爲諧聲字。凡醞釀醴醇等字皆從酉，酉即酒也。《說文》醫
　　下云『從酉，醫之性得酒而使』，又云『酒所以治病也』，亦以酉爲
　　酒。鄭云從酒省，則凡從酒字，皆因省從酉，是酉酒不同矣。」惠
　　棟云：「文當云：從殹从酒省。」段玉裁亦改酉爲酒，云：「鄭意此
　　字俗用爲醫藥字，而其字上從殹，下從酒省，則四飲之一，乃此字
　　本義也。鄭不言从酒省殹声者，殹、翳、繄字在古音脂微齊皆灰部，
　　醫字古音在之咍部，與〈內則〉臆字同物同音。」案：惠、段說是
　　也。臧氏謂徐音及賈疏本并作「從翳從羽省」，亦足正今本之誤。
　　然徐、賈所見，仍是晉、宋以後之誤本，非鄭君之舊。又案：後鄭
　　言此者，取醫於文從酒省，證其爲酒醴之屬耳。許引此經云醫酒，
　　則亦以醫爲酒醴，〈玉藻〉五飲之酒即此。（《周禮正義》卷九，頁
　　351～352）

此攷訂鄭注「醫之字，從殹從酉省」之義，引陸氏《釋文》、徐仙民音、臧琳
釋，及賈公彥疏，則徐音烏例反，當作「蔽翳之翳」，與賈疏本「從殹省者去

　　水，卷軸盡壞，身後一火，又失大半。」

羽，從西省者去水」之說渙然合符。而今本賈疏亦作「從醫從西」，足證鄭注賈疏有經淺人擅改者。然徐、賈所見仍是晉、宋以後之誤本，非鄭君之舊可知。先生舉證古書，不徒揭其篇目，又從而審正板本是非，雖非恆例，要亦討古訂義之所必須也。

〈天官·冢宰上·小宰之職〉經文：「四曰聽稱責以傅別。」注：「傅別，故書作『傅辨』，鄭大夫讀爲『符別』，杜子春讀爲『傅別』。」

　仲容疏：云「傅別故書作傅辨，鄭大夫讀爲符別，杜子春讀爲傅別」者，《後漢書·鄭興傳》云：「興字少贛，河南開封人也。建武六年，徵爲太中大夫。好古學，尤明《左氏》、《周官》。」案：興作《周禮解詁》，見鄭〈自敍〉，注凡引鄭大夫義，皆其遺說也。（《周禮正義》卷五，174 頁）

〈夏官·司馬下·司右〉經文：「會同，合其車之卒伍。」注：「合、比、屬，謂次第相安習也。車亦有卒伍。」賈疏：「按宣十二年傳云：『其君之戎，分爲二廣，廣有一卒，卒偏之兩。』《司馬法》曰：『二十五乘爲偏』。又云：『以百二十五乘爲伍』，注：『伍重，故百二十五乘。』是其車之卒伍也。」

　仲容案：賈引《司馬法》，今本佚此文。《左傳》昭元年，孔疏服虔引《司馬法》云「五十乘爲兩，百二十五乘爲伍，八十一乘爲專，二十九乘爲參，二十五乘爲偏。」所引較賈尤備。又成七年，杜注引《司馬法》云「車九乘爲小偏，十五乘爲大偏。」並車乘部伍之名也。據賈疏，則伍是車數，而卒仍是人數。（《周禮正義》卷五十九，2483 頁）

此先生攷訂遺說佚文也。首例援《後漢書·鄭興傳》，知興著《周禮解詁》，而鄭注凡引大夫義者，皆少贛之遺說也。次例舉賈公彥疏經注「卒伍」一詞，引《司馬法》以增成其說，而案之今本，佚此文。先生並就《左傳》孔疏服虔引《司馬法》，與《左傳》杜注引《司馬法》，參綜對勘，則佚文詳略可以互見，其「卒伍」之義亦騰躍筆端矣。

三、孫撰《周禮正義》所用之方法

先生深於訓詁之學，疏理群籍，恪遵段、王。其自述撰《周禮正義》之

方法曰：「既長，略窺漢儒治經家法；乃以《爾雅》、《說文》正其詁訓，以《禮經》、《大》、《小戴記》證其制度，研撢稾載，於經注微義，畧有所寱。」〔註41〕而所謂漢儒治經家法者，即窮訓詁，究典章，宣大義微言，〔註42〕窮訓詁、究典章，考據之學也；宣微言大義，義理之學也。先生撰《周禮正義》，於古義之訓釋，古制之攷訂，自謂「疏通證明，校之舊疏爲略詳矣」；〔註43〕至於宣究微言大義，則慊以「宋、元諸儒所論多閎侈，而駢拇枝指，來盡楬其精要。顧惟秉資疏闇，素乏經世之用，豈能有所發明，而亦非箋詁所能鉤稽而揚榷也」，〔註44〕然卻寄殷望於世之君子，希由古義古制之講貫，以達《周禮》所言政教之閎意眇旨，其用心亦良苦矣。曹元弼云：「孫氏《周禮正義》，博采故書雅記，疏通證明，雖於高密碩意，間有差池，而囊括網羅，言富理博，自賈氏以來，未有及之者也。」〔註45〕

再則《周禮》爲古文之學，書多古字古言，〔註46〕學者如不以《爾雅》、《說文》正其詁訓，則書中雅辭遠詁，猶綴累晦澀，仍有其不可解者矣，更遑論義理之宣究。故先生於自訂〈周禮正義略例〉十二凡中，迭有疏通義例之語，殆即此意。

今茲所述，乃以先生自謂之研經大法爲準，並別分三事，即對於經注之校勘、駁正、詁訓是已。至於名物之考釋，禮制之說解，以文多辭緐，特於後節言之。三者之中多涉考據，然非謂先生慊言義理也；蓋先生欲於窮經研古中，發明一切義理，非如今文家空談任臆者可比耳。〔註47〕以下分目揚榷之：

（一）關於經注之校勘方面

先生自以樸學名家，則漢儒治經家法又所稔習，故於《周禮》經注之校勘多能同中求異，別有創獲。況此經晚出。西漢之世，絕無師說，表章之功，實賴向、歆父子，東漢之初博士罷廢，袁宏《後漢紀》載章帝建初八年，《周

〔註41〕見孫氏《周禮正義·序》。
〔註42〕見劉申叔〈兩漢學術發微論〉。
〔註43〕見孫氏《周禮正義·序》。
〔註44〕見《周禮正義》孫氏〈自序〉。
〔註45〕見《浙江學報》曹氏〈書孫氏周禮正義後〉。
〔註46〕見本書第二節八目〈通校經注畫一字例〉條。
〔註47〕參看繆荃孫〈黃先生（以周）墓志銘〉及劉申叔〈近代漢學變遷論〉。

官》與《古文尚書》、《毛詩》同置弟子，厥後傳授漸盛，而今文經師若何休、臨（林）碩之徒，并發難端，競相排詆；唐趙匡《五經辨惑》、陸淳《春秋纂例》，謂此經為後人附益，宋、元諸儒更重性貤謬，異論彌夥。至於《唐石經》、《孟蜀石經》，及宋槧諸本，版本文字多有異同，故先生於《周禮》之校勘致力特多，蓋欲由校勘而指通詁訓也。

（1）以文例校之

先生事校勘之役，輒由文例以求之。蓋古人語言得著於竹帛，綴字成語，綴語成辭，馳騁其辭，錯綜連屬以成文，故其字句文法有不期然而整齊畫一者；後人讀之，往往可就全書之中，尋繹若干文例與字例；其中偶有不合者，或因變文，或由疏漏，校者得參綜義例以正其牾。先生嘗用此法以校《周官》，茲錄其例於次：

〈春官・宗伯上・大宗伯〉之職經文：「以肆獻祼」。注：「獻，獻醴，謂薦血腥也」。

仲容疏：云「獻，獻醴，謂薦血腥也」者，以上下文例校之，「薦血腥」下當有「時」字，此謂當三獻、四獻之節也。（《周禮正義》卷三十三，1335 頁）

〈春官・宗伯下・鍾師〉經文：「凡樂事，以鍾鼓奏〈九夏〉：〈王夏〉、〈肆夏〉……」注：「呂叔玉云：『〈肆夏〉、〈繁遏〉、〈渠〉，皆〈周頌〉也。〈肆夏〉，〈時邁〉也。〈繁遏〉，〈執競〉也。〈渠〉，〈思文〉。」

仲容疏：引呂叔玉云「〈肆夏〉、〈繁遏〉、〈渠〉，皆〈周頌〉也。〈肆夏〉，〈時邁〉也。〈繁遏〉，〈執競〉也。〈渠〉，〈思文〉」者，《釋文》：「執競音競，《詩》作競。」，案：競蓋競之俗體。「思文」下，汪道昆本及明監本、毛本並有「也」字。〈大射儀〉賈疏及《左傳・釋文》、孔疏，《詩・周頌・時邁》孔疏，引此注並同。以文例校之，疑舊本誤挩。呂叔玉蓋漢經師治《周禮》者。（《周禮正義》卷四十六，1890 頁）

〈秋官・司寇上・庶氏〉經文：「……以嘉草攻之。」

仲容疏：「以嘉草攻之」者，「嘉草」上《唐石經》及舊本竝無「以」字，惟《蜀石經》有。以〈翦氏〉文例校之，有者是也，今據增。（《周禮正義》卷七十，2924 頁）

（2）以六書之例校之

六書者，文字、聲音、義理之總匯也：有指事、象形、形聲、會意，而字形盡於此矣；字各有音，而聲音盡於此矣。有轉注、叚借，而字義盡於此矣。〔註48〕故十四篇，五百四十部，九千三百五十三文，重一千一百六十三，解說凡十三萬三千四百四十一字，始一終亥，知化窮冥。〔註49〕於六藝羣書之詁，皆訓其意；天地山川艸木蟲魚，世間人事，莫不畢載；古來博學碩儒，均用之爲通經問字之依據。然古經緜蕝，書缺簡脫，雖欲畢羅萬有，而亦間有失載。故先生校勘《周禮》，於字不見於《說文》者，輒以六書之例以正其歸屬，明字原也。茲錄例如次：

〈夏官・司馬上・大司馬之職〉經文：「三鼓摝鐸」。注：「鄭司農云：『摝讀如弄。』」

　　仲容疏：鄭司農云「摝讀如弄」者，段玉裁云：「此擬其音也。《釋文》云『摝音鹿，李扶表反。』」盧文弨云：「李音必所見本或從鹿，然二字皆不見《說文》。」案：李軌本蓋當如盧說。然摝字以六書之例求之，當从手鹿聲，鹿弄一聲之轉。李音爲摝，則與二鄭讀皆不合，蓋傳寫之誤。（《周禮正義》卷五十六，2339頁）

〈冬官・考工記・玉人之事〉經文「侯用瓚。」注：「瓚，讀爲饡屨之屨。」

　　仲容疏：云「瓚，讀爲饡屨之屨」者，葉鈔《釋文》及賈疏述注，「讀」下皆無「爲」字。段玉裁據刪，云「瓚讀饡屨者，謂其音同屨也。案《釋文》云『瓚，才旱反。司農音讚。』然則陸本『瓚，讀饡屨之屨』六字在『玄謂』之上，與賈本不同，疑陸筆誤。」錢大昕云：「據《玉篇》，屨即饡之古文。《說文・食部》云『饡，以羹澆飯也。』《禮記・內則》云『小切狼臅膏，以與稻米爲酏。』注『狼臅膏，臆中膏也。以煎稻米，似今膏屨矣。』《釋名》『胺，饡也，以米糝之，如膏饡也。』賈疏謂漢時有膏屨，蓋本〈內則〉注。《集韻》『屨，以膏煎稻爲酏。』與賈疏合。」王引之云：「〈內則〉釋文「屨，本又作饡，又作屨，并同之然反，又音贊。」案：屨字《說文》缺載，以六書之例求之，屨蓋從食，屢省聲，字當作『饡』。俗書譌作『屨』，則諧聲之理不明。其又作屨者，饡之省耳。《楚辭・九思》『時混混

〔註48〕見段玉裁《說文解字注・敘》。
〔註49〕見《說文解字》第十五卷下，汝南〈許沖上書〉。

－131－

兮澆饡』，注云『饡，餐也。混混，濁也。言如澆饡之亂也。』則屡有雜亂之義，故〈玉人〉注讀瓚爲屡，而訓爲雜，聲中兼義也。」案：王說是也。(《周禮正義》卷八十，3327頁)

〈春官・宗伯下・巾車〉經文：「王后之五路：重翟，錫面朱總……」注：「故書朱總爲䰐」

仲容疏：云「故書朱總爲䰐」者，謂此經三總字，故書惟朱總之總作䰐字也。《釋文》云：「䰐，戚云檢《字林》、《蒼雅》及《說文》，皆無此字。眾家亦不見有音者，惟昌宗音廢，以形聲會意求之，實所未了。當是廢而不用乎？非其音也。李兵廢反，本或作緦，恐是意改也。」案：昌宗者，劉昌宗也。段玉裁云：「此字之誤也。字形之誤，不妨誤爲本無之字，宜眾家之不爲音也。」徐養原云：「《集韻》兼收於六至、二十廢。〈至韻〉：基位切，繒也。此因鄭注鷖總以繒爲之，故有此訓，而音終不相近，究屬譌字。」(《周禮正義》卷五十二，2163頁)

（3）以字之形音義校之

古經注之失其本眞，或以字之形近而譌者：如篆籀隸古之相亂，俗書壞體之害眞，抄胥妄改妄乙之失誤。或以音近而譌者，因古書傳授，祇憑口耳，於同音異字，或同字異音者，每滋訛誤；是以方冊紛綸，簡蠹帛裂，音訛形譌，層出不窮。子思弟子，「於穆不祀」者，音訛之異也，晉之史記，「三豕渡河」者，文變之謬也。蓋古書由形、音致誤外，或有以其字之義訓相類而誤者；如昭十二年《公羊傳》云：「伯于陽者何？公子陽生也。子曰：我乃知之矣。」何注：「案《史記》知公誤爲伯，子誤爲于，陽在，生刊滅闕。」夫公與伯形音皆不相近，直以同爲爵名，義訓相類，而抄胥失檢，誤爲他字。先生校勘經注，於此特加之意，如：

〈冬官・考工記・梓人〉經文：「厚脣弇口，出目短耳，大胷燿後……」注：「燿讀爲哨，頎小也。」

仲容疏：「燿讀爲哨，頃小也」者，頃，余仁仲本作「頎」，注疏本及《群經音辨》並同。《釋文》作「頃」，云「音傾，李一音堅。」惠士奇云：「馬融〈廣成頌〉曰『鷙鳥毅蟲，倨牙黔口，大匈哨後。』然則燿一作『哨』，音義宜然，康成讀從之，本師說也。燿一作『臞』，

細小之貌，與哨通。臞一作「膠」，《爾雅》曰『臞、脉，瘠也。』瘠則細小，音異而義同。」段玉裁云：「《說文》『哨，不容也。』《記投壺》曰：『枉矢哨壺。』哨是頃意，不容是小意。頃，今傾字，頃，不正也。或作『頎』，李音懇。《釋文》本作『頃』，是賈疏本作『頎』，非。」案：此經無作臞之本，惠說蓋據〈大司徒〉釋文及〈廛人〉疏而言。以音義攷之，此經訓頃小者宜作「膠」。臞，〈大司徒〉、〈廛人〉注訓瘠瘦者，宜作「臞」，二字形近，故多互譌。頃小之義，當如段說。（《周禮正義》卷八十一，頁3380～3381）

〈冬官・攷工記・弓人〉經文：「夫角之本，蹙於腦，而休於氣」

仲容疏：「夫角之本，蹙於腦而休於氣，是故柔」者，蹙，葉鈔本《釋文》作「慼」。案：〈總敘〉「慼數」，字亦作「慼」。段玉裁云：「蹙俗字。」腦，《釋文》云：「本又作腦。」莊述祖云：「《說文》『𡿺，頭髓也。從匕。匕，相匕著也。巛象髮，囟象腦形。』《玉篇》『𡿺或作腦，亦作腦。』〈攷工記〉作『腦』，於六書無所取義，但相傳以爲古文奇字，而不敢易。不知𡿺從匕從囟，囟即古文囟字，字作『𣇃』，是古文𡿺當作『𣇃』，故隸譌作『腦』，或作『𡿺』耳。」案：莊說是也。以字形推之，蓋巛囟變爲兩止，移匕於右，又到其形，遂變成刀。隸古譌變，往往如是。《墨子・襍守上篇》云：「寇至，先殺牛羊雞狗鳥鴈，收其皮革筋角脂腦羽，皆剝之。」「腦」亦即「𡿺」字之譌變，與此經「腦」字同。（《周禮正義》卷八十六，頁8484～8485）

（4）以他書校之

先生校《周禮》，往往引用他書以爲勘讞經注之參攷；誠因《周官》爲有周一代之大法，後人著述，或述典禮，或說故實，莫不相與因襲，而枹鼓遙契，故得援爲校字之佐證焉。示例如下，以見梗概：

〈地官・司徒下・質人〉經文：「掌稽市之書契，同其度量，壹其淳制，……」注：「玄謂淳讀如『淳尸盥』之淳。」

仲容疏：云「玄謂淳讀如淳尸盥之淳」者，賈疏云：「後鄭不從杜子春純者，純止可爲絲爲緇，不得爲幅廣狹，故讀從〈士虞禮〉『淳尸盥』之淳。」段玉裁云：「讀如淳尸盥者，擬其音也。」案：段說是也。據〈內宰〉注，故書作敦，今書作淳，子春依《禮》逸經作純。

此經則故今書並作淳，後鄭於二職并依作淳之本，淳純字通，不煩破字，故義同子春，而字則仍而不改，但引〈士虞禮〉以擬其音。賈說非是。（《周禮正義》卷二十七，1079 頁）

〈春官・宗伯・敍官〉：「大師，下大夫二人；小師，上士四人；瞽矇，上瞽四十人，中瞽百人，下瞽百有六十人；眡瞭三百人；府四人，史八人，胥十有二人，徒百有二十人。」

仲容疏：云「府四人，史八人，胥十有二人，徒百有二十人」者，《乾隆石經》無此十七字。賈疏云：「此下直云瞽矇三百人，無府史胥徒者，以其無目，不須人使，是以有眡瞭三百人而已。」又云：「案其職，大師、小師及瞽矇、眡瞭四者皆別職，又無府史，而并言之者，以其大師、小師爲長，故連類言之。」馮登府謂賈疏兩言無府史胥徒，此十七字爲後人所補。阮元則謂四官分職，府史胥徒統屬於四官，故經文合併爲一條，如大司樂、樂師之例。案前後諸樂官，並有府史胥徒，不宜此四職獨無，阮說是也。但數官同屬，此經常見，疏例並止云別職同官，共府史胥徒而已。此疏特詳釋之，與它職不同，似所見本實無此四句。然《唐石經》及宋以來版本並有，賈本實未盡善，今未敢據刪。（《周禮正義》卷三十二，1270 頁）

〈春官・宗伯上・肆師〉之職經文：「以歲時序其祭祀及其祈珥。」注：「傳曰：『用之者何？蓋叩其鼻以衈社也。』」

仲容疏：引傳曰「用之者何，蓋叩其鼻以衈社也」者，《公羊傳》云「惡乎用之？用之社也。其用之社奈何？蓋叩其鼻以血社也。」《穀梁傳》云「用之者，叩其鼻以衈社也。」引之者，證珥當作衈也。段玉裁云「《公羊傳》『衈社』，今本作『血社』，誤。郭注《山海經》引作『聏社』。」惠士奇云：「《山海經・東山經》曰『祠毛用一犬，祈聏用魚。』注云『以血塗祭爲聏也。《公羊傳》云「蓋叩其鼻以聏社」，音釣餌之餌。』《玉篇・耳部》『以牲告神，欲神聽之曰聏』，蓋用祈神聽，故聏從申。衈，《周禮》皆作珥，古文假借。《釋名》『珥，耳也，言似人耳之在面旁也。』從申從血，後人所加，故《說文》不載。」詒讓案：《山海經》「祈聏」「刉」作「祈」，與此經合。「衈」作「聏」，則詭異不合六書，疑非古字。郭引《公羊》亦作「聏」，蓋就彼經文改字，然可證《公羊》本不作「血社」也。（《周禮正義》

卷三十七，頁 1470～1471）

（5）以本經校之

同書中述辭比事，其行文措意，理當較若合符，若此篇殊於彼篇，或本篇上下不合，學者皆可就本書之特例以糾其繆而攷其缺。先生校《周禮》，恒以經文之次推之，全經字例校之，或通校全經之語，皆發明以本書校字之法也，茲舉例明之：

〈地官・司徒下・載師〉經文：「其漆林之征二十而五。」注：「故書『漆林』為『桼林』，杜子春云：『當為漆林。』」

> 仲容疏：云「故書漆林為桼林，杜子春云當為漆林」者，《說文・桼部》云「桼，木汁可以䰍物也。」〈水部〉云「漆水出右扶風杜陵岐山，東入渭也。」經典通借漆為桼，故杜亦從之。此以借字易正字，猶〈鍾師〉故書「内夏」，内自是正字，而杜從借字易為納；〈玉人〉故書「稍氣」，氣亦是正字，而杜從或體易為䐓也。《釋文》作桼，雖正字，而與注不合。蓋此經與注自有常用之字例，不能盡以正字繩之。通校全經，凡漆字之見於經者，〈司几筵〉、〈巾車〉、〈職方氏〉、〈輪人〉、〈弓人〉皆不作桼。見於注者、〈角人〉、〈㐩人〉、〈司几筵〉、〈小師〉、〈笙師〉、〈巾車〉、〈輪人〉、〈輈人〉、〈弓人〉亦皆不作桼。其漆、桼錯出者，惟此職，《釋文》或本作桼，〈巾車〉注則作漆者七，作桼者三，自是傳寫錯互，不足以淆經注之通例也。（《周禮正義》卷二十四，966 頁）

〈春官・宗伯下・大卜〉經文：「掌《三夢》之灋，一曰《致夢》，二曰《觭夢》，三曰《咸陟》。」注：「咸，皆也。陟之言得也，讀如『王德翟人』之德。言夢之皆得，周人作焉。」

> 仲容疏：云「周人作焉」者，以經文之次推也，《致夢》夏作，則《觭夢》殷作，《咸陟》周作也。（《周禮正義》卷四十七，1934 頁）

〈秋官・司寇上・大司寇〉之職經文：「凡邦之大事，使其屬躐。」注：「故書躐作避」。

> 仲容疏：云「故書躐作避，杜子春云，避當為辟，謂辟除姦人也」者，段玉裁云：「杜從作避之本，而改為辟。」丁晏云：「〈小司寇〉『前王而辟』，先鄭云：『為王道辟除姦人。』〈士師〉『王燕出入則

前驅而辟』，後鄭云：『道王且辟行人。』《孟子》『行辟人可也』，趙注：『辟除人，使卑辟尊，可爲也。』故杜君讀避爲辟。」詒讓案：《說文・辵部》云「避，回也。」〈辟部〉云「辟，法也。」辟除爲辟法引申之義，其字當作辟；辟除而使人回避，其字當作避。《左傳》成五年傳「晉伯宗辟重，曰辟傳。」彼《釋文》上辟字音匹亦反，下辟字音避，最爲分析。此經字當作辟，而故書作避，義亦得通。杜以〈閽人〉、〈小司寇〉、〈士師〉、〈鄉士〉、〈遂士〉、〈縣士〉、〈訝士〉、〈朝士〉、〈野廬氏〉、〈條狼氏〉諸職並作辟、故依全經字例校定從辟、而訓爲辟除。〈閽人〉注云：「辟，辟行人使無干也。」（《周禮正義》卷六十六，2761 頁）

（二）關於經注之駁正方面

駁正經注者，直舉經注說解之失也。如鄭注賈疏，或因未深究經義，或由執注以說經，或因於周公制禮之始意欠憭，或由以後世法度稱說，而毫釐之差，致千里之謬，此不可不愼也。故先生於校勘之外，輒能綜理經義，審繹注釋，或據本經互勘以駁，或參校他書以正，每有糾繆，皆能講明經義，深中肯綮。今逐類而證明之，以見先生之識見誠有大過人者也。

（1）審繹經義以駁之

〈秋官・司寇下・朝大夫〉經文：「凡都家之治於國者，必因其朝大夫，然後聽之；唯大事弗因。」注：「謂以小事文書來者，朝大夫先平理之，乃以告有司也。」

仲容疏：注云「謂以小事文書來者，朝大夫先平理之，乃以告有司也」者，謂都家之有司，有小事以文書請於國者，則先達朝大夫，朝大夫先平理其是非，而後告於國有司也。今審繹經義，都家之治必由朝大夫而達者，以防其詐僞及壅遏耳。此官所主者，傳達徵令之事，似無平理之權，鄭說恐非經義。（《周禮正義》卷七十三，3099 頁）

〈天官・冢宰下・司書〉經文云：「凡稅斂，掌事者受灋焉。及事成，則入要貳焉。」注：「法猶數也，應當稅者之數。成猶畢也。」

仲容疏：「凡稅斂，掌事者受灋焉」者，稅斂通任地、任民之征賦言之。法即前九職、九正之法。掌斂事之官並於此官受法數，依而斂

之也。掌事，謂地治之吏及執事，凡專司徵斂者皆是。賈疏謂若地
官閭師、旅師諸徵斂之官。今攷凡征賦，國中、四郊，閭師斂之；
鄉遂，鄉師、遂師與閭師同斂之；公邑，縣師斂之。旅師唯斂三粟，
則非稅斂之正也。賈說未晄。（《周禮正義》卷十二，頁 482～483）

〈春官・宗伯上・肆師〉經文：「立大祀，用玉帛牲牷；立次祀，用牲幣；
立小祀，用牲。」注：「鄭司農云：『大祀，天地。次祀，日月星辰。小
祀，司命以下。』玄謂大祀又有宗廟，次祀又有社稷、五祀、五嶽，小
祀又有司中、風師、雨師、山川、百物。」

仲容疏：云「玄謂大祀又有宗廟，次祀又有社稷、五祀、五嶽，小
祀又有司中、風師、雨師、山川、百物」者，並據〈大宗伯〉文補
先鄭之義。次祀舉五嶽者，以晄四望也。……金鶚云：「大祀用玉帛
牲牷。〈典瑞〉言圭璧以祀日月星辰，兩圭為邸以旅四望，璋邸射以
祀山川。是日月星辰四望山川皆有玉，豈非大祀乎，何得以日月星
辰、五嶽為次祀，山川為小祀也？〈大宗伯〉「以血祭祭社稷，五祀
五嶽」，五嶽既為大祀，而社稷、五祀在五嶽上者，何反列於次祀乎？
司中、司命、風師、雨師與星辰同，何得下列於小祀乎？」案金說
與二鄭不同。以經攷之，〈司服〉祭服，〈大司樂〉樂舞，或別有取
義，不定以尊卑為差次，固不必強為傅合。但以〈典瑞〉祭玉推校，
日月、星辰、四望、山川用玉，固有明文。而依王氏《訂義》引崔
靈恩說，司中、司命、風師、雨師亦有禮神之玉，則亦不得為次祀。
金說不為無徵。即司民、司祿亦是星辰，無由定其必不得與司中、
司命同用玉，然則天神無次祀矣。竊謂經凡言祭祀，惟〈酒正〉及
此職分三等，餘職皆止分大小二等，疑次祀亦并入大祀，其差次難
以詳定。若然，此經以玉帛牲幣之有無為三等祀之差，亦約畧區分，
不能盡以此推決也。（《周禮正義》卷三十七，頁 1466～1467）

以上三例，首例為先生審繹經義，謂都家之治必由朝大夫而達者，蓋防詐偽
及壅遏耳，似無平理之權，鄭注謂朝大夫先平理之，乃以告有司，恐非經義。
次由〈天官・冢宰・司書〉經文，知稅斂掌事者，凡專司徵斂者皆是；而賈
疏謂若〈地官・閭師〉、〈旅師〉，似尚未晄經義，且〈旅師〉唯斂三粟，則亦
非稅斂之正也。至於〈春官・宗伯・肆師〉之職，言祭祀分大祀、次祀、小
祀三等，金鶚說經與二鄭不同，先生以經攷之，經凡言祭祀，惟酒正及此職

分三等，餘皆止分大、小二等，此經以玉帛牲幣之有無爲三等祀之差，亦約署區分，不能盡以此推決也。

（2）審繹注義以駁之

〈春官・宗伯下・大司樂〉經文：「以六律、六同、五聲、八音、六舞大合樂，以致鬼神示……」注：「大合樂者，謂徧作六代之樂，以冬日至作之，致天神人鬼；以夏日至作之，致地祇物魃。動物，羽臝之屬。」

　　仲容疏：賈疏云：「皆〈神仕職〉文。案彼注，致神鬼於祖廟，致物魃於壇墠，蓋用祭天地之明日。若然，此經合樂，據三禘正祭天，而引彼天地之小神及人鬼在明日祭之者，但彼明日所祭小神用樂無文，彼鬼既多，合樂之時，當與此三禘正祭合樂同，故彼此文同稱致。但據彼正祭，祭天地大神，無宗廟之祭，祭天明日兼祭人鬼，與此爲異也。」詒讓案：賈述鄭義，謂此經即後文三禘之合樂，然鄭意果如是，不宜絕不及二至正祭，而反舉明日致神示鬼魃之禮，賈說似非鄭恉。審繹注意，蓋以經大合樂云「致鬼神示」，又云「以作動物」，與〈神仕〉文巧合，故據以爲說，並非謂二至三禘之合樂也。（《周禮正義》卷四十二，頁 1736～1737）

〈夏官・司馬下・弁師〉經文：「弁師掌王之五冕，皆玄冕，朱裏，延，紐。」注：「……延，冕之覆，在上，是以名焉。」

　　仲容疏：「〈玉藻〉注云：「延，冕上覆也。」賈疏云：「〈玉藻〉注言雖不同，義則不異，皆以玄表覆之在冕上也。以爵弁前後平，則得弁稱。冕則前低一寸餘，得冕名，冕則俛也，以低爲號也。」〈玉藻〉孔疏云：「用三十升之布，染之爲玄，覆於冕上，出而前後。冕謂以版爲之，以延覆上，故云『延，冕上覆也』。但延之與版，相著爲一，延覆在上，故云延也。故〈弁師〉注『延，冕之覆，在上，是以名焉』，與此語異而意同也。皇氏以〈弁師〉注『冕，延之覆，在上』，以〈弁師〉經有冕文，故先云『冕，延之覆在上』。」……詒讓案：今諦審注意，實謂延覆冕上，前後引出而長，故名爲延。《爾雅・釋詁》云「延，長也」，即其義也。此與〈玉藻〉注以冕上覆釋延正同。孔謂此注釋延不釋冕，蓋深得鄭恉。……皇、賈說並誤。延字又作「綖」。（《周禮正義》卷六十，2525 頁）

〈冬官‧考工記‧輪人〉經文：「五分其轂之長，去一以為賢，去三以為軹。」注：「……凡大小穿皆謂金也。」

> 仲容疏：云「凡大小穿皆謂金也」者，金謂釭鐵也。云「今大小穿金厚一寸，則大穿穿內徑四寸五分寸之二，小穿穿內徑二寸十五分寸之四，如是乃與轂相稱也」者，……鄭珍云：「兩穿有內外徑者，孔頭必嵌金釭，使與軸之鐧相摩切。作孔之時，預儲嵌金厚一寸之地，圍徑自寬多二寸，深則止足容金，自內即圍徑與軸等大，故有內徑外徑。及嵌金之後，外亦與軸等大，而其孔是金，非仍木也。故曰凡大小穿皆謂金也。」詒讓案：注大小穿內徑，賈疏無釋，鄭子尹則謂轂中當輻之外釭金盡處為內徑，其說雖可通，但諦玩注意，似指釭金面軸之空為穿內徑，指轂木面釭之空為穿外徑。內徑、外徑並據轂兩崮露見者而言。若轂內釭金盡處面於空中，則當以去轂中遠近消息以為其度之弘殺，不能與釭口平也。（《周禮正義》卷七十五，3159頁）

此三例皆審繹注意以駁各家之誤釋。首駁賈疏鄭義，謂此經即後文三禘之合樂，然鄭意果如是，不宜絕不及二至正祭，而反舉明日致神示鬼魅之禮，賈說非鄭恉。次駁皇侃、賈疏釋鄭注「延，冕之覆，在上，是以名焉」，以玄表覆之在冕上為訓，並以延作綖，皆誤。末例鄭注〈輪人〉謂凡大小穿皆謂金也，賈疏無釋，清儒鄭子尹謂轂中當輻之外釭，金盡處為內徑，說似可通，但諦審注意，仍略有出入也。

（3）通校經注以駁之

〈地官‧司徒上‧小司徒之職〉經文：「及大比六鄉四郊之吏，平教治，正政事，攷夫屋……」注：「四郊之吏，吏在四郊之內主民事者。」

> 仲容疏：注云「四郊之吏，吏在四郊之內主民事者」者，賈疏云：「遠郊之外為六遂，內為六鄉。六鄉之民非直在城中，亦在四郊，故比長閭胥六鄉之吏等布在四郊之內，主民事者也。」案：賈蓋依鄭〈載師〉注，說遠郊之內二十四萬夫地，六鄉受十五萬夫，餘九萬夫，以廛里、場圃、宅田、士田、賈田‧官田、牛田、賞田、牧田九者，各受一萬夫，適盡九等。田里雖在六鄉之外，亦附屬六鄉，故賞田〈司勳〉謂之六鄉之賞地是也。是則遠郊以內盡屬六鄉，以外更無餘地，故謂四郊之吏即六鄉之吏在四郊者。審如是，則言六鄉已足

晐四郊，經文何其複而贅乎？今通校經注，竊謂鄉與郊通言之，則鄉包於郊內，析言之，則郊自處於鄉外。賈并爲一，非也。（《周禮正義》卷二十，816 頁）

〈地官・司徒下・遂人〉經文：「大喪，帥六遂之役而致之，掌其政令。及葬，帥而屬六綍。及窆，陳役。」注：「綍，舉棺索也。」

仲容疏：云「綍，舉棺索也」者，綍與紼同。……〈雜記〉注云：「綍、引，同耳。廟中曰綍，在塗曰引。」〈檀弓〉「弔於葬者必執引，若從柩及壙皆執紼」。注云：「車曰引，棺曰紼。」〈喪大記〉言葬用輴，四綍，注云：「在棺曰綍，行道曰引，至壙將窆又曰綍。」〈既夕禮〉注云：「引，所以引柩車。在軸輴曰紼。」《左》宣八年傳「冬，葬敬嬴，旱無麻，始用葛茀。」杜注云：「茀所以引柩，殯則有之，以備火，葬則以下柩。」孔疏云：「《禮》茀字或作紼，或作綍，繩之別名也。紼者，所以引柩。於殯則已有之，繫於輴車，以備火災，有災則引柩以避火。及葬則用之以下柩也。」案：孔說是也。統覈諸經注，蓋綍與引同爲大索，以麻爲之。柩殯於廟時，則繫於輴車，以備遷舉。及將葬，載柩於車時，亦以綍舉而載之。既至壙，又以綍繫於輴車，舉而下窆也。（《周禮正義》卷二十九，1142 頁）

〈春官・宗伯上・典瑞〉經文：「駔圭璋璧琮琥璜之渠眉，……」注：「渠眉，玉飾之溝瑑也。」

仲容疏：云「渠眉，玉飾之溝瑑也」者，《呂氏春秋・上農篇》高注云：「渠，溝也。」《御覽・天部》引《元命苞》云「玉之爲言溝刻也。」宋均注云：「溝謂作器。」案：溝瑑，謂玉之瑑刻窅突文。《漢書・律厤志》孟康注說竹節爲溝節，與此相類。後鄭此義與先鄭畧同。賈疏云：「此六玉兩頭皆有孔，又於兩孔之間爲溝渠，於溝之兩畔稍高爲眉瑑。」案：依賈說，則六玉皆有孔。諦審經注義，似唯疏璧琮有孔，其餘四玉則有渠眉而無孔，賈說未塙。琮八方，有好，詳〈大宗伯〉疏。（《周禮正義》卷三十九，1598 頁）

此通校經注以駁後釋之誤也，如首例賈公彥本鄭氏〈載師〉注說遠郊以內盡屬六鄉，以外更無餘地，故謂四郊之吏即六鄉之吏在四郊者；審如是，則六鄉已足晐四郊，經言「六鄉四郊之吏」，何其複贅如是乎？故先生通校經注，知鄉與郊也，通言之，則鄉包於郊內，析言之，則郊自處於鄉外，而賈疏誤

并爲一，非也。次舉鄭注〈遂人〉經文「六綍」一詞「綍，舉棺索也」，先生審校〈雜記〉注、〈檀弓〉注、〈喪大記〉注、〈既夕禮〉注、《左》宣八年傳杜注孔疏，知「綍」與「紼」同，與「引」同爲大索，以麻爲之，柩殯於廟時，則繫於輴車以備遷舉，及將葬，載柩於車時，亦以綍舉而載之，至壙，又以綍繫於輴車，舉而下窆也，綍之爲用蓋如此。末考玉飾之渠眉，依賈疏則六玉皆有孔，然諦玩經注，唯璧琮有孔，餘四玉有渠眉而無孔，賈說未塙。

（4）據本經互勘以駁之

〈夏官・司馬上・司弓矢〉經文：「及其頒之，王弓、弧弓以授射甲革、椹質者，……」〈注〉：「……樹椹以爲射正。」

> 仲容疏：云「樹椹以爲射正」者，……詒讓案：椹者，凡斬斫段擊所用木石藉之通名，亦謂之質。鄭意此椹即斫斬承鈇鉞之木質，故〈弓人〉注云：「質，木椹」是也。然此注自訓質爲射正，以椹質即爲樹椹以爲射質，與〈弓人〉注小異。竊謂當以〈弓人〉注爲正。蓋甲革椹質，甲革同物，椹質亦同物，故〈弓人職〉言革質而不言甲椹。若如鄭此注，訓質爲射正，則甲革亦樹以爲射正，〈弓人〉不當獨於椹言質，且〈弓人〉言質不言椹，不又與射侯之正凊掍無別邪？要之，〈弓人〉之質與此椹質文同，義不宜異，兩經互勘，知此注爲未審矣。（《周禮正義》卷六十一，2555 頁）

〈秋官・司寇上・鄉士〉經文：「三公若有邦事，則爲之前驅而辟，其喪亦如之。」注：「鄭司農云：『鄉士爲三公道也，若今時三公出城，郡督郵盜賊道也。』」

> 仲容疏：云「其喪亦如之」者，此冢上三公爲文，亦謂三公或在國，或在鄉，其喪葬之事，此官則亦爲之前驅而辟也。賈疏謂通公卿大夫之喪，非經義。通校前後諸職，大喪大司寇前王而辟，三公之喪此官前驅而辟，六卿之喪遂士前驅而辟，大夫之喪縣士前驅而辟，其尊卑隆殺之差正相當，則此職喪不得關卿大夫明矣。（《周禮正義》卷六十七，6740 頁）

〈春官・宗伯下・小史〉經文：「小史掌邦國之志，奠繫世，辨昭穆。若有事，則詔王之忌諱。」注：「史官主書，故韓宣子聘於魯，觀書大史氏。」

> 仲容疏：云「史官主書，故韓宣子聘于魯，觀書大史氏」者，……此

經掌書之官有四：此官掌邦國之志，蓋所藏者多當代典章，韓起以《易》、《象》、《春秋》爲周禮亦是也。外史掌四方之志及三皇五帝之書，則兼藏古書，二官蓋互相備。又御史爲柱下史，天府掌祖廟之守藏，二官亦並掌藏書。周代文籍司存略具是矣。其他典法圖版之屬藏於百官府者，則不可悉數也。（《周禮正義》卷五十一，2099 頁）

據本經互勘者，即依本經全經六篇，或一經上下職互勘以駁他說，以討正解之例也。如首例鄭注〈夏官・司弓矢〉職文，訓質爲射正，與〈弓人〉注「質，木榦是也」小異，故先生綜此兩經互勘，知此注未審。次例舉〈秋官・鄉士職〉「三公若有邦事，則爲之前驅而辟，其喪亦如之」，賈疏謂「其喪亦如之」者，通晐卿大夫之喪而言；先生乃通勘前後諸職之言喪事者，其尊卑隆殺各有差等，則此職之喪不得關卿大夫明矣，故駁賈說非經義。末引〈春官・宗伯・小史〉之職，先生依注研經，並通考此經掌書之官有四：即小史、外史、御史、天府，並掌藏書，因而推知周代文籍司存，郁郁之盛，良有以也。

（5）參校他書以駁之

〈地官・司徒上・小司徒〉之職，經文云：「乃經土地而井牧其田野，九夫爲井，四井爲邑，四邑爲丘，四丘爲甸，四甸爲縣，四縣爲都，以任地事而令貢賦，凡稅斂之事。」注：「十終爲同，同方百里，萬井，三萬家，革車百乘，士千人，徒二千人。」

仲容疏：……以上並引《司馬法》文，以說井牧出軍賦之法。……今以此經及《司馬法》參互校之，王畿及侯國皆有鄉遂都鄙之異，鄉遂五五相比，斷不能爲井田。又《左傳》成元年疏云：「長轂、馬牛、甲兵、戈楯，皆一甸之民同共此物。若鄉遂所用車馬甲兵之屬，皆國家所共。知者，以一鄉出一軍，則是家出一人，其物不可私備故也。」據孔說，是鄉遂賦法，出兵而不出車。若依《司馬法》計井出車之制計之，則必王國侯國皆不立鄉遂而後可，其不合者一也。且都鄙雖爲井田之制，然疆域華離及山川所限，斷不能截然正方，亦必有畸零不井之田錯乎其間，則亦不能皆符此數，其不合者二也。又《司馬法》所計夫數，皆以一井九家爲率，則不爲公田。而據鄭〈匠人〉注則王畿之井田用貢法，無公田；邦國之井田用助法，有公田。有公田則一井止八家，一邑止三十二家，而丘甸以上之積數，皆當大減。是侯國

即不立鄉遂，盡爲井田，亦不能充此數，其不合三也。然則作《司馬法》者，未嘗不知井與不井形體不一，但分地校量，則紛互襍糅，不便計算，故設此計里令賦大略之疏率，無論井與不井，一以此通之：不過謂地方百里可出車百乘，地方三百十六里有奇可出車千乘，地方千里可出車萬乘耳。彼本不謂盡天下皆爲井田，而說者必欲牽就井數夫數，一一校覈，求其密合，其有當乎！既知其爲大略之法，則知通成丘甸二文雖異，而同爲計里出車之法，不當如賈、孔說，以爲都鄙邦國之異制。（《周禮正義》卷二十，807 頁）

〈地官・司徒上・牧人〉經文：「牧人掌牧六牲而阜蕃其物，以共祭祀之牲牷。」注：「……玄謂牷，體完具。」

　　仲容疏：云「玄謂牷體完具」者，不從先鄭說也。……後鄭意，牷從全得聲，聲亦兼義。《說文・人部》云「全，完也。」〈牛部〉云「牷，牛完全也。」完具與完全義同。《書・微子》僞孔傳、《山海經・西山經》郭注、《大戴禮記・曾子天圓篇》盧注，說並與後鄭同。又《左》桓六年傳云「吾牲牷肥腯」，杜注云：「牷，純色完全也。」則兼用二鄭之義。……今以諸經及《說文》通校之，凡言牲牷犧牷者，牲謂角體完具，牷謂毛羽純色，犧則祭牲角體完具而又兼毛羽純色也。蓋單言牲，則純毨兼有，而角體則無不完具者。（《周禮正義》卷二十三，916 頁）

〈夏官・司馬上・小子〉經文：「小子掌祭祀羞羊肆、羊殽・肉豆。」注：「鄭司農云：『……羊殽，體解節折也。……』」

　　仲容疏：云「羊殽，體解節折也」者，《說文・肉部》云「肴，啖也。」殽即肴之借字。〈曲禮〉後鄭注云：「殽，骨體也。」孔疏云：「熟肉帶骨而臠曰殽。」《左》宣十六年傳，晉侯使士會平王室，定王享之殽烝，武子私問其故，王曰：「宴有折俎」。杜注云：「烝，升也。升殽於俎。折俎，體解節折升之於俎。」〈周語〉亦說其事云「親戚宴饗則有殽烝」，又云「體解節折而共飲食之，於是乎有折俎加豆」。韋注云：「殽烝，升體解節折之俎也，謂之折俎。」……今以《禮經》、《春秋內外傳》及韋、杜、賈諸說參互攷之，脀解之法蓋有五，而實止四等。一曰全烝，全而薦之，則不解者也。……二曰房烝，謂之體薦，中分左右二體，而升其胖於俎也。……三曰豚解，解前後肱股四、

脊一、脅二爲七體也。……四曰體解，節折謂之折俎，亦謂之殽烝。
於七體中，復解前後左右肱股、脊、左右脅，各爲三體，則解爲二十
一體也。凡牲之爓熟者，必體解。……五曰骨折，謂於二十一體之中，
更折之爲多骨，若〈特牲饋食記〉，正脊二骨、脡脊二骨、長脅二骨，
及〈少儀〉「牛左肩臂臑折九箇」之類，則解之不成體者也。通而言
之，骨折亦得稱殽烝。……然則殽烝者，上關二十一體，下關不成體
之通名。先鄭以體解節折釋此羊殽，蓋專據〈周語〉，其說自當也。（《周
禮正義》卷五十七，頁 2387～2388）

先生於駁正他說或探求經恉時，亦有參校他書之例：如本節首例以〈地官‧
司徒‧小司徒〉之職經文及《司馬法》參互校之，證康成注並引《司馬法》
文，以說井牧出軍賦之法，不當如賈、孔說以爲都鄙邦國之異制也。第二、
三兩例：一以諸經及《說文》通校之，凡經言牲牷犧牲者：牲謂角體完具，
牷謂毛羽純色，犧則祭牲角體完具，又兼毛羽純色也；一以《禮經》、《春秋
內、外傳》及韋、杜、賈諸說參互考校，知古胥解之法有五，而實止四等。
其於增成先後鄭注經之義，有足多焉。故並舉之，以見先生駁覆他說，與增
廣注意之有自來也。

（三）關於經注之詁訓方面

先生於《周禮》經注之詁訓，依其略例自述：「今疏亦唯以尋繹經文，博
稽眾家爲主；注有牾違，輒爲匡紏」，又曰：「今疏於舊疏甄采精要，十存七
八……明揭賈義，不敢攘善。」其鉤沈索隱，拾遺補闕，會通群書，錯綜百
家有如是者。固精深博大，兼而有之矣！豈徒訓詁云乎哉！余觀夫《周禮正
義》之爲說也，其考稽也博，其持論也嚴，其才識也高。因此經既出於山巖
屋壁，復入祕府，自向、歆父子校理中祕，始得列敘，著於《錄》、《略》。然
而何、臨之徒，竟共排以爲非。〔註 50〕後北海鄭玄康成雜糅古今文說，成一
家言，厥後說禮之士繼踵接武者，代不乏人。是以訓釋《周禮》必須博稽眾
家，否則即無以見參校之功，參校眾家如不囿別區分，即無以察異同之見，
察異同之見如不具卓越才識，實難破古今門戶之藩籬，而定其是非。故先生
之爲說，或創一解，或措一言，必徵諸經文而無所滯礙，合諸古制而靡不條
貫，大小畢究，本末兼備，此其所以能綜漢、宋之長，而通其區畛者也。昔胡

〔註 50〕見〈賈序廢興〉引馬融《周官傳‧序》。

玉縉著《周禮正義答問》，〔註51〕條孫氏訓〈考工・輪人〉「察其菑蚤」之精當，而先生亦自謂：「諸經之不可理董者，以是求之，而奐然若引弦以知矩。益信古經文例緐密，非綜校互勘，未能通其條貫也。」〔註52〕茲節特分五目說明之：

（1）衡量其意以釋之

〈春官・宗伯下・菙氏〉經文：「凡卜，以明火爇燋，遂龡其焌契，以授卜師，遂役之。」注：「……焌讀爲英俊之俊。書亦或爲俊。」

> 仲容疏：云「焌讀爲英俊之俊，書亦或爲俊」者，段玉裁云：「契即《儀禮》之楚焞。易焌爲俊者，謂其銳頭俊健，可用開龜也。《說文・火部》曰『焌，然火也。從火夋聲。《周禮》曰「遂籥其焌」。焌火在前以焞焯龜』。」案：許說不從杜作俊，其云焞焯者，謂灼之也。」
>
> 詒讓案：杜但讀焌爲俊，而未釋其義，以意推之，似以焌爲燋之耑，故爇而吹之。其「契」，則屬下「以授卜師」爲句。杜說契以鑿龜，不以灼龜，不得與焌並吹其火也。許讀焌如字，雖與杜不同，而云焌火在前，亦即謂燋之前耑火所爇者。又讀「遂龡其焌」句絕，蓋亦以「契」下屬，與杜義訓略同，與鄭讀「遂龡其焌契」爲句異也。
>
> （《周禮正義》卷四十八，1958 頁）

〈夏官・司馬上・大司馬之職〉經文：「乃以九畿之籍，施邦國之政職。」

> 仲容疏：今攷〈禹貢〉五服之義，當以史遷、王、孔之說爲允，賈、馬說以甸服緫銍諸文爲在服外，而侯服以外四服所云采男等，則又在服內。一經前後文同義異，必不可通。鄭復據賈、馬釋甸服之義，通之侯綏四服，謂每服畸零之文，並爲禹所弼之數，在本服五百里之外。審校文義，……竊謂自禹至周，更歷三代，戶口日增，疆宇漸闢，故禹之九州五服爲五千里，周之九州王畿并六服爲七千里，每面益地千里，差較無多，理所宜有。至於蕃國三服，地既荒遠，不過因中土畿服之制，約爲區別，王會所及，蓋有不能盡以道里限者矣。要之〈禹貢〉、〈職方〉，服數既異，不宜彊爲比傅。（《周禮正義》卷五十五，頁 2294～2295）

〈春官・宗伯下・樂師〉經文：「教樂儀，行以〈肆夏〉，趨以〈采薺〉，

〔註51〕見民國 36 年 8 月出版之《浙江學報》。
〔註52〕見《九旗古義述》先生〈自敘〉。

－145－

車亦如之，環拜以鍾鼓爲節。」注：「其反，入至應門、路門亦如之。」

　仲容疏：云「其反，入至應門路門亦如之」者，賈疏云：「反入至應
　門，即是路門外，當奏〈采薺〉也；入至路門，即是門內行以〈肆
　夏〉也。但王有五門，外仍有臯、庫、雉、三門，經不言樂節，鄭
　亦不言，故但據路門外而言。若以義量之，既言趨以〈采薺〉，即門
　外謂之趨，可總該五門之外，皆於庭中遙奏〈采薺〉矣。(《周禮正
　義》卷四十四，1802頁)

先生詁訓經注，有以衡量文意或文義者，皆所以審文校義尋繹本恉也。如首例
援杜子春注而推求其意，以見杜氏讀焌爲俊，未釋其義之闕。次例係先生疏〈大
司馬〉經文，審校文義，乃上考禹夏之制，下求西周盛典，證〈禹貢〉、〈職方〉
服數既異，故後之說《周官》九畿者，不宜彊爲比傅也。末例引鄭注「趨以采
薺」，以爲「其反入至應門路門亦如之」，惟王有五門，五門之外，復有臯、庫、
雉三門，經不言樂節，鄭亦未釋，故先生旁徵賈疏，而以義量之也。

（2）推其比例以釋之

〈夏官‧司馬上‧小子〉經文：「小子掌祭祀羞羊肆、羊殽、肉豆。」注：
「肉豆者，切肉也。」

　仲容疏：云「肉豆者，切肉也」者，謂若腳臑臄炙胾膾之屬，切肉
　之盛於豆者，與骨體盛於俎別，故謂之肉豆。……江永云：「肉豆，
　庶羞也。〈特牲〉、〈少牢〉尸食舉之時，佐食羞庶羞四豆於左，尸食
　之。又云：『庶羞，小子設之』。」案：江說是也。凡祭祀有內羞，
　有庶羞。內羞，穀物，天官世婦薦之；庶羞，肉物，此官薦之。〈有
　司徹〉說下大夫不賓尸之禮，宰夫羞內羞，司士羞庶羞。宰夫與世
　婦同天官之屬，司士與小子同夏官之屬，足相比例也。(《周禮正義》
　卷五十七，2388頁)

〈夏官‧司馬下‧隸僕〉經文：「隸僕掌五寢之埽除糞洒之事。」注：「五
寢，五廟之寢也。」

　仲容疏：注云「五寢，五廟之寢也」者，謂大祖及四親廟之寢也。
　知非王之大小寢者，以宮人掌王六寢之脩，則王寢埽除糞洒之事，
　自有宮人主之，非隸僕所掌也。且叚令是王寢，則亦當云六寢，不
　當言五。若云五燕寢，則文又不備，故鄭以五廟寢爲釋也。……詒
　讓案：宗伯所脩除者爲正廟，與此官掌後寢，職掌互相備，亦官聯

也。又〈大射儀〉云「隸僕人埽侯道，司宮埽所畫物。」司宮即宮
人，隸僕人亦即此官之屬。彼畫物在堂，宮人埽之；侯道在庭，此
官埽之，與此經宮人埽王寢在內，此官埽廟寢在外，比例亦略同，
足證鄭義。(《周禮正義》卷六十，2518 頁)

〈夏官・司馬下・道右〉經文云：「自車上諭命于從車。」

仲容疏：「自車上諭命于從車」者，〈掌交〉注云：「諭，告曉也。」……
竊謂凡王出入，有副車十二乘，又有從車，則無定數。副車者，備
王自乘，爲王路之副；從車者，諸臣從王者所乘，非王路之副也。
此從車即從臣之車。凡王出入，不論乘何路，皆有從臣，即皆有從
車。《大戴禮記・諸侯遷廟》篇云「君升車，從者皆就車也。」即此
從車之塙證。盧注亦釋爲貳車，未析。〈士昏禮〉云「主人乘墨車，
從車二乘。」注云：「從者，有司也。乘貳車，從行者也。」彼雖亦
通釋從車爲貳車，而以爲從行有司所乘，則與此亦足相比例。(《周
禮正義》卷六十一，2583 頁)

此先生推其比例以訓經注之例，首例以〈有司徹〉說下大夫不賓尸禮，與〈夏
官・司馬・小子〉經文相校，則宰夫與世婦同屬天官，司士與小子同屬夏官，
二者職掌足相比例。次例舉〈夏官・司馬・隸僕〉之職，與此經宮人相校，
宮人埽王寢在內，隸僕埽廟寢在外，比例略同，足申鄭義。末引〈夏官・司
馬・道右〉之職，與鄭注〈士昏禮〉對勘，兩文足成比例。此即彼此互況，
經注之義，乃得煥然若晦之見明。

（3）通考經注以釋之

〈春官・宗伯上・大宗伯之職〉經文：「王大封，則先告后土。」注：「后
土，土神也，黎所食者。」

仲容疏：注云「后土，土神也，黎所食者」者，即上五祀之土神，
兆於南郊者也。……通校諸經注義，后土蓋有三：一爲大地之后土，
即《左傳》「履后土」是也。一爲五祀之土神，即此經「告后土」是
也。一爲社，則因后土爲社，遂通稱社亦曰后土。……但此經通例，
凡言社者，皆不云后土，故鄭釋此后土爲土神。(《周禮正義》卷三
十五，1419 頁)

〈春官・宗伯下・大史〉經文：「頒告朔于邦國。」注：「鄭司農云：『頒

讀爲班。班，布也。以十二月朔，布告天下諸侯。」

　　仲容疏：云「以十二月朔，布告天下諸侯」者，……詒讓案：先鄭
　　謂班告朔，即布告每年十二月之朔於諸侯。……告朔，即班朔，並
　　指天子以朔告於諸侯，……今通校諸經，蓋告朔本有二：一爲天子
　　告於諸侯，此經及《大戴禮》、《穀梁傳》所云是也。一爲天子告朔
　　于明堂，諸侯告朔于廟，《論語》及《公羊傳》所云是也。二禮迥別，
　　不可混而爲一。（《周禮正義》卷五十一，2087 頁）

〈冬官・考工記・輪人〉經文：「故竑其輻廣以爲之弱，則雖有重任，轂
不折。」

　　仲容疏：「故竑其輻廣以爲之弱，則雖有重任轂不折」者，……案：
　　菑之殺度，經注並無文。依戴說，則厚殺而廣不殺，江永、程瑤田
　　說同。依子尹說，則并殺其廣爲銳角形，黃以周說同。二義並通，
　　故兩存之。但審繹經文，似以不傷轂爲義，則子尹說於理尤密也。（《周
　　禮正義》卷七十五，3166 頁）

通考經注以釋之者，在別各注之同異，而定經義之是非也。一二兩例爲通究
諸經注，明后土之義有三，告朔之制有二，義自有別，禮亦迥異，故說者不
可混爲一談也。至於訓〈考工・輪人〉職經文，先生更折衷各家，取當經怡，
以爲「雖有重任轂不折」者，似以「不傷轂」爲義，其確鑿不刊，有是也夫！

（4）由本經經文互證之

〈地官・司徒上・大司徒〉之職經文：「以土宜之灋辨十有二土之名物，
以相民宅。」注：「十二土分野十二邦，上繫十二次，各有所宜也。相，
占視也。」

　　仲容疏：以土宜之灋辨十有二土之名物」者，即辨各土人民、鳥獸、
　　草木所宜之法也。此經土宜兼辨地形高下營建都邑之事言之。〈草人〉
　　云「掌土化之灋，以物地相其宜而爲之種。」〈土方氏〉云「以辨土
　　宜土化之灋而授任地者。」注云：「土宜謂九穀稙穉所宜也。」彼二
　　職土宜與土化並舉，故鄭專以穀土所宜爲釋，與此經義小異。（《周
　　禮正義》卷十八，頁 710～711）

〈地官・司徒上・鄉師之職〉經文：「大祭祀，羞牛牲，共茅蒩。」

　　仲容疏：「大祭祀，羞牛牲」者，〈大司徒〉云「奉牛牲羞其肆」，〈小

子〉云「羞羊肆」，注並釋羞肆爲進所肆解骨體。〈大司徒〉疏謂：奉牛牲謂初牽入時，羞其肆謂進骨體。此經言羞不言奉，則唯佐進骨體，不佐牽入也。賈疏謂奉牛牲鄉師亦佐大司徒，非也。（《周禮正義》卷二十一，821頁）

〈春官・宗伯上・敍官〉經文：「馮相氏，中士二人，下士四人，府二人，史四人，徒八人。」注：「馮，乘也。相，視也。世登高臺，以視天文之次序。」

> 仲容疏：云「次序者，馮相氏掌天文不變，保章氏掌天文之變，變則不依次序，不變則如常有次序，故以次序言之也。」案：依鄭、賈義，凡官稱氏者，並爲世守是職。……以全經攷之官名氏者，〈地官〉、〈春官〉各三，〈夏官〉十有四，〈秋官〉二十有三。如師氏、保氏之類，既非世守之事；至〈考工〉諸工皆世事，而稱氏者又止十有一工。然則凡以氏名官者，無由決其必爲世官矣。況此經甸師、大史諸官，本不名氏，而《禮記》、《左傳》亦稱甸師氏、大史氏，此又不必世官而後可以稱氏之證也。（《周禮正義》卷三十二，1288頁）

此先生詁訓經義，取證於本經經文之例。如首例釋「以土宜之法，辨十有二土之名物」，引同官〈草人〉經與〈夏官・土方氏〉經文，知此經即辨各土人民、鳥獸、草木所宜之法，土宜更兼辨地形高下營建都邑之事言之。次釋〈鄉師〉「大祭祀羞牛牲共茅蒩」，引〈大司徒〉與〈小子〉兩經相勘驗，知此經言羞不言奉，則唯佐進骨體不佐牽人也。至於釋〈春官・敍官〉「馮相氏」，引鄭注賈疏，以爲「凡官稱氏者，並爲世守是職」；先生以全經諸官稱氏之類，參綜研究，知古經以氏名官者，無由決其必爲世官；又不必世官而後可稱氏也。先生引證詳明，詁義精塙，足解千載傳訛之誤。

（5）參綜他書以釋之

〈天官・冢宰上・甸師〉經文：「甸師掌帥其屬而耕耨王藉，以時入之，以共齍盛。」注：「其屬，府史胥徒也。耨，芸芓也。王以孟春躬耕帝藉……」

> 仲容疏：「掌帥其屬而耕耨王藉」者，《說文・耒部》云「耕，犂也。」〈祭統〉云「天子親耕於南郊，以共齍盛。諸侯耕於東郊。」……
>
> 《續漢・禮儀志》劉注引干寶云：「古之王者，貴爲天子，富有四海，而必私置藉田，蓋其義有三焉。一曰以奉宗廟，親致其孝也。二曰

以訓于百姓在勤，勤則不匱也。三曰聞之子孫，躬知稼穡之艱難無逸也。（《周禮正義》卷八，284頁）

〈地官・司徒上・大司徒〉之職經文：「以荒政十有二聚萬民：一曰散利，二曰薄征，三曰緩刑……」

仲容疏：「以荒政十有二聚萬民」者，謂救荒之政也。云「三曰緩刑」者，易祓云：「緩刑，若朝士於邦兇荒則慮刑貶是也。」詒讓案：《周書・糴匡篇》云「大荒刑罰不脩。」《管子・入國篇》云「歲凶康，弛刑罰，赦有罪。」蓋重罪頌繫之，輕罪則赦之。（《周禮正義》卷十九，742頁）

〈春官・宗伯上・天府〉經文云：「天府掌祖廟之守藏與其禁令。」

仲容疏：「掌祖廟之守藏」者，謂版法及瑞器也。《大戴禮記・少閒篇》云「武丁即位，開先祖之府，取其明法，以爲君臣上下之節。」先祖之府即天府也。天府掌受官府鄉州及都鄙之治中而藏之，即所謂明法矣。（《周禮正義》卷三十八，1564頁）

此爲先生參綜他書訓釋《周官》之例：首例引《禮記・祭統》，《續漢書・禮儀志》劉注引干寶說，證〈天官・甸師〉「掌帥其屬而耕耨王藉」之義。次援《周書・糴匡篇》、《管子・入國篇》，釋〈地官・司徒〉職救荒之政中「三曰緩刑」之內涵與史實。末以《大戴禮記・少閒篇》文與《春官・宗伯・天府》經文互勘，證天府者掌祖廟之守藏，謂版法及瑞器也，經義較然可明。

四、孫氏治《周禮》之創獲

夫《周禮》之難治，其故可約而說也：

一曰古書殘缺：如《周禮》僅存五篇：其中全職亡失者，則有〈司祿〉、〈軍司馬〉、〈輿司馬〉、〈行司馬〉、〈掌疆〉、〈司甲〉、〈掌察〉、〈掌貨賄〉、〈都宰〉、〈都士〉、〈家士〉等十一職，其它闕挩廢滅，猶不可計焉。故〈夏官・小司馬〉之職掌，鄭注：「此下字脫滅，札爛又闕，漢興，求之不得，遂無識其數者。」仲容疏：「注云『此下字脫滅，札爛又闕』者，字脫滅及札爛，謂此職止存首尾二札，而一札之中，字復脫滅不具。札闕，謂此職中間闕文甚多，及下三職全闕。……云『漢興，求之不得，遂無識其數者』者，賈疏云：此闕與〈冬官〉所亡同日，皆爲遭暴秦燔滅典籍，漢興購求遺書不得也。」

　　二曰古制茫昧：如〈春官・大司樂〉「乃奏夷則，歌小呂，舞〈大濩〉，以享先妣。」之禮，仲容曰：「案：高堂隆議似以姜嫄惟配禘祫，而時享不及，即孔沖遠所本。而依杜說，則禘祫之外，四時有薦而無祭，與賈說又微不同。古經無可質證，未能定其孰是。」又如〈地官・族師〉「春秋祭酺，亦如之。」之禮，仲容曰：「酺之爲祭，古書別無所見。步爲祭名，自〈校人〉『馬步』外，又見《大戴禮記・誥志篇》，云：『天子崩，步於四川，代於四山。』則祭川亦謂之步矣。又《儀禮經傳通解續》引《洪範五行傳》云：『惟元祀，帝令大禹步于上帝，惟時洪祀六沴用咎于下。』此步或即祈禳六沴之祀名，與〈誥志〉『步四川』義略同。鄭《五行傳注》訓步爲推演天道，似失其義。至此注蟓螟之酺，人鬼之步，莕溥時世俗祈禳小祀之名，今無可考。……古制茫昧，未能定也。」

　　三曰古文簡奧：如《周禮》有故書、今書，文有詳此而略彼，舉外以包內，舉近包遠，舉多晐少，以及相對爲文，前後互備，省文倒文，互文，變例等。故仲容曰：「此經爲周代法制所總萃，閎章縟典，經曲畢晐。」，

　　四曰異說紛紜：如有一制而同書異說者：〈大宗伯〉之社稷，即〈司服〉之社稷，一則在山川上，一則在山川下，則同書而前後違牾也。有一文而數家異說者，如經用古字，注用今字，經用叚字，注從今字之類，往往差互。亦有同一師承，立說復不齊一者：如《周官傳》馬融譏鄭眾獨以〈書序〉言成王既黜殷命，還歸在豐作《周官》，則此《周官》也，失之矣。又譏賈逵以爲六鄉大夫則冢宰以下及六遂爲十五萬家，絪千里之地，其謬焉。鄭、賈、馬三家，淵源相承，說之歧異如此。

　　禮學奧博，復益以四事，彌覺研覈之難，此所以有講誦師說，至於百萬，猶有不解者也。〔註53〕研禮所據，有明文，有師說〔註54〕先生治《周禮》，以尋釋經文，博稽眾家爲主。如注有違牾，輒加匡糾；疏存精要，即行甄采，其於古義古制之宣究，尤爲深切著明。是以其致力也勤，其創獲也偉。茲綜其獨得之見：因古經之有殘闕，乃考《周禮》命名之由來，辨《周禮》之眞

〔註53〕〈儒林傳〉云：「小夏侯說文，恭（秦恭）增師法至百萬言。」師古云：「言小夏侯本所說之文不多，而秦恭又更增益，故至百萬言也。」〈藝文志〉云：「後世經傳既已乖離，博學者又不思多聞闕疑之義，而務碎義逃難，便辭巧說，說五字之文，至於二三萬言。」桓譚《新論》亦云：「秦近君能說〈堯典〉篇目，兩字之說至十餘萬言，但說『曰若稽古』三萬言。」

〔註54〕黃季剛先生《禮學略說》云：「說禮所據，有明文，有師說。明文者，禮之本經，《周禮》、《儀禮》是是；師說有先後，先師說非無失違，後師說非無審諟，要其序不可亂也。」

偽及其成書時代，並討其傳授之編緒，與闕佚篇目之內容，以及說〈考工〉補〈冬官〉之故。因古制茫昧，有考訂《周禮》所述之古制。因名與物必相應，有說解《周禮》所載之名物。至於發明《周禮》全經之大例，離析經記用字之異同，多能爬羅剔抉，探賾索隱，得前人未傳之秘。季剛先生謂「孫氏《周禮正義》出，而後此經古義靡不蒐羅，後之考《周官》者，未有能舍是者也。」〔註55〕可謂知言。以下分述其詳，俾後之覽者有所準矩焉。

（一）考《周禮》命名之由來

《周禮》者，《史記‧封禪書》、《漢書‧禮樂志》及〈河間獻王傳〉並稱《周官》。〔註56〕〈藝文志〉本於《七略》，則稱《周官經》，〔註57〕斯蓋西漢之舊題；至於鄭司農以爲此即《尚書‧周官》，賈公彥〈序周禮廢興〉引馬融及鄭〈序〉已斥其失。〔註58〕其曰《周禮》者，荀悅《漢紀‧成帝紀》云：「劉歆以《周官》十六篇爲《周禮》。王莽時，歆奏以爲禮經，置博士。」〔註59〕陸德明《釋文‧敘錄》亦云：「王莽時，劉歆爲國師，始建立《周官經》以爲《周禮》。〔註60〕至劉歆獻《周禮》之時間，據《漢書‧王莽傳》，歆爲國師在始建國元年；而居攝三年九月，歆爲羲和，與博士諸儒議莽母功顯君服，已云：「發得《周禮》，以明殷監。」〔註61〕又引〈司服〉職文亦稱《周禮》。〔註62〕然則歆建《周官》

〔註55〕 見《禮學略說》。

〔註56〕 《史記‧封禪書》云：「封禪用希曠絕，莫知其儀禮，而羣儒采封禪、《尚書》、《周官》、《王制》之望祀射牛事。」（藝文版，551～552頁）《漢書‧禮樂志》云：「自夏以往，其流不可聞已；《殷頌》猶有存者，周詩既備，而其器用張陳，《周官》具焉。」師古注：「謂大司樂以下諸官所掌。」（藝文版484頁）《漢書‧河間獻王傳》云：「獻王所得書，皆古文先秦舊書，《周官》、《尚書》、《禮》、《禮記》。」（藝文版131頁）

〔註57〕 《漢書‧藝文志‧禮家》有《周官經》六篇，班氏自注：「王莽時劉歆置博士。」師古曰：「即今之《周官禮》也，亡其〈冬官〉，以〈考工記〉充之。」（藝文版879頁）。

〔註58〕 說見賈氏〈序周禮廢興〉（藝文十三經注疏《周禮注疏》第8～9頁）

〔註59〕 《四部叢刊初編》荀悅《前漢紀》卷二十五，173頁。案文中「《周官》十六篇」之「十」字，屈翼鵬先生《古籍導讀》（160頁）已疑爲衍文。

〔註60〕 《四部叢刊初編‧經典釋文》卷一第11頁。

〔註61〕 按班固《漢書‧王莽傳上》云：「九月，莽母功顯君死，意不在哀，令太后詔議其服。少阿、義和劉歆與博士諸儒七十八人皆曰：『居攝之義，所以統立天功，興崇帝道，成就法度，安輯海內也。昔殷成湯既沒，而太子蚤夭，其子太甲幼少不明，伊尹放諸桐宮而居攝，以興殷道。周武王既沒，周道未成，成王幼少，周公屏成王而居攝，以成周道。是以殷有翼翼之化，周有刑錯之

以爲《周禮》，疑在莽居攝，歆爲羲和以前。陸《釋文》謂在爲國師以後，未得其實。故仲容先生通覈諸文，以爲歆在漢奏《七略》時，猶仍《周官》故名；至王莽時，奏立博士，始更其名爲《周禮》，殆無疑義。〔註63〕

歆更《周官》故經爲《周禮》，義亦有所出：《左》文十八年傳，季文子曰：「先君周公制周禮曰：則以觀德，德以處事，事以度功，功以食民。」又閔元年傳，齊仲孫湫曰：「魯猶秉周禮，周禮所以本也。……魯不棄周禮，未可動也。」昭二年傳，晉韓起聘魯，觀書於太史氏，見《易象》與《魯春秋》曰：「周禮盡在魯矣」。故仲容先生曰：「歆蓋以《周官》故名與《尚書》淆混，而此經爲周公遺典，與士禮同爲正經，因采左氏之文，以爲題署，義實允當。」〔註64〕

《周禮》旣經劉歆奏定列入學官，後之漢唐治禮諸儒，創制述作，或沿舊名，或著新題，極不一致。如東漢之初，杜、馬諸儒咸傳歆學，鄭（序）謂鄭少贛、鄭仲師、衛敬仲、賈景伯、馬季長皆作《周禮》解詁，而馬氏〈自序〉則稱《周官傳》，鄭仲師〈諸子〉、〈幠氏〉兩注亦稱《周官》，諸官解詁久佚，其題《周禮》與否，今無可質證；若鄭君作注，則正題《周禮》，故〈冢宰〉注云：「周公居攝而作六典之職，謂之《周禮》。」〔註65〕又〈冬官目錄〉云：「《古周禮》六篇畢矣。」〔註66〕《隋書·經籍志》載漢、晉諸家注，並題《周官禮》，〔註67〕蓋唐人兼采二名，用以著錄，非其舊題也。綜上以觀，

功。今太皇太后比遭家之不造，委任安漢公宰尹群僚，衡平天下。遭孺子幼少，未能共上下，皇天降瑞，出丹石之符，是以太皇太后則天明命，詔安漢公居攝踐祚，將以成聖漢之業，與唐虞三代比隆也。攝皇帝遂開祕府，會羣儒，制禮作樂，卒定庶官，茂成天功。聖心周悉。卓爾獨見，發得《周禮》，以明因監。』……」（藝文版《漢書》卷九十九上，1726 頁）

〔註62〕《漢書·王莽傳上》又云：「《周禮》曰：『王爲諸侯緦縗』，『弁而加環絰』，同姓則麻，異姓則葛。攝皇帝當爲功顯君緦縗，弁而加麻環絰，如天子弔諸侯服。……」補注引沈欽韓曰：「此據《周官·司服》。」（藝文版《漢書》卷九十九上，1727 頁）

〔註63〕見《周禮正義》卷一，23 頁。

〔註64〕見《周禮正義》卷一，23 頁。

〔註65〕見《周禮正義》卷一，9 頁，經「惟王建國」下。

〔註66〕見《周禮正義》卷七十四，3101 頁，〈目錄〉「〈冬官·考工記〉第六」下。更生案·《漢書·王莽傳》載「莽愈震，不知所出。崔發言《周禮》、《春秋左氏》，國有大災，則哭以厭之。」（藝文版《漢書》，1757 頁）發與歆同彩土莽，亦稱《周官》曰《周禮》。

〔註67〕如題馬融注《周官禮》十二卷，鄭玄注《周官禮》十二卷，王肅注《周官禮》十二卷，干寶注《周官禮》十二卷，崔靈恩集注《周官禮》十二卷，晉陳劭撰《周官禮異同評》十二卷，孫略撰《周官禮駮難》四卷等（見《隋書》，藝

要《周禮》之目，始於劉歆，而定於東漢經師，雖人各異說，書志不同，其軌躅固可得而尋也。

又〈禮器〉云：「經禮三百，曲禮三千。」鄭彼注云：「經禮謂《周禮》也，《周禮》六篇，其官有三百六十。曲猶事也，事禮謂《今禮》也。」案：鄭意蓋以此經爲經禮，《儀禮》爲曲禮。〈曲禮〉孔疏云：「《周禮》見於經籍，其名異者有七處：《孝經說》云『禮經三百』，一也。〈禮器〉云『經禮三百』，二也。《中庸》云『禮儀三百』，三也。《春秋說》云『禮義三百』，四也。《禮說》云：『有正經三百』，五也。《周官外題》謂爲《周禮》，六也。《漢藝文志》云：『周官經六篇』，七也。七者皆云三百，故知俱是《周官》。」案《漢書·藝文志》亦云：「禮經三百，威儀三千。」顏師古注從韋昭說，亦以禮經爲《周禮》，均闇於名數，不審其非，故仲容先生據理駁斥曰：「《漢書·藝文志》顏注引臣瓚云：『《禮經》三百，謂冠、昏、吉、凶。《周禮》三百，是官名也』。瓚說最析，足正鄭、韋之誤。蓋《周禮》乃官政之法，儀禮乃禮之正經，二經並重，不可相對而爲經曲。《中庸》禮儀、威儀，咸專屬《禮經》，與《周禮》無涉。《孝經》、《春秋》、《禮說》所云禮經、禮義、正經者，亦無以定其必爲此經。鄭、韋、孔諸儒，並以三百大數巧合，遂爲皮傅之說，殆不足馮。」〔註68〕

綜觀先生之言，於《周禮》命名之由來，經曲相對之誤說，均能發其疑而袪其非，致此一百世不刊之彝訓，經先生鉤稽證明，遂焯然知其命名之眞象矣。

（二）辨《周禮》之眞僞及其時代

《周禮》一經，自漢迄今，說多互歧，莫衷一是；有言爲六國陰謀之書者，〔註69〕有言爲劉歆僞造者，〔註70〕有言爲先秦古書而經後人增益者，〔註71〕有言周公所作但與他經不類者，〔註72〕有言戰國末年之書，經漢初人僞造者，〔註

文版，475 頁）。

〔註68〕 見《周禮正義》卷一，4 頁。

〔註69〕 如漢武帝知《周官》末世瀆亂不驗之書，何休以爲六國陰謀之書（見賈公彥《序周禮廢興》），近賢錢賓四先生亦主此說（見《兩漢經學今古文平議》）。

〔註70〕 如馬氏《文獻通考》引胡宏說，洪邁《容齋續筆》，邵博《聞見後錄》，清儒有康有爲《新學僞經考》，廖平《古學考》，以及李滋然《周禮古學考》，均有近乎此說也。

〔註71〕 如《經義攷》引張載、程頤說，陳振孫《書錄解題》，方孝孺《遜志齋集》，崔述《考信錄》，毛奇齡之《經問》，龔自珍《定盦文集》，張心澂《僞書通考》，時賢屈翼鵬先生《古籍導讀·周禮解題》亦近乎此說。

〔註72〕 如朱熹《朱子語錄》、鄭樵《周禮辨》、李覯《直講李先生文集》、鄭伯謙《太平

73〕而先生生於群儒喧囂，新舊思想交綏之會，獨力排異端，遵奉鄭注，以「周公纘文、武之志，光輔成王，宅中作雒，爰述官政，以垂成憲，有周一代之典，炳然大備。」〔註74〕是《周禮》「非徒周一代之典也，蓋自黃帝、顓頊以來，紀於民事以命官，更歷八代，斟汋損益，因襲積絫，以集於文、武，其經世大法，咸稡於是。故雖古籍淪佚，百不存一，而其政典沿革，猶約略可攷。……此經上承百王，集其善而革其弊，蓋尤其精詳之至者，故其治躋於純大平之域。作者之聖，述者之明，蟠際天地，經緯萬端，究其條緒，咸有原本，是豈皆周公所肊定而手刱之哉。」〔註75〕

　　依先生之言，則《周禮》實屬周公損益八代，手定之集善革弊之大法，有周一代之盛典，咸稡茲編。〔註76〕至於此經之發現，先生特崇賈〈序廢興〉引〈馬融傳〉云：「秦自孝公已下，用商君之法，其政酷烈，與《周官》相反。故始皇挾書，特疾惡，欲絕滅之，搜求焚燒之獨悉，是以隱藏百年。孝武帝始除挾書之律，開獻書之路，既出於山巖屋壁，復入於祕府，五家之儒，莫得見焉。至孝成皇帝，達才通人劉向、子歆，校理祕書，始得列序，著於錄略；然亡其〈冬官〉一篇，以〈考工記〉足之。時眾儒並出共排，以為非是。唯歆獨識，其年尚幼，務在廣覽博觀，又多銳精於《春秋》。末年，乃知其周公致太平之道，迹具在斯。」〔註77〕他說之有與馬〈傳〉牴觸者，先生均斥為虛妄或不足憑。〔註78〕此經在漢為古文之學，〔註79〕書既晚出，西漢之世，

經國之書》、《經義考》引呂祖謙説、近賢顧實《重考古今偽書考》亦近乎此説。
〔註73〕如梁啓超之《古書眞偽及其年代》。
〔註74〕見孫氏《周禮正義・序》。
〔註75〕見孫氏《周禮正義・序》。
〔註76〕案仲容先生不僅於《周禮正義・自序》中堅信《周禮》爲周公所制，其於疏通經注時，亦迭有辨證。如〈春官・宗伯・敘官・守祧〉疏曰：「《周官》爲周公所作，在成王時。」（《周禮正義》卷三十二），〈春官・宗伯・守祧〉疏：「周公制禮，始臻美備，《大傳》原其始，《中庸》紀其成，二記文本不相迕；要此經成於制禮之後。」（《周禮正義》卷四十一）
〔註77〕見《周禮正義》卷一，4頁。
〔註78〕如《漢書・河間獻王傳》云：獻王所得書，皆先秦舊書，《周官》、《尚書》、《禮》、《禮記》、《孟子》、《老子》之屬。」攷獻王以孝景前二年立，立二十六年，武帝元光五年薨。然則獻王之得《周官》，與《周官》之入祕府，不知其孰先孰後，要與〈馬序〉所云武帝時始出之語不相牾也。《釋文・敘錄》載或説云：「河間獻王開獻書之路，時有李氏上《周官》五篇，失〈事官〉一篇，乃購千金，不得，取〈考工記〉以補之。」《隋書・經籍志》云：「李氏上於河間獻王，獻王補成，奏之。」杜佑《通典・禮篇》説同。《左傳序》孔疏亦云：

絕無師說。向、歆之後，斯學漸盛，而今文經師若何休、臨（林）碩之徒，並發難端，競相排斥。宋、元諸儒，重惟訛謬，異論彌夥，〔註80〕先生則援汪容甫〈周官徵文〉之說，〔註81〕並檢校周秦先漢諸書，《毛詩傳》及《司馬法》，與此經同者最多。其他文制契合經傳者尤眾，難以悉數。然則其為先秦古經，周公致太平之法，自無疑義。而俗儒不悟，猶復妄有詰難，此先生所以辭而闢之，豈好辯哉！〔註82〕

「漢武帝時河間獻王獻《左氏》及古文《周官》。」此則祕府之本，即獻王所奏，但〈馬序〉絕未之及，不知果足憑否？……《釋文·敘錄》引鄭〈六藝論〉云：「後得孔氏壁中、河間獻王古文《禮》五十六篇，《記》百三十一篇，《周禮》六篇。」審繹鄭君論意，……云《周禮》六篇者，亦由渾舉大數，〈冬官〉闕篇，偶未析別。鄭君禮學，受之馬氏，鄭論所說，與〈馬序〉固無戾也。而〈曲禮〉孔疏……《後漢書·儒林傳》亦謂孔安國獻《禮古經》五十六篇及《周官經》六篇，斯並誤會鄭恉，妄滋異論。《太平御覽·學部》引楊泉〈物理論〉云：「魯恭王壞孔子舊宅，得《周官》，闕，無〈冬官〉，漢武購千金而莫有得者，遂以〈考工記〉備其數。」楊氏疑亦因〈六藝論〉文，妄撰此說。《漢書·藝文志》、〈楚元王傳〉、劉歆〈讓太常博士書〉及許君《說文·敘》，備舉孔壁所得經傳，而並無《周官》，足證范蔚宗及楊泉之誤。況武帝本不信此經，購補之事，必是虛妄。〈禮器〉孔疏又謂，漢孝文帝時，求得《周官》，不見〈冬官〉一篇，乃使博士作〈考工記〉補之。」此尤繆悠之說，絕無根據者也。惟《漢·禮樂志》載孝文時，得魏文侯樂人竇公，獻其書，乃〈周官·大宗伯〉之〈大司樂〉章。是時此經未出，而得以校竇公之書者，考《漢藝文志》，說河間獻王與諸儒采《周官》、諸子作〈樂記〉，劉向《別錄》亦載獻王所修〈樂記〉，其第二十二篇曰〈竇公〉。是蓋竇公獻書雖當孝文，逮獻王得經後，用相勘驗，始知其原本。是則獻之與校本，不同時，不得據此而疑孝文時已得《周官》也。（《周禮正義》卷一，頁5～6。）

〔註79〕 見許慎《說文·敘》，稱《周官》為古文，《五經異義》亦多稱古《周禮》說。
〔註80〕 請參本節開始所引。
〔註81〕 汪中《述學·內篇》卷二（13頁）云：「攷之於古，凡得六徵。《逸周書·職方篇》即〈夏官·職方職〉文，一也。〈藝文志〉：六國之君，魏文侯最為好古。孝文時，得其樂人竇公，獻其書，乃《周官·大宗伯》之〈大司樂〉章也，二也。《大戴禮·朝事》載〈典端〉、〈大行人〉、〈小行人〉、〈司儀〉四職文，三也。《禮記·燕義》，〈夏官·諸子職〉職文，四也。〈內則〉食齊視春時以下，〈天官·食醫職〉文：春宜羔豚膳膏薌以下，〈庖人職〉文：牛夜鳴則庮以下，〈內饔職〉文，五也。《詩·生民傳》嘗之曰涖卜來歲之芟以下，〈春官·肆師職〉文，六也。遠則西周之世，王朝之政典，大史所記，及列國之官世守之以食其業，官失而師儒傳之，七十子後學者繫之於六藝。其傳習之序，明白可據如是，而以其晚出疑之，斯不學之過也。若夫古之典籍，自四術之外，不能盡人而誦習之，故孟子論井地爵祿，漢博士作〈王制〉，皆不見《周官》，不可執是以議之也。古今異宜，其有不可通者，信古而闕疑可也。」
〔註82〕 以上綜引仲容先生之說，見《周禮正義》卷一，頁4～6。

　　《周禮》既係周公致太平之迹，爲先秦古經，則此書之成又約當何時乎？先生本〈天官・冢宰〉鄭注「周公居攝而作六典之職，謂之《周禮》」，〔註83〕是鄭意作六典之職，即制禮之一端也；然而周公之制禮攝政，孔、鄭二家亦各異說，〔註84〕先生歷考《詩・豳譜》孔疏引王肅〈金縢〉注、《史記・周本紀》及〈魯世家〉，以爲鄭說本於伏《傳》，則周公攝政之年，亦當以伏《傳》爲正。〔註85〕此經之制，亦應以周公攝政六年爲宜。〔註86〕〈春官・宗伯・守祧〉疏曰：「太王、王季、文王之追王，實在武王時，惟廟制未定，祀禮亦未隆。逮周公制禮，始臻美備。……要此經成於制禮之後，則四親廟爲大王以下無疑也。」〔註87〕先生廣徵書傳，旁稽《周官》，則周公明定六典之期，已昭然若指諸掌矣。

（二）探《周禮》傳授之統緒

　　《周禮》傳授之統緒，先生於新疏中亦有詳考。賈〈序廢興〉引〈馬融傳〉云：「秦自孝公已下，用商君之法，其政酷烈，與《周官》相反。故始皇禁挾書特疾惡，欲絕滅之，搜求焚燒之獨悉，是以隱藏百年。孝武帝始除挾書之律，開獻書之路，既出於山巖屋壁，復入於祕府，五家之儒，莫得見焉。至孝成皇

〔註83〕《周禮正義》卷一，9頁。
〔註84〕如〈明堂位〉孔疏云：「孔以武王崩，成王年十三。至明年，攝政，管叔等流言。故〈金縢〉云『武王既喪，管叔及其群弟流言於國曰：公將不利於孺子。』時成王年十四，即位。攝政之元年，周公東征管蔡，後二年，克之。故〈金縢〉云『周公居東二年，則罪人斯得。』除往年，時成王年十六，攝政之三年也。故《詩序》云『周公東征三年而歸，攝政七年，營洛邑，封康叔，而致政。』時成王年二十，故孔注〈洛誥〉以時成王年二十是也。鄭則以爲武王崩，成王年十歲。《周書》以武王十二月崩，至成王年十二，十二月喪畢，成王時即位，稱己小，求攝，周公將代之，管蔡等流言，周公懼之，辟居東都。故〈金縢〉云『武王既喪，管叔等流言，周公乃告二公曰：我之不辟，無以告我先王。』既喪謂喪服除。辟謂辟居東都。時成王年十三。明年，成王盡執拘周公屬黨，故〈金縢〉云『周公居東二年，則罪人斯得』，罪人謂周公屬黨也。時成王年十四。至明年秋大熟，有雷風之異。故鄭注〈金縢〉云『秋大熟，謂二年之後。』明年秋，迎周公而反，反則居攝之元年，時成王年十五，《書傳》所謂一年救亂。明年誅武、庚、管、蔡等，《書傳》所謂二年克殷。明年自奄而還，《書傳》所謂三年踐奄。四年封康叔，《書傳》所謂四年建侯衛，時成王年十八也。故〈康誥〉云『孟侯』，《書傳》云『天子太子十八稱孟侯。』明年營洛邑，故《書傳》云『五年營成周，六年制禮作樂，七年致政於成王，年二十一，明年乃即政，時年二十二也。』」（《周禮正義》卷一，頁9～10）。
〔註85〕說見《周禮正義》卷一，頁10。
〔註86〕見《周禮正義》卷一，頁4。
〔註87〕《周禮正義》卷四十一，頁1676。

帝，達才通人劉向、子歆，校理祕書，始得列序，著於《錄》、《略》。然亡其〈冬官〉一篇，以〈考工記〉足之。時眾儒並出共排，以爲非是。唯歆獨識，其年尙幼，務在廣覽博觀，又多銳精於《春秋》。末年，乃知其周公致太平之道，迹具在斯。奈遭天下倉卒，兵革並起，疾疫喪荒，弟子死喪。徒有里人河南緱氏杜子春尙在，永平之初，年且九十，家於南山，能通其讀，頗識其說，鄭眾、賈逵往受業焉。眾、逵洪雅博聞，又以經書記轉相證明爲解。逵解行於世，眾解不行。兼攬二家，爲備多所遺闕。然眾時所解說，近得其實，獨以〈書序〉言成王既黜殷命，還歸在豐，作《周官》，則此《周官》也，失之矣。逵以爲六鄉大夫，則冢宰以下及六遂，爲十五萬家，緷千里之地，甚謬焉。此比多多，吾甚閔之久矣。」又云：「至六十，爲武都守。郡小少事，乃述平生之志，著《易》、《尙書》、《詩》、《禮》傳皆訖，惟念前業未畢者唯《周官》，年六十有六，目瞑意倦，自力補之，謂之《周官傳》也」。〔註88〕賈引〈馬傳〉，蓋即〈周官傳序〉之佚文。其言《周官》晚出，五家之儒莫得見者，五家蓋謂高堂生、蕭奮、孟卿、后倉、戴德、戴聖，《禮記正義‧序》引〈六藝論〉所謂高堂生及五傳弟子是也。馬〈序〉所述此經隱顯原流，最爲綜析，且去古未遠，當得其實。

又賈〈序廢興〉引鄭玄序云：「世祖以來，通人達士大中大夫鄭少贛及子大司農仲師、故議郎衛次仲、侍中賈君景伯、南郡太守馬季長，皆作《周禮》解詁。」又云：「玄竊觀二三君子之文章，顧省竹帛之浮辭，其所變易，灼然如晦之見明，其所彌縫，奄然如合符復析，斯可謂雅達廣攬者也。然猶有參錯，同事相違，則就其原文字之聲類，考訓詁，捃祕逸。謂二鄭者，同宗之大儒，明理於典籍，犅識皇祖大經《周官》之義，存古字，發疑正讀，亦信多善，徒寡且約，用不顯傳於世，今讚而辨之，庶成此家世所訓也。」〔註89〕

據禮〈序〉所述，則鄭本從張恭祖受此經，而所見解說則有二鄭、衛、賈、馬五家之學。蓋此經自劉歆立爲博士，至東漢初而其學大盛，《漢‧藝文志》有《周官傳》四篇，不著撰人，疑即劉歆所傳也。歆傳杜子春，子春傳鄭興、賈逵，而興傳其子眾，眾又自學於子春。故《釋文‧敘錄》云：「杜子春受業於歆，還家以教門徒，好學之士鄭興父子等多往師之。」《後漢書‧賈逵傳》又云：「父徽，從劉歆兼習《周官》，逵於章帝建初元年，詔令作《周官》解詁。」是劉歆別授賈徽，徽子逵又傳徽之學。然則逵雖受業杜君，亦

〔註88〕見《周禮正義》賈〈序廢興〉，《周禮正義》卷一，頁4。
〔註89〕見《周禮正義》賈〈序廢興〉，及《周禮正義》卷一，頁7。

自受其父學，與鄭仲師同也。鄭君此經之學雖受之張氏，然鄭序不與二鄭、衛、賈、馬諸君並舉，蓋唯有傳授，無訓釋之書。而《後漢書・董鈞傳》又云：「鄭眾傳《周官經》，馬融作傳，授鄭玄。」則鄭又別傳馬氏之學。群書援引〈馬傳〉佚文，與鄭義往往符合。而今注內絕無楬著馬說者，蓋漢人最重家法，凡稱述師說，不嫌蹈襲，故不復別白也。〔註90〕

揆諸以上先生引據各家之說，參證《漢書・藝文志》、〈河間獻王傳〉〔註91〕、〈儒林傳〉〔註92〕以及《釋文敘錄》，〔註93〕則兩漢時代《周禮》傳授之緒已焯然可以考見。特製簡圖如後（見第 163 頁「兩漢《周禮》傳授源流圖」），以見其師承關係；虛線以示傳授不明，實線亦有宗支之殊，分別觀之可也。

（四）說〈考工〉補〈冬官〉之故

先生〈冬官・考工記〉疏曰：「『〈冬官・考工記〉第六』者，此西漢補闕時所題署也」，〔註94〕又曰：「鄭《詩・大雅・文王有聲》箋云：『考，稽也。』《釋名・釋典藝》云：『記，紀也，紀識之也。』百工為大宰九職之一，此稽考其事，論而紀識之，故謂之〈考工記〉，亦以別於前五篇為古經也。此篇故與《周官經》別行，以其取補事典之闕，〔註95〕故冢五官而冠以〈冬官〉之目。《國語・齊語・說工》云『相語以事，相示以巧，相陳以工。』〈少儀〉云『工依於法，游於說』，鄭注云：『法謂規矩尺寸之數，說謂鴻殺之意。』斯記之作，蓋於事功法說特詳，而工別為職，實與五官文例略相類。至旗章瑞玉之度，明堂溝洫之制，則尤《禮經》之校別也。備遺事典，於義允矣。」〔註96〕

〔註90〕以上見《周禮正義》卷一，頁 7～8。
〔註91〕〈傳〉曰：「修學好古，所得書皆古文先秦舊書《周官》、《尚書》、《禮》。」
〔註92〕〈傳〉曰：「中興鄭眾傳《周官經》，後馬融作《周官傳》授鄭玄，玄作《周官注》。玄本習《小戴禮》，後以古經核之，取其義長者，故為鄭氏學。」
〔註93〕陸氏載或說云：「河間獻王開獻書之路，時有李氏上《周官》五篇，失〈事官〉一篇，乃購千金不得，取〈考工記〉補之。」
〔註94〕《周禮正義》卷七十四，頁 3101。
〔註95〕案《周禮・天官・冢宰・大宰之職》曰：「掌建邦之六典，以佐王治邦國。……六曰〈事典〉，以富邦國，以任百官，以生萬民。」〈小宰之職〉經曰：「以官府之六屬舉邦治……六曰〈冬官〉，其屬六十掌邦事；大事則從其長，小事則專達。」又曰：「以官府之六職辨邦治……六曰〈事職〉，以富邦國，以養萬民，以生百物。」（以上見《周禮正義》卷二、卷五。）
〔註96〕《周禮正義》卷七十四，頁 3101～3102。

兩漢《周禮》傳授源流圖

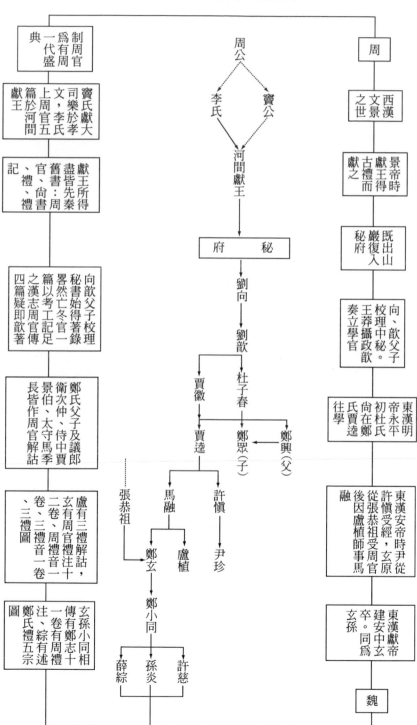

據此則以〈考工記〉備遺事典，於義既允；而〈冬官〉之官屬又何如乎？《鄭目錄》云：「象冬所立官也。是官名司空者，冬閉藏萬物，天子立司空，使掌邦事，亦所以富立家，使民無空者也。」〔註97〕鄭注於〈冬官〉僅言天子立司空使掌邦事，如依五官之例，〔註98〕〈冬官〉亦當有大司空卿一人爲正，小司空中大夫二人爲貳。至若其他屬官，亦可以參綜經史加以考訂：如《左》定四年傳，說成王時聃季爲司空，〔註99〕《書‧顧命》僞孔《傳》說毛公爲司空，〔註100〕而司空之訓，眾說不同，《古文苑》揚雄〈司空箴〉云：「空臣司土」，《白虎通義‧封公侯》篇云：「司空主土不言土言空者，空尚主之，何況於實，以微見著。」《初學記‧職官部》引應劭云：「空，穴也。司空主土；古者穴居，主穿土爲穴，以居人也。」《漢書‧百官公卿表》顏注義同，《續漢書‧百官志》劉注引馬融云：「司空掌營城郭，主空土以居民。」義並與《鄭目錄》不同，〔註101〕故先生據〈鄉師〉注考〈冬官〉之屬，當有「匠師下大夫四人爲考，其下亦當有上士八人，中士十有六人，旅下士三十有二人，府六人，史十有二人，胥十有二人，徒百有二十人。」〔註102〕

《鄭目錄》又云：「司空之篇亡，漢興，購求千金，不得。」則〈司空〉篇亡墢在何時，及此〈記〉補亡出於何人，《鄭錄》均無明文，先生乃鉤稽各家，如〈明堂位〉則謂亡於先秦以前，而補以此〈記〉則在漢世。〔註103〕陸德明《經典釋文‧敘錄》及《隋書‧經籍志》並謂河間獻王時，李氏上《周官》五篇，失〈事官〉一篇，乃購千金，不得，取〈考工記〉以補之，〔註104〕

〔註97〕見《周禮正義》卷七十四，頁引3101。

〔註98〕案〈天官‧冢宰‧敘官〉鄭司農云：「置冢宰、司徒、宗伯、司馬、司寇、司空，各有所職而百事舉。」仲容疏：「……官，通公、卿、大夫、士，謂治事之人。職，通三百六十職，謂所主之事。」（《周禮正義》卷一，14～15頁）

〔註99〕《左傳》曰：「武王之母弟八人，周公爲太宰，康叔爲司寇，聃季爲司空。」

〔註100〕《左傳》曰：「冢宰第一召公領之，司徒第二，芮伯爲之，宗伯第三，彤伯爲之，司馬第四，畢公領之，司寇第五，衛侯爲之，司空第六，毛公領之。」

〔註101〕〈冬官‧考工記〉《鄭目錄》云：「天子立司空，使掌邦事。」

〔註102〕見《周禮正義》卷七十四，頁3102。

〔註103〕案《禮記‧明堂位》云：「周三百」，鄭注：「此云三百者，記時〈冬官〉亡矣。」孔疏：「周三百者，鄭據記時〈冬官〉亡矣，故言三百。若兼〈冬官〉，則三百六十也。」

〔註104〕案陸氏《釋文‧敘錄》云：「景帝時，河間獻王好古，得古《禮》獻之。或曰：河間獻王開獻書之路，時有李氏上《周官》五篇，失〈事官〉一篇，乃購千金不得，取〈考工記〉以補之。」《隋書‧經籍志》云：「漢時有李氏得《周官》，《周官》蓋周公所制官政之法，上於河間獻王，獨闕〈冬官〉一篇，獻

據此是購經補記，皆河間獻王事。然賈〈序周禮廢興〉引馬融〈序〉，則云：「劉向子歆，校理祕書，著於《錄》、《略》；然亡其〈冬官〉一篇，以〈考工記〉足之。」尋繹馬意，似又以二劉校上，此經始顯，因追敘補闕之事，其屬文先後，偶爾不次；未必《周官》初得，六篇本自備具，至向、歆校書時，乃闕〈冬官〉，而足以〈考工記〉也。是馬序與陸說，本無齟齬。《周禮·天官·大宰》賈《疏》，謂〈冬官〉六國時亡，其時以〈考工記〉代之。《御覽·學部》引〈物理論〉謂魯恭王得《周官》，闕〈冬官〉，漢武購千金，莫得，以〈考工記〉備其數。《禮記·禮器》孔疏又謂文帝得《周官》，不見〈冬官〉，使博士作〈考工記〉補之。綜上六說，雖持論各異，但要以《御覽》與〈禮器〉孔疏最不盡情，故仲容先生駁而難之曰：「王應麟云：『《齊書》，文惠太子鎮雍州，有盜發楚王冢，獲竹簡書十餘簡，以示王僧虔，僧虔曰：是科斗書〈考工記〉。科斗書漢時已廢，則〈記〉非博士作也。』案：王說是也。〔註105〕攷《漢書》，河間獻王以孝景前二年立，武帝元光五年薨，故〈馬傳〉謂《周官》之出在武帝時。若文帝時，獻王尚未受封，何云已得《周官》？且《漢書·藝文志》云：『《周官經》，王莽時，劉歆置博士。』是孝文時，此經亦尚無博士，故趙岐《孟子題辭》載孝文所立博士有《論語》、《孝經》、《孟子》，而無《周官》，安得有博士作〈記〉補經之事，足證其妄矣。據鄭云：『記錄出於前代』，則是成於晚周。故賈疏云：『雖不知作在何日，要知在秦以前，是以得遭秦滅焚典籍，〈韋氏〉、〈裘氏〉等闕也。』〈士冠禮〉疏亦云：『〈考工記〉，六國時所錄。』江永云：『〈考工記〉，東周後齊人所作也。其言「秦無盧」、「鄭之刀」。屬王封其子友，始有鄭；東遷後，以西周故地與秦，始有秦，故知為東周時書。其言「橘踰淮而北為枳」、「鸜鵒不踰濟」、「貉踰汶則死」，皆齊、魯間水；而終古、戚速、椑茭之類，鄭注皆以為齊人語，故知齊人所作也。』案：江說近是。」〔註106〕

由此觀之，〈冬官〉亡於秦火，〈考工記〉成於六國齊人之手，為紀識工事之專書，不為補〈冬官〉而作；漢時，因其與〈事典〉相應，故取以補闕耳。

王購以千金，不得，遂取〈考工記〉以補其處，合成六篇奏之。至王莽時，劉歆始置博士，以行於世。」
〔註105〕《四庫提要》亦引此說。
〔註106〕以上綜引仲容之說，見《周禮正義》卷七十四，頁3102～3103。

（五）考闕佚篇目之內容

　　《周禮》六篇，每篇一官，凡六官，一曰天官，二曰地官，三曰春官，四曰夏官，五曰秋官，六曰冬官。冬官亡於秦火，漢時以〈考工記〉足之。此於本文前節已迭加說明。〈天官‧冢宰〉實總轄諸官，[註107] 小宰為冢宰之貳，故六官職掌可於第一篇天官述太宰、小宰二職中見之，[註108] 尤以〈小宰職〉「以官府之六屬舉邦治」，各官均有「其屬六十」之數，故鄭注《周禮》有「六官之屬三百六十，象天地四時日月星辰之度數，天道備焉」之說；[註109] 然究其實，則各官除長官卿以外，其貳以下，所舉職名均在六十以上，[註110] 統計五官官屬計三百四十有二。因秦法酷虐，與《周官》相反，

〔註107〕可參看本書二，孫撰〈周禮正義之體例〉（五）總列大綱詳舉庶務之例（附表一：周禮設官分職圖）。

〔註108〕如「太宰之職，掌建邦之六典，以佐王治邦國：一曰治典，以經邦國，以治官府，以紀萬民。二曰教典，以安邦國，以教官府，以擾萬民。三曰禮典，以和邦國，以統百官，以諧萬民。四曰政典，以平邦國，以正百官，以均萬民。五曰刑典，以詰邦國，以刑百官，以糾萬民。六曰事典，以富邦國，以任百官，以生萬民。」「小宰之職……以官府之六屬舉邦治：一曰天官，其屬六十，掌邦治，大事則從長，小事則專達。二曰地官，其屬六十，掌邦教，大事則從其長，小事則專達。三曰春官，其屬六十，掌邦禮，大事則從其長，小事則專達。四曰夏官，其屬六十，掌邦政，大事則從其長，小事則專達。五曰秋官，其屬六十，掌邦刑，大事則從其長，小事則專達。六曰冬官，其屬六十，掌邦事，大事則從其長，小事則專達。」

〔註109〕見〈小宰職〉注。

〔註110〕如天官除太宰外，計有小宰、宰夫、宮正、宮伯、膳夫、庖人、內饔、外饔、亨人、甸師、獸人、䱷人、鼈人、腊人、醫師、食醫、疾醫、瘍醫、獸醫、酒正、酒人、漿人、凌人、籩人、醢人、醯人、鹽人、冪人、宮人、掌舍、幕人、掌次、大府、玉府、內府、外府、司會、司書、職內、職歲、職幣、司裘、掌皮、內宰、內小臣、閽人、寺人、內豎、九嬪、世婦、女御、女祝、女史、典婦功、典絲、典枲、內司服、縫人、染人、追師、屨人、夏采，共六十二官。地官除大司徒外，計有小司徒、鄉師、鄉老、鄉大夫、州長、黨正、族師、閭胥、比長、封人、鼓人、舞師、牧人、牛人、充人、載師、閭師、縣師、遺人、均人、師氏、保氏、司諫、司救、調人、媒氏、司市、質人、廛人、胥師、賈師、司虣、司稽、胥、肆長、泉府、司門、司關、掌節、遂人、遂師、遂大夫、縣正、鄙師、酇長、里宰、鄰長、旅師、稍人、委人、土均、草人、稻人、土訓、誦訓、山虞、林衡、川衡、澤虞、迹人、卝人、角人、羽人、掌葛、掌染草、掌炭、掌荼、掌蜃、囿人、場人、廩人、舍人、倉人、司祿、司稼、舂人、饎人、槀人，共七十八官。春官除大宗伯以外，計有小宗伯、肆師、鬱人、鬯人、雞人、司尊彝、司凡筵、天府、典瑞、典命、司服、典祀、守祧、世婦、內宗、

故始皇禁挾書，特疾惡，欲絕滅之，搜求焚燒之獨悉，〔註111〕是以〈冬官〉先亡，書更晚出，其中簡脫篇闕者多有之。茲綜《周禮》各篇計〈地官〉闕〈司祿〉，〈夏官・小司馬〉簡札闕爛，〈軍司馬〉、〈輿司馬〉、〈行司馬〉、〈掌疆〉、〈司甲〉、五職闕，〈秋官〉闕〈掌察〉、〈掌貨賄〉、〈都則〉、〈都士〉、〈家士〉，而〈冬官考工記〉亦復闕〈段氏〉、〈韋氏〉、〈裘氏〉、〈筐人〉、〈㮚人〉、〈雕人〉等五事。仲容先生釋經疏注，輒將闕脫各目特加徵審，或著於敘官，或述於當職，辭雖詳略不備，要爲治《周官》者之重要參考也，以下分職錄之：

〈地官・司祿〉闕　（《周禮正義》卷三十一）

〈敘官〉曰：「司祿，中士四人，下士八人，府二人，史四人，徒四十人。」

鄭注：「主班祿。」

　仲容疏：「司祿」者，此職亡。《孟子・萬章篇》「北宮錡問曰：『周室班爵祿也如之何？』孟子曰：『其詳不可得聞也。諸侯惡其害己也，而皆去其籍。』」趙注云：「諸侯欲恣行，憎惡其法度妨害己之所爲，故減去典籍，今《周禮》司祿之官無其職，是則諸侯皆去之，故使

外宗、冢人、墓大夫、職喪、大司樂、樂師、大胥、小胥、大師、小師、瞽矇、眡瞭、典同、磬師、鍾師、笙師、鎛師、韎師、旄人、籥師、籥章、鞮鞻氏、典庸器、司干、大卜、卜師、龜人、菙氏、占人、簭人、占夢、眡祲、大祝、小祝、喪祝、甸祝、詛祝、司巫、男巫、女巫、大史、小史、馮相氏、保章氏、內史、外史、御史、巾車、典路、車僕、司常、都宗人、家宗人，共六十八官。夏官除大司馬外，計分小司馬、軍司馬、輿司馬、行司馬、司勳、馬質、量人、小子、羊人、司爟、掌固、司險、掌疆、候人、環人、挈壺氏、射人、服不氏、射鳥氏、羅氏、掌畜、司士、諸子、司右、虎賁氏、旅賁氏、節服氏、方相氏、大僕、小臣、祭僕、御僕、隸僕、弁師、司甲、司兵、司戈盾、司弓矢、繕人、槀人、戎右、齊右、道右、大馭、戎僕、齊僕、道僕、田僕、馭夫、校人、趣馬、巫馬、牧師、廋人、圉師、圉人、職方氏、土方氏、懷方氏、合方氏、訓方氏、形方氏、山師、川師、邍師、匡人、撢人、都司馬、家司馬，共六十九官。秋官除大司寇外，計分小司寇、士師、鄉士、遂士、縣士、方士、訝士、朝士、司民、司刑、司刺、司約、司盟、職金、司厲、犬人、司圜、掌囚、掌戮、司隸、罪隸、蠻隸、閩隸、夷隸、貉隸、布憲、禁殺戮、禁暴氏、野廬氏、蜡氏、雍氏、萍氏、司寤氏、司烜氏、條狼氏、脩閭氏、冥氏、庶氏、穴氏、翨氏、柞氏、薙氏、硩蔟氏、翦氏、赤犮氏、蟈氏、壺涿氏、庭氏、銜枚氏、伊耆氏、大行人、小行人、司儀、行夫、環人、象胥、掌客、掌訝、掌交、掌察、掌貨賄、朝大夫、都則、都士、家士，共六十五官。

〔註111〕見賈〈序周禮廢興〉引馬融〈序〉。

不復存也。」案：據趙説，則〈司祿職〉亡，在秦火以前，理或然
也。江永云：「〈司祿職〉雖闕，觀其序於廩人、倉人、舍人之後，
司稼之前，皆爲穀米之類，其爲頒穀祿於羣臣可知矣。諸官之授田
食邑者，三公、六卿、王子母弟及諸卿之大夫、元士也。其餘散官
不得有田，宜以廩人、倉人之粟給之，所謂匪頒之式也。校人等駃
夫之祿，是其一隅。又案：〈司士〉『以德詔爵，以功詔祿，以能詔
事，以久奠食』。〈内史〉『王制祿則贊爲之，以方出之』。此授田祿
者也，若食則司祿給之，當不關内史。分言之祿與食異，通言之食
亦祿也，故官名司祿。」（《周禮正義》卷十七，682 頁）

〈夏官〉「小司馬之職，掌」鄭注：「此下字脱滅，札爛又闕。漢興，求之
不得，遂無識其數者。」（《周禮正義》卷五十七）

經文：「小司馬之職掌，凡小祭祀、會同、饗射、師田、喪紀，掌其事，
如大司馬之灋。」

仲容《疏》：注云「此下字脱滅，札爛又闕」者，字脱滅及札爛，謂
此職止存首尾二札，而一札之中，字復脱滅不具。……鄭《書注》
説一簡文三十字，此經策札，或當與彼同。以下四職，札並爛闕，
未知所闕幾札。此職首僅存六字，末存「凡小祭祀」以下二十一字，
皆歉於鄭所言一簡字數。明其爲爛脱。（《周禮正義》卷五十四，頁
2364）又〈敍官〉疏：「小司馬，正官之貳也。大射儀有司馬正，賈
彼疏謂即小司馬，又有司馬師，亦司馬之屬官也。」

〈夏官・軍司馬〉闕（《周禮正義》卷五十七）

仲容疏：「云「軍司馬下夫四人」者，政官之攷也。《國語・晉語》
悼公使魏絳爲元司馬，在輿司馬之上，蓋即此軍司馬，韋注亦云：「中
軍司馬」也。江永云：「晉制，敍軍將佐之後有司馬，猶之軍司馬也。」
（《周禮正義》卷五十四，2236 頁）

〈夏官・輿司馬〉闕（《周禮正義》卷五十七）

〈敍官〉曰：「輿司馬，上士八人。」

仲容疏：「《晉語》悼公使藉偃爲輿司馬，即此官也。」（《周禮正義》
卷五十四，2236 頁）

〈夏官・行司馬〉闕

仲容疏：賈疏云：「軍司馬當宰夫、肆師之等，皆下大夫，四人；輿
司馬當上士，八人；行司馬當中士，十六人。餘官皆無異稱，此獨
有之者，以軍事是重，故特生別名，此等皆與上同闕落之。」（《周
禮正義》卷五十七，2365 頁）

〈夏官‧掌疆〉闕（《周禮正義》卷五十八）

〈敘官〉曰：「掌疆，中士八人，史四人，胥十有六人，徒百有六十人。」

仲容疏：「掌疆」者，職闕。〈大司徒〉云：「辨其邦國都鄙之數，制
其畿疆而溝封之。」又〈封人〉云：「凡封國，封其四疆，造都邑之
封域者亦如之。」是王國邦國都邑及九畿並有疆界，掌疆所掌蓋職
其守備之事。（《周禮正義》卷五十四，2252 頁）

〈夏官‧司甲〉闕（《周禮正義》卷六十一）

〈敘官〉曰：「司甲，下大夫二人，中士八人，府四人，史八人，胥八人，
徒八十人。」

仲容疏：「司甲」者，以下至槀人六官，並掌戎器之官，故亦屬司馬。
云「府四人」者，掌甲兵之藏，〈樂記〉云：「車甲釁而藏之府庫」
是也。（《周禮正義》卷五十四，2262 頁）

〈秋官‧掌察〉闕（《周禮正義》卷七十三）

〈敘官〉曰：「掌察四方，中士八人，史四人，徒十有六人」

仲容疏：職闕。……賈疏云：「蓋督察邦國之事。」俞樾云：「此官
以『掌察四方』四字為名，非名『掌察』也。……賈疏出『掌察四
方掌貨賄』七字，則賈氏所見經文必是『掌察四方』，不如今本止作
『掌察』也。」案：俞說亦通。但本職止存「掌察」二字，《唐》、《蜀
石經》已如是，……本職文闕，無可質證矣。」（《周禮正義》卷六
十五，頁 2737～2738）

〈秋官‧掌貨賄〉闕（《周禮正義》卷七十三）

〈敘官〉曰：「掌貨賄，下士十有六人，史四人，徒三十有二人。」

仲容疏：職闕。……蓋掌大府、內府九貢之貨賄。又〈內府〉云：「凡
四方之幣獻之金玉齒革兵器，凡良貨賄入焉」，皆是也。《國語‧晉
語》云：「王者成其德，而遠人以其方賄歸之。」故設此官以掌之，……
《書‧洪範》八政，二曰貨。孔疏引鄭《書注》云：「貨，掌金帛之

官，若《周禮》司貨賄是也。」案：掌司義同，司貨賄即此官也。(《周禮正義》卷六十五，2738 頁)

〈秋官‧都則〉闕

仲容疏：案：此非官名。此條蓋西漢時經師所增，當刪。」(《周禮正義》卷七十三，3099 頁)　又疏：俞正燮云：「……朝大夫者，如言山衡、林衡、川衡、澤虞；每國者，如言大山、大林麓、大川、大澤、大藪；都者，如言中山、小山、中林麓、小林麓、中川、小川、中澤、中藪、小澤、小藪也。其職皆兼國都言之。今別都則為一官而闕其職掌，則朝大夫之職掌與序官不相應，故知注說失之。」案，俞說是也。此即小都之私臣為朝大夫者，故爵降於大都之朝大夫一等也。此經當與前朝大夫為一條，鄭分為二，失之。(《周禮正義》卷六十五，2739 頁)

〈秋官‧都士〉闕　　〈家士〉闕 (《周禮正義》卷七十三)

〈敘官〉曰：「都士，中士二人，下士四人，府二人，史四人，胥四人，徒四十人，家士亦如之。」

仲容疏：「都士」者，此下並都家掌刑之官，以其家臣受命於王者，故不屬方士，而附秋官之末。云「家士亦如之」者，《唐石經》跳行別為一經，宋蜀本、建附釋音本、岳本、嘉靖本同。今從注疏本，注亦以都家並釋，則鄭本不分為兩經明矣。(《周禮正義》卷六十五，2739 頁)

〈冬官‧考工記‧段氏〉闕

仲容疏：「段氏」者，《說文‧殳部》云「段，椎物也。」又〈金部〉云「鍛，小冶也。」凡鑄金為器，必椎擊之，故工謂之段氏。鍛，則所用椎段之具也。上文云「段氏為鎛器」，蓋凡農器之有金者，皆此工為之。(《周禮正義》卷七十八，3283 頁)

〈冬官‧考工記‧韋氏〉闕

仲容疏：「韋氏」者，以所治之材名工也。《說文‧韋部》云「韋，相背也。獸皮之韋，可以束枉戾相韋背，故借以為皮韋。」……蓋此工專治柔孰之韋，與鮑人兼治生革異。(《周禮正義》卷七十九，3304 頁)

〈冬官‧考工記‧裘氏〉闕

仲容疏：「裘氏」者，以所作之服名工也。〈曲禮〉孔疏云：「裘謂帶毛狐裘之屬。」案：詳〈司裘〉疏。（《周禮正義》卷七十九，3305 頁）

〈冬官・考工記・筐人〉闕

仲容疏：「筐人」者，《說文・匚部》云「匡，飯器筥也，重文筐，匡或从竹。」此工文闕，職事無攷。《毛詩・小雅・鹿鳴》傳云「筐，篚屬，所以行幣帛也。」《書・禹貢》記九州地貢，又別有篚爲織文絲纘之屬，僞孔傳謂盛於筐篚而貢焉。則此有筐人，疑亦治絲枲布帛之工，故與畫繢、慌氏相次也。（《周禮正義》卷七十九，頁 3316 ～3317）

〈冬官・考工記・柳人〉闕

仲容疏：「柳人」者，《釋文》云「柳本或作櫛。」……《說文・木部》云「櫛，梳比之總名也。」柳、櫛字同。〈玉藻〉有「檀櫛」、「象櫛」，〈喪服傳〉有「櫛笄」，注云：「以櫛之木爲笄」是也。凡刮摩之工，蓋玉、石、骨、角、木通有之。玉人治玉，雕人治骨角，磬氏治石，此柳人疑即治木之工。〈明堂位〉有「刮楹」，注云：「刮，刮摩也。」木工刮摩，以梳比爲尤精致，故工亦即以爲名矣。（《周禮正義》卷八十，頁 3349～3350）

〈冬官・考工記・雕人〉闕

仲容疏：「雕人」者，《釋文》云「雕，本亦作彫。」案：《說文・彡部》云「彫，琢文也。」彫琢，字當以彫爲正。〈司几筵〉「彫几」，〈巾車〉「彫面」，〈司約〉注「彫器」，字並作彫。作雕者，叚借字也。又《爾雅・釋器》云「玉謂之雕。」其正字則當作「琱」。……故〈梓人〉說祭器云「小蟲之屬，以爲雕琢」。但此刮摩五工，已有玉人、柳人、磬氏等，則此雕人當爲治骨角之工。（《周禮正義》卷八十，3350 頁）

（六）釋《周禮》所述之古制

文獻無徵，夫子所嘆，班爵去籍，子輿不聞，孟僖子病不能相禮，隨武子不識殽烝，是皆即世施行者，尚有所不明。至若曾子親承聖人之教，猶有襲裘而弔之過，子思仲尼之胤，亦有不喪出母之失。仲容先生值廢清同、光之季世，欲逆考西周一代之盛典，其難也更百倍於往昔矣。然而《周禮》一

經，得鄭注而訓詁明，得賈《疏》而名物制度考究大備，得宋、元諸儒之說，而於周公致太平之迹推闡殆盡。至清代，討古之士，多重禮經，濟陽張爾歧、鄞縣萬斯大、崑山顧炎武，〔註112〕首開風氣，導夫先路。繼而佳作鑣出，如雨後之春筍：安溪李光坡之《周禮述注》二十四卷，李鐘倫之《周禮訓纂》二十一卷，桐城方苞之《周官集注》十三卷、《周官析疑》三十六卷、《考工記析義》四卷、《周官辨》一卷，吳縣惠士奇之《禮說》十四卷，婺源江永之《周禮疑義舉要》七卷，金壇段玉裁之《周禮漢讀考》六卷，韋協夢之《周官彙說》三十二卷，附《解義》十二卷，武進莊存與之《周官記》五卷、《周官說》二卷、《周官說補》三卷，德清徐養原之《周官故書考》四卷，南城王聘珍之《周禮學》三卷，南海曾釗之《周禮注疏小箋》四卷，湘潭王闓運之《周官箋》六卷等，發疑正讀，考訂禮制，各書均馳騁其說，超軼前修。先生得兼綜今古，博稽藝文，雜糅百氏之論，裁成一家之言。其於《周官》禮制，皆能直尋本經，抉發新義，以下特就其辨解之尤為搗鑿詳析者，拈出數端，以示先生考訂之精密閎通也。

（1）釋「大旅上帝祭天圓丘」之禮

〈天官・冢宰・掌次〉經曰：「王大旅上帝，則張氈案，設皇邸。朝日、祀五帝，則張大次、小次，設重帟重案。合諸侯亦如之。」

鄭注：「大旅上帝，祭天於圓丘。國有故而祭亦曰旅。此以旅見祀也。」

　　仲容疏：賈疏云：「見下經別云祀五帝，則知此是昊天上帝，即與〈司服〉及〈宗伯〉昊天上帝一也，即是〈大司樂〉冬至祭天於圓丘之事也。」案：鄭、賈意經雖言大旅，實即圓丘之大祀也。依此注，則上帝指昊天而言。〈大宗伯〉及〈典瑞〉皆云旅上帝，注並云上帝

〔註112〕爾歧，字稷若，號蒿庵。著有《儀禮鄭注句讀》十七卷，亭林為之序，作〈廣師篇〉云：「獨精三禮，卓然經師，吾不如張稷若。」萬斯大，字充宗，著有《周官辨非》一卷，大旨病其官冗而賦重，歷引諸經之相牴牾者，力攻其偏也。黃梨洲作〈先生墓志銘〉曰：「充宗以為非通諸經不能一經，非悟傳注之失則不能通經，非以經釋經，則亦無由悟傳注之失。何謂通諸經以通一經：經文錯互，有此略而彼詳者，有此同而彼異者，因詳以求略，因異以求同，學者所當致思也。何謂悟傳注之失，學者入傳注之重圍，其於經也，無庸致思，經既不思，則傳注無失矣，若之何而悟？何謂以經解經，世之信傳注者過於信經，……充宗會通各經，證墜輯缺，聚訟之議，渙然冰釋，奉正朔以批閏位，百注遂無堅城……」顧氏為有清樸學之先導，其所著《日知錄》，前七卷皆論經義，此外有《五經同異》、《九經誤字》、《五經考》等書。

五帝也。〈職金〉「旅上帝」，賈疏亦以五帝爲釋。二說不同。攷〈禮器〉云「大饗之禮，不足以大旅。大旅具矣。不足以饗帝。」注云：「大旅，祭五帝也。饗帝，祭天。」《家語‧郊問篇》王肅注同。彼云：「大旅不足以饗帝」，饗帝即圜丘之祭。大旅既次於饗帝，則此注以大旅上帝爲祭天於圜丘者，非也。〈禮器〉注說以大旅爲祭五帝，與〈大宗伯〉、〈典瑞〉諸注義同。然此職下文別出祀五帝，明上帝與五帝異，則以上帝爲通晐五帝者，亦非也。蓋帝之與天，雖可互稱，而此經則壃有區別。通校全經，凡云昊天者，並指圜丘所祭之天。凡云上帝者，並指南郊所祭受命帝。二文絕不相通。此職云「大旅上帝」，〈大宗伯〉云「旅上帝及四望」，〈典瑞〉云「祀天旅上帝」，又云「祀地旅四望」，〈職金〉云「旅于上帝」，〈玉人〉云「旅四望」。凡言旅者，并指非常之祭而言。所旅者止於上帝四望。不云旅昊、天旅五帝，則知旅祭上不及昊天，下不徧及五帝。此大旅上帝，自專指有故祭受命帝，與南郊之祭帝同而禮不同，與圜丘昊天之祭則迥不相涉也。蓋受命帝在五帝之中爲特尊，而卑於昊天，旅上帝有張氊案、設皇邸，則祀昊天亦同可知。旅禮略而郊祀詳，旅有張設，則郊祀亦同又可知。經舉上帝而不及昊天者，明舉卑可以見尊。舉大旅而不及郊祀者，明舉略可以見詳，經固有此文例也。凡上帝與昊天、五帝不同，互詳〈大宰〉、〈大宗伯〉、〈肆師〉、〈典瑞〉疏。《南齊書‧禮志》載江淹、王儉議，並謂南郊爲旅上帝。又引孔晁云：「五帝佐天化育，故有從祀之禮，旅上帝是也。」案：孔晁治王肅之學，蓋亦以郊丘爲一，南郊祀昊天，以五帝配，是爲旅上帝，則亦以旅爲郊也。王議又引馬融說，以爲夏正總旅明堂。《舊唐書‧禮儀志》，載唐人亦有釋〈典瑞〉「旅上帝」爲眾祭五帝者，黎幹表難之云：「旅雖訓眾，出於《爾雅》；及爲祭名，〈春官〉訓陳，注有明文。若如所言，旅上帝便成五帝，則季氏旅於泰山，可得便是四鎮邪？」案：黎說是也。馬、王諸家之說，其不可通有四：此經云大旅，下文又別云祀五帝，則上帝非即總祀五帝可知。叚令大旅與祀同，此五帝經何以爲別異之文乎？其不可通一。旅爲總祭，古無是說。〈大宗伯〉、〈典瑞〉、〈玉人〉並云「旅四望」，望祀各就其方，無總祭之法。若如馬說，豈得復有總祭四望之禮乎？其不可通二。〈大宗伯〉以旅

上帝爲國有大故之祭。若南郊，則常祀之最大者，不得待有大故始行之，其不可通三。〈眡瞭〉說大旅有廞樂器，與大喪同，〈笙師〉說大旅陳器亦然。明大旅之禮與常祭不同。若郊祀用盛樂，豈得但廞陳之？其不可通四也。凡大旅與圜丘不同帝，與南郊帝同而祭不同。（《周禮正義》卷十一，頁 433～434）

案：旅非常祭，故鄭云國有大故，以旅見祀。明旅不如祀之備也。此經凡言天者皆謂昊天，昊天者並指圜丘所祭之天；言上帝者，並指南郊所祭受命帝；言五帝者，謂五色之帝；三者尊卑不同，而同爲天帝則一，蓋非天不可以稱帝也。是以先生引經破注，證大旅與圜丘不同，帝與南郊帝同，而祭有尊卑之異也。

（2）考大射禮

〈天官・冢宰・司裘〉經曰：「王大射，則共虎侯、熊侯、豹侯，設其鵠。諸侯則共熊侯、豹侯，卿大夫則共麋侯，皆設其鵠。」鄭注：「大射者，爲祭祀射，王將有郊廟之祀，以射擇諸侯及群臣與邦國所貢之士可以與祭者。射者可以觀德行，其容體比於禮，其節比於樂而中多者，得與於祭。」

> 仲容疏：賈疏云：「《禮記・射義》云『天子大射，謂之射侯』，即云『天子將祭，必先習射』，故知大射是將祭而射也。郊謂祭五天帝於四郊，不言圜丘祭昊天，亦有可知。廟謂祭先王先公皆是也。『以射擇諸侯』至『得與於祭』，皆〈射義〉文。案：彼云『天子以射擇諸侯卿大夫士』，即云『是故古者天子之制，諸侯歲貢士於天子，試之射宮，其容體比於禮，其節比於樂而中多者，得與於祭，而中少者不得與於祭』。是其大射擇諸侯、群臣、貢士得與祭之事也。」詒讓案：凡大射皆因祭而射，其事有三：一爲天子春試邦國之貢士，其禮最大，〈梓人〉所謂「張皮侯而棲鵠，則春以功」是也。二則四時郊廟祭前，擇助祭之臣。三則四時大田校獲，卿大夫相與射，時田有享礿、享烝及方社之獻，則亦祭事也。三者皆爲祭而舉，而以能詔事，亦即行於其間，故有擇諸侯、卿大夫士及得中爲諸侯之說。本原禮意，蓋因畿內外諸侯與官府學士等，皆本無職事，而來助祭觀禮者其人眾多，不容盡取，故必射以擇之。《漢書・食貨志》說諸

侯貢士於天子，云「行同能偶，別之以射」，將祭擇士，亦此意也。若遠方侯服祇奉職貢，宗祝有司共脩職掌，雖亦與射，而豈在擇取之列哉！今攷天子大射之宮，見於經者有二：一在東郊，爲壇墠宮。《大戴禮記・虞戴德篇》云「諸侯會朝于天子，天子以歲二月，爲壇于東郊，抗大侯，規鵠豎物。九卿佐三公，三公佐天子，天子踐位，諸侯各以其屬就位。乃升諸侯之教士，教士執弓挾矢，揖讓而升，履物以射」是也。此天子春與邦國貢士大射，公卿及諸侯咸在，即所謂春以功也。其禮最盛而人尤眾，故不於大學而於郊壇。若歲時大祭擇士及王與群臣或國中學士射，則當在大學中學之辟雍。〈諸子〉云：「春合諸學，秋合諸射。」射即辟雍也。惟射宮本無定所，射於東郊，即以壇宮爲射宮；射於大學，即以辟雍爲射宮。（《周禮正義》卷十三，頁498～500）

案：天子皆因祭而有大射，或春試以功，或四時郊廟，或大田校獵，事雖有三，而三者皆爲祭。至於天子大射之宮，見於經者有二：一在東郊，一在大學。在東郊者，以壇宮爲射宮；在大學者，以辟雍爲射宮。〈諸子〉云：「春合諸學，秋合諸射。」其將祭擇士之禮，以春試邦國之貢士最盛。故先生就本經及他經考之。

（3）考都鄙井田之法與井牧出軍賦之制

〈地官・司徒・小司徒〉之職，經曰：「乃經土地而井牧其田野，九夫爲井，四井爲邑，四邑爲丘，四丘爲甸，四甸爲縣，四縣爲都，以任地事而令貢賦，凡稅斂之事。」鄭注：此謂造都鄙也，采地制井田，異於鄉遂，重立國。小司徒爲經之，立其五溝五塗之界，其制似井之字，因取名焉。《孟子》曰：「夫仁政必自經界始。經界不正，井地不均，貢祿不平，是故暴君姦吏必慢其經界。經界既正，分田制祿可坐而定也。」鄭司農云：「井牧者，《春秋傳》所謂井衍沃牧隰皋者也。」玄謂隰皋之地，九夫爲牧，二牧而當一井。今造都鄙，授民田，有不易，有一易，有再易，通率二而當一，是之謂井牧。昔夏少康在虞思，有田一成，有眾一旅。一旅之眾而田一成，則井牧之法先古然矣。九夫爲井者：方一里，九夫所治之田也。此制小司徒經之，匠人爲之溝洫，相包乃成耳。邑丘之屬相連比，以出田稅。溝洫爲除水害。四井爲邑，方二里。四邑爲丘，

方四里。四丘爲甸，甸之言乘也，讀如哀甸之甸。甸方八里，旁加一里，則方十里，爲一成。積百井，九百夫。其中六十四井，五百七十六夫，出田稅；三十六井，三百二十四夫，治洫。四甸爲縣，方二十里。四縣爲都，方四十里。四都方八十里，旁加十里，乃得方百里，爲一同也。積萬井，九萬夫，其四千九十六井，三萬六千八百六十四夫，出田稅；二千三百四井，二萬七百三十六夫，治洫；三千六百井，三萬二千四百夫，治澮。井田之法，備於一同。今止於都者，采地食者皆四之一。其制三等：百里之國凡四都，一都之田稅入於王；五十里之國凡四縣，一縣之田稅入於王；二十五里之國凡四甸，一甸之田稅入於王。地事謂農牧衡虞也。貢謂九穀山澤之材也，賦謂出車徒給繇役也。《司馬法》曰：「六尺爲步，步百爲畮，畮百爲夫，夫三爲屋，屋三爲井，井十爲通。通爲匹馬，三十家，士一人，徒二人。通十爲成，成百井，三百家，革車一乘，士十人，徒二十人。十成爲終，終千井，三千家，革車十乘，士百人，徒二百人。十終爲同，同方百里，萬井，三萬家，革車百乘，士千人，徒二千人。」

仲容疏：「乃經土地而井牧其田野」者，此都鄙井田之法也。賈疏云：「此小司徒佐大司徒掌其都鄙，都鄙則三等采地是也。井方一里，兼言牧地，是次田二牧，當上地一井。授民田之時，上地不易，家百畮；中地一易，家二百畮；下地再易，家三百畮。通率三家受六夫之地，一家受二夫，與牧地同，故云井牧其田野。」江永云：「井牧其田野，衍沃用井，隰皋用牧，有此通融之法，則凡高下低邪之地，皆可以方田之算術齊之，無地不可井矣。但有公田，無公田，其制不能畫一。孟子請野九一而助，國中什一使自賦，是有通融之法。而〈小司徒〉惟言九夫爲井，未及論其中區之爲公爲私。〈載師〉任地，近郊什一，遠郊二十而三，甸稍縣都皆無過什二，似皆無公田。〈司稼〉巡野觀稼，以年之上下出斂法，亦惟皆私田，乃有不定之斂法。如行助法，則惟以公田之稼歸公，不必論年之上下矣。據《司馬法》，畮百爲夫，夫三爲屋，屋三爲井，而〈小司徒〉言攷夫屋，〈旅師〉言聚野之屋粟，是用夫三爲屋之法矣。用屋法則非八家同井之法。」案：江說是也。此經井邑丘甸縣都，是徹法。九家同井之井田；孟子所說是助法，八家同井之井田。助有公田，徹無公

田，兩法形體雖同，而家數迥異。徹法以一井九百畝之田，分授九家，而載師以郊甸稍縣都地之遠近，司稼以年之上下，通校其差率而爲斂法。《孟子·滕文公篇》，趙注謂徹法「耕百畝者，徹取十畝以爲賦」，殆未僚其制。云「四丘爲甸」者，賈疏云：「甸方八里，旁加一里則爲十里之成。今不言十里成，而言八里甸者，成閒有洫，井閒有溝，旁加一里者，使治溝洫，不出稅。舉其八里之甸，據實出稅者而言。」云「以任地事」者，賈疏云：「謂若〈大宰〉九職任萬民，謂任役萬民使營地事。」云「而令貢賦」者，貢者，九職之力征，即〈閭師〉之八貢。賦者地征，即〈太宰〉之九賦。鄭、賈謂賦專爲軍賦出車徒之等，說未晐。云「凡稅斂之事」者，都鄙雖制井田，而此經則是徹法，無公田，一井九家，各受田百畮，而斂其什一之稅。賈疏釋稅斂爲一井之田，一夫稅入於官，則是合徹助爲一法，非經義也。（《周禮正義》卷二十，頁 786～788）

案：以上爲都鄙井田之法，先生取此經與〈載師〉、〈司稼〉、〈匠人〉各經相比讞，證井、邑、丘、甸、縣、都是徹法，爲九家同井之井田；孟子所說是助法，乃八家同井之井田；助有公田，徹無公田。兩法形體同而家數異，此所以鄭注賈疏釋貢賦稅斂不能通晐者，即未憭經制故也。是以先生著〈徹法攷〉，以見有周一代稅斂之正法也。

附：〈徹法攷〉

徹爲有周一代稅斂之正法，而其名不見於《周禮》。其見於《論語》、《孟子》者，與夏貢、殷助三法並舉。是必周損益二代，特爲此制，與貢助不同，故得專是名。且既爲當代之正法，則必通行於畿內邦國，凡稅斂悉取正於是，皆可知也。而漢以來說經者，咸不能塙指其制，鄭君注〈考工記·匠人〉引《論語》、《孟子》諸文而釋之，曰「周制，畿內用夏之貢法，稅夫無公田。邦國用殷之助法，制公田，不稅夫。周之畿內，稅有輕重。諸侯謂之徹者，通其率以什一爲正。」其注《論語》亦云：「什一而稅謂之徹。徹，通也，爲天下之通法。」義雖與《周禮》注小異，而其詁「徹」爲「通」則同。《後漢書》陸康云「徹者，通也。法度可通萬世而行也。」與鄭《論語注》說略同。趙岐《孟子注》則云：「民耕百畮者，徹取十畮以爲賦。徹者，徹取物也。」〈王制〉孔疏引劉熙、皇侃說同。隋、唐義疏家所述，率皆不出此數說。於其法制之詳，殊

異於貢助者，未有能質言之者也。今諦審鄭詁「徹」爲「通」，蓋以貢什一，助九一，通二法以爲率，故云通其率以什一爲正，是謂兼用貢助之舊法，而無所損益也。且謂其法行於邦國，而畿內則不用，是又不得爲天下之通法矣。夫孟子綜論貢、助、徹三法，而以爲莫善於助，莫不善於貢，明徹之爲法，必善於貢，而不及助，則其立法之大要與行法之細目必較然別異，非徒沿夏殷舊制可知。況以一代稅法之正，乃不行於王畿，而唯行於邦國，其義亦有難通者，非所敢信也。至趙、劉訓「徹」爲「取」，望文生訓，其義尤廣，無由推其法數，且貢助亦何非取於民，而徹乃獨專此名乎？然則徹之爲法，其授田之通率，與定賦之等衰，將於何徵之與？曰徹之名雖不見於《周禮》，而其法仍當於《周禮》徵之。蓋《周禮》爲周政法之總會，徹既爲周稅法之正，則《周禮》一經凡稅斂之法雖不言徹，而實則皆徹法之凡目條例也。綜而論之：〈大司徒・遂人〉三等受田，上地夫百畝，中地二百畝，下地三百畝，即《孟子》所謂百畝而徹也，與貢五十、助七十爲畝法小異，不足深論。其定賦之法與貢助不同者則有二：〈司稼〉云「巡野觀稼，以年之上下出斂法」，此以年之豐凶爲稅法之差也。〈載師〉云「凡任地，近郊十一，遠郊二十而三，甸稍縣都皆無過十二」，尚有園廛漆林之征，非田稅之正，今不論。此以地之遠近爲稅法之差也。蓋無論井田與不井之田，皆以此二法通計之，以校其贏朒而爲斂法，是謂之徹。徹之云者，通乎年之上下、地之遠近以爲斂法，鄭訓爲「通」，說自不誤。而以爲通貢助，則尚未得義耳。若然，周之徹法，或有溢於什一之率乎？曰：非也。蓋三代之稅法不同，要皆以什一爲正，然有有常率之什一，有無常率之什一。夏貢之什一，有常率者也；周徹與殷助之什一，無常率者也。〈司稼〉斂法，其等數經無見文，今以年上下出斂法之文諦玩之，其上者必有所增，下者必有所減，而中歲則依正法可推而知也。……今姑依李悝說，〔註113〕而以〈司稼〉、〈載師〉二經參定其稅法之差，如平稅百畝之收百五十石，則近郊稅十五石，遠郊二十二石五斗，甸稍縣都三十石。上孰收六百石，則近郊稅六十石，遠郊九十石，甸稍縣都約百二十石。中孰收四百五十石，則近郊稅四十五石，遠郊六十七石五斗，甸稍縣都約九十石。下孰收三百石，則近郊稅三十石，遠郊四十五石，甸稍縣都約六十石。其凶荒則亦以三等遞減，如小饑收百石，則近郊稅十石，遠郊十五石，甸稍縣都約二十石。中饑收七十石，則近郊稅七石，遠郊十石五斗，甸稍縣都約十四石。

〔註113〕即《漢書・食貨志》引魏李悝說。

大饑收三十石,則近郊稅三石,遠郊四石五斗,甸稍縣都約六石,此其大較也。……蓋徹法之名箸於《論語》、《孟子》,而其條目實備存於《周禮》,自鄭、趙諸經師未能發明斯義,後儒遂瞀然莫辨。近惟姚氏秋農、徐氏新田,始據〈司稼〉之文以明徹之異於貢助者,在視年上下爲斂法,爲能以周經證周法;惜於〈載師〉相地衰征之法咸未甄舉,則仍知其一而未知其二也。……此外眾說大都憑肊推測,全無根據,殆無足論。今謹據〈司稼〉、〈載師〉兩職文,以求徹之本制,而後有周一代稅法之異於夏殷者,可略得其辜較,而《論語》、《孟子》之義,亦昭然若揭矣。」

附表三:徹法田賦什一等衰表

	上 孰	中 孰	下 孰	平 歲	小 饑	中 饑	大 饑
上地畝收	六百石	四百五十石	三百石	百五十石	百石	七十石	三十石
近郊賦	六十石	四十五石	三十石	十五石	十石	七石	三石
遠 郊	九十石	六十七石五斗	四十五石	二十二石五斗	十五石	十石五斗	四石五斗
甸稍縣都	百二十石	九十石	六十石	三十石	二十石	十四石	六石
中地畝收	三百石	二百二十五石	百五十石	七十五石	五十石	三十五石	十五石
近 郊	三十石	二十二石五斗	十五石	七石五斗	五石	三石五斗	一石五斗
遠 郊	四十五石	三十三石七斗五升	二十二石五斗	十一石二斗五升	七石五斗	五石二斗五升	二石二斗五升
甸稍縣都	六十石	四十五石	三十石	十五石	十石	七石	三石
下地畝收	二百石	百五十石	百石	五十石	三十三石三斗三升	二十二石三斗三升	十石
近 郊	二十石	十五石	十石	五石	三石三斗三升三合強	二石三斗三升三合強	一石
遠 郊	三十石	二十二石五斗	十五石	七石五斗	五石	三石五斗	一石五斗
甸稍縣都	四十石	三十石	二十石	十石	六石六斗六升六合強	四石六斗六升六合強	二石

(錄自《籀廎述林》卷一,1～15頁)

仲容疏：鄭注引《司馬法》文，以説井牧出軍賦之法。……今以此經與《司馬法》參互校之，王畿及侯國皆有鄉遂都鄙之異，鄉遂五五相比，斷不能爲井田，又《左傳》成元年疏云：「長轂、馬牛、甲兵、戈楯，皆一甸之民同共此物。若鄉遂所用車馬甲兵之屬，皆國家所共。知者，以一鄉出一軍，則是家出一人，其物不可私備故也。」據孔説，是鄉遂賦法，出兵而不出車。若依《司馬法》計井出車之制計之，則必王國侯國皆不立鄉遂而後可，其不合者一也。且都鄙雖爲井田之制，然疆域革離及山川所限，斷不能截然正方，亦必有畸零不井之田錯乎其間，則亦不能皆符此數，其不合者二也。又《司馬法》所計夫數，皆以一井九家爲率，則不爲公田。而據鄭〈匠人〉注，則王畿之井田用貢法，無公田；邦國之井田用助法，有公田。有公田則一井止八家，一邑止三十二家，而丘甸以上之積數，皆當大減。是侯國即不立鄉遂，盡爲井田，亦不能充此數，其不合三也。然則作《司馬法》者，未嘗不知井與不井形體不一，但分地校量，則紛互襍糅，不便計算，故設此計里令賦大略之疏率，無論井與不井，一以此通之；不過謂地方百里可出車百乘，地方三百十六里有奇可出車千乘，地方千里可出車萬乘耳。彼本不謂盡天下皆爲井田，而説者必欲牽就井數夫數，一一校覈，求其密合，其有當乎！既知其爲大略之法，則知通成丘甸二文雖異，而同爲計里出車之法；不當如賈、孔説，以爲都鄙邦國之異制。蓋丘爲匹馬丘牛，即通爲匹馬。《左傳》昭四年「鄭子產作丘賦」，《孫子·作戰篇》云「財竭則急於丘役，並謂此也。丘，十六井，凡百四十四夫；以三等受地之率通之，受田者凡七十二家。此與通十井三十家數雖不合，而其出匹馬則同，但丘增出牛三頭耳。以平價論之，馬貴而牛賤，三十家而出馬一匹，與七十二家而出馬一匹，牛三頭，其費固約略相等也。成包一甸，甸出長轂一乘，即成出革車一乘也。甸六十四井，以率通之，凡二百八十八家，此與成百井三百家數雖不合，而其出車一乘則同。由是推之，終十成包十甸，同百成包百甸，其井及夫家之數亦皆不合，而其出車十乘、百乘則亦同。但依鄭義一同雖可容百成，而緣邊須再除其治洫之虛地，是同中實地，止包四都六十四甸，則止能出六十四乘，不足百乘之數。足證《司馬法》亦大略計之，本未以溝洫積數實除，止以百成包百甸則出車百乘，

與甸出一乘之積數固無不合。（以上除〈徹法攷〉見《籀膏述林》外，
其餘均見《周禮正義》卷二十，807頁）

案：此乃先生就鄭注引《司馬法》，以考井牧出軍賦之法。惟王畿及侯國皆有鄉
遂都鄙之異，其所謂計里令賦者，大略之疏率；既知爲大略之法，則通成丘甸
二文雖異，而同係計里出車之制，賈、孔說以爲都鄙邦國之異軌誤，故攷馬、
鄭說丘乘出車合於《司馬法》，封國里數合於此經，其義不可易也。〔註114〕

（4）蜡祭非秦制考（兼辨蜡祭、臘祭之異同）

〈春官・宗伯・籥章〉經曰：「國祭蜡，則龡〈豳頌〉，擊土鼓，以息老
物。」鄭注：「故書蜡爲蠟，杜子春云：「蠟當爲蜡。〈郊特牲〉曰『天子大蜡
八，伊耆氏始爲蜡。歲十二月，而合聚萬物而索饗之也。蜡之祭也，主先嗇
而祭司嗇也。黃衣黃冠而祭，息田夫也。既蜡而收，民息已。』」

> 仲容疏：孔疏云：「對文蜡臘有別，揔其俱名蜡也。故〈月令〉『孟
> 冬，祈來年于天宗，大割祠于公社及門閭，臘先祖、五祀。鄭注
> 云：『此《周禮》所謂蜡』，是也。」又云：「〈月令〉臘在祈天宗
> 之下，但不知臘與蜡祭相去幾日，惟隋禮及今禮皆蜡之後日。」
> 案：依鄭、孔說，則周制有臘，臘即息民之祭，在蜡後而小於蜡。
> 此職專言蜡祭之樂，不關臘祭之樂也。而《玉燭寶典》引《月令
> 章句》則云：「臘，祭名也。夏曰嘉平，殷曰清祀，周曰大蜡，總
> 謂之臘。《周禮》國祭蜡以息老物，言因臘大執眾功，休老物以祭
> 先祖及五祀，勞農以休息之。」案：蔡謂蜡與臘是一，此職所言
> 即臘祭之樂，與鄭說不同。《獨斷》云「夏曰嘉平，殷曰清祀，周
> 曰大蜡，漢曰臘。」《風俗通義・祀典篇》說同。《廣雅・釋天》
> 云「夏曰清祀，殷曰嘉平，周曰大蜡，秦曰臘。」此並以蜡、臘
> 爲周、秦、漢之異名，與《月令章句》說小異，而亦謂蜡臘一祭
> 二名。今攷張氏蓋因〈月令〉本出《呂覽》，而有臘先祖五祀之文，
> 《史記・秦本紀》亦云「惠文君十二年，初臘」，故謂臘爲秦制。
> 然《左傳》僖五年傳已云「虞不臘矣」，《晏子春秋・諫下篇》云：
> 「景公令兵搏治當臘冰，月之閒而寒」，《韓非子・五蠹篇》云「夫
> 山居而谷汲者，膢臘而相遺以水」，《列女傳・母儀篇・魯母師傳》

〔註114〕仲容原疏閎通淹貫，洋洋數萬言，因限於篇幅，徵引之時多所刪節，猥以微
材，拙於彌縫，掛一漏萬或不可免也。

云「臘日休作者，歲祀禮事畢」，則周時自有臘祭，不得爲秦漢制
矣。（《周禮正義》卷四十六，1915 頁）

案：先生以〈月令〉有臘先祖五祀之文，《史記》有惠文君十二年初臘之語，
致後人誤信臘爲秦、漢之制。殊不知《禮記・郊特牲》鄭注、孔疏已證周制
有臘，且蔡邕《月令章句》云三代臘祭之名，而《左》僖五年傳、《晏子春秋・
諫下篇》、《韓非・五蠹篇》、《列女傳・母儀篇》亦均載多臘之事，先生皆一
一別擇疏通，則周時自有臘祭，不得爲秦、漢之制明矣。臘祭既乃三代通行
之典，則蜡祭與臘祭二者有以異乎，先生於〈地官・司徒〉亦有詳說。如云：

> 仲容疏：注云「國索鬼神而祭祀，謂歲十二月大蜡之時，建亥之月
> 也」者，《釋文》云「蜡，依字作䄍。」案：《月令釋文》引《字林》
> 作「䄍」，即蜡之俗。〈郊特牲〉云「天子大蜡八。蜡也者，索也。
> 歲十二月，合聚萬物而索饗之也。蜡之祭也，主先嗇而祭司嗇也。
> 祭百種，以報嗇也。饗農及郵表畷、禽獸，仁之至、義之盡也。古
> 之君子，使之必報之。迎貓，爲其食田鼠也；迎虎，爲其食田豕也，
> 迎而祭之也。祭坊與水庸，事也。」……案：〈月令〉又云「天子乃
> 祈來年于天宗，大割祠于公社及門閭，臘先祖五祀，勞農以休息
> 之。」……金鶚云：「〈月令〉多雜秦制，秦無蜡祭，而於孟冬祈天
> 宗，祠公社、門閭，臘先祖、五祀，遂勞農休息，以倣周之大蜡，
> 而不以蜡名之。後儒不察，而以爲《周禮》，誤矣。」案：金謂祈年
> 天宗、祠公社門閭非蜡祭，是也。黃以周說同。大蜡八神，皆非常
> 祀所及，搜索而祭之，故經云「索鬼神」，與大司徒十二荒政之「索
> 鬼神」爲修廢祀，事異而義同也。至臘爲息民之祭，與蜡同日行之，
> 但有尊卑之別耳。通言之，臘亦得謂之蜡。其黨正飲酒正齒位，即
> 在蜡臘之日，故〈郊特牲〉因蜡而及息民之祭，〈月令〉又因臘而及
> 勞農休息之事，明黨飲亦與蜡臘事相因。〈雜記〉云：「百日之蜡，
> 一日之澤。」鄭彼注亦引此經爲說，是其證也。（《周禮正義》卷二
> 十二，頁 871～873）

案．蜡祭之禮，〈地官・司徒・黨正〉注，說建亥之月，天子先大飲烝於大學，
大飲之後有蜡祭，蜡祭之後有臘祭，臘之後黨正乃屬民飲酒於序，正齒位，
是證臘爲息民之祭，與蜡同日行之，但有尊卑之別耳。通言之，臘亦得謂之
蜡。先生引說就經，會最比附，則蜡臘相因之禮，即晦而復明矣。

（5）考《周禮》所述之「縣」

〈地官·司徒·敘官〉曰：「縣師，上士二人，中士四人，府二人，史四人，胥八人，徒八十人。」鄭注：「主天下土地人民已下之數，徵野賦貢也。名曰縣師者，自六鄉以至邦國，縣居中焉。鄭司農云：『四百里曰縣』。」

仲容疏：〈載師〉注云：「公邑謂六遂餘地，天子使大夫治之，自此以外皆然。二百里、三百里，其大夫如州長；四百里、五百里，其大夫如縣正。」是鄭謂公邑有縣也。鄭鍔云：「王國百里外爲六遂，又其外爲家邑、小都、大都，尚有餘地則謂之公邑，天子使吏治焉，其官名曰縣師。」金榜云：「周制，鄉遂之外，有都鄙，有公邑。〈縣士〉注云：『都縣野之地，其邑非王子弟公卿大夫之采地，則皆公邑也，謂之縣。』縣師、稍人、縣士，治公邑之官也。」案：鄭、金說是也。江永、姜兆錫、林喬蔭說同。全經凡言縣者有四：此縣師及縣士所掌之縣，爲四等公邑之通名，一也。〈小司徒〉「四甸爲縣」，爲都之屬別，二也。縣正所掌二千五百家之縣，爲六遂之屬別，三也。〈大宰〉邦縣之賦，即〈載師〉所云「以小都之田任縣地」，爲距王城四百里地之專名，四也。但依〈載師〉注義，謂公邑之縣與五鄙之縣同，則是溝洫貢子之法。其說非也。今攷公邑，實當與采邑同制井田，亦爲丘甸之法。則縣之名，蓋即起於四甸之縣，猶采邑稱都名亦起於四縣之都，其義正同，與六遂之縣固不相涉也。但公邑自甸至畺有四等，惟甸有公邑無采邑，其在稍者與家邑同處，在縣者與小都同處，在畺者與大都同處。王官所治爲公邑，公邑所居謂之縣鄙，采主所治爲采邑，采邑所居謂之都鄙，二者互相出入，制宜略同。采邑大都極於百里，不止四縣，則公邑總部之大縣，亦宜極於百里，不止四甸，可相比例也。《周書·作雒篇》說王畿云「方千里分以百縣，縣有四郡，郡有四鄙。」又云「大縣城方王城三之一，小縣城方王城九之一。」《說文·邑部》亦云「周制，天子地方千里，分爲百縣，縣有四郡。故《春秋傳》曰『上大夫受縣，下大夫受郡。』」案：〈月令〉亦有百縣之文，千里開方，得方百里者百。《司馬法》以百里爲一同。〈載師〉注云：「王畿內方千里積百同。」百同即百縣也。惠士奇云：「《周書》千里分爲百縣。昭五年《左傳》『十家九縣，長轂九百，其餘四十縣，遺守四千。』則每縣百乘，

百縣萬乘，此國畿千里出車之大數也。地官有縣師，秋官有縣士。《風俗通》曰『百里爲同，總名曰縣。』」案：惠據〈作雒〉及《左傳》遂啓疆語釋此縣，是也。金榜說同。蓋百縣之制，雖通王畿大較言之，然公邑總部之爲縣，則〈縣士〉有明文，自當即一同之縣。以〈小司徒〉丘甸之法言之，〈作雒〉之鄙即四甸之縣，郡即四縣之都，皆與此經異；而彼所謂縣，即〈小司徒〉注所謂四都方八十里旁加十里爲一同者，則與〈載師〉大都正相應，蓋即所謂大縣；而四甸之縣則所謂小縣也。此經縣師、縣士所治，當即一同之大縣，可無疑矣。（《周禮正義》卷十七，頁654～655）

我國縣制，起源甚古，惟《周禮》之說爲詳備。而《周禮》言縣者有〈縣師〉、〈縣士〉及〈小司徒〉四甸爲縣，〈縣正〉以及〈大宰〉邦縣之賦等。其中爲四等公邑之通名者，爲〈縣師〉、〈縣士〉之縣。爲都之屬別者，爲四甸之縣。爲六遂之屬別者，乃縣正所掌。爲距王城四百里地之專名者，乃大宰邦縣所賦。由此觀之，則《周禮》所述之縣，就轄區、權限、賦稅、隸屬，均不甚一致。先生乃歷引諸經注與後儒之說，於《周禮》縣制多所考訂，爲留心我國政治沿革史者添一佐證。

（6）說周人明堂之制與夏殷制之異

〈冬官・考工記〉曰：「周人明堂，度九尺之筵，東西九筵，南北七筵，堂崇一筵，五室，凡室二筵。」鄭注：「明堂者，明政教之堂。周度以筵，亦王者相改。周堂高九尺，殷三尺，則夏一尺矣，相參之數。禹卑宮室，謂此一尺之堂與？此三者或舉宗廟，或舉王寢，或舉明堂，互言之，以明其同制。」

仲容疏：「周人明堂」者，此記周明堂之制也。牛弘〈明堂議〉引馬宮說云：「周人明堂，堂大於夏室，故命以堂。」蔡邕〈明堂月令論〉云：「東曰青陽，南曰明堂，西曰總章，北曰玄堂，中央曰太室。《易》曰：『離也者，明也，南方之卦也。聖人南面而聽天下，嚮明而治。』人君之位，莫正於此，故雖有五名，而主以明堂也。」戴震云：「周人取天時方位以命之。東青陽，南明堂，西總章，北玄堂，而通曰明堂，舉南以該其三也。」云「東西九筵，南北七筵」者，明堂亦四堂，此南堂一面廣修之度也，餘三堂同。

云「五室，凡室二筵」者，五室亦土室居中，四行室居四維，與夏室同，每室廣修皆二筵。賈疏云：「夏之世室，其室皆東西廣於南北也。周亦五室，直言凡室二筵，不言東西廣，鄭亦不言東西益廣，或五室皆方二筵，與夏異制也。若然，殷人重屋亦直云堂修七尋，不言室，如鄭意，以夏、周皆有五室十二堂，明殷亦五室十二堂。」詒讓案：世室明堂五室並正方，夏、周制本不異，十二堂即兩夾及四正堂之合數，並詳前疏。東西九筵，南北七筵，爲明堂一面之度。故《玉海・郊祀》引《禮記外傳》、《孝經援神契》云：「明堂之制，東西九筵，南北七筵，筵長九尺，東西八十一尺，南北六十三尺，故謂之大室。」《孝經緯》說與此經同。自鄭誤以九七之筵爲全堂橢方之度，而古制晦。李謐〈明堂制度論〉駁之云：「〈記〉云：『東西九筵，南北七筵，五室凡室二筵。』置五室於斯堂，雖使班、倕構思，王爾營度，則不能令三室不居其南北也，然則三室之閒，便居六筵之地，而室壁之外裁有四尺五寸之堂焉。豈有天子布政施令之所，宗祀文王以配上帝之堂，周公負扆以朝諸侯之處，而室戶之外僅餘四尺而已哉！假在儉約，爲陋過矣。抑云二筵者，乃室之東西耳，南北則狹焉。曰：若東西二筵，則室戶之外爲丈三尺五寸矣。南北戶外復如此，則三室之中南北裁各丈二尺耳。〈記〉云：『四旁兩夾窗。』若爲三尺之戶，二尺之窗，窗戶之間，裁盈一尺。繩樞甕牖之室，華門圭竇之堂，尚不然矣。假令復欲小廣之，則四面之外闊狹不齊，東西既深，南北更淺，屋宇之制，不爲通矣。驗之眾塗，略無算焉。且凡室二筵，丈八地耳，然則戶牖之閒不踰二尺也。《禮記・明堂》『天子負斧扆南向而立』，鄭注云：『設斧於戶牖之間』。而鄭氏《禮圖》說扆制曰『縱橫八尺』，以八尺扆置二尺之間，此之巨通，不待智者，較然可見矣。且若二筵之室爲四尺之戶，則戶之兩頰裁各七尺耳，全以置之，猶自不容，矧復戶牖之間哉！又云『堂崇一筵』，便基高九尺，而壁戶之外裁四尺五寸，於營制之法，自不相稱。」牛弘議亦云：「依鄭注，每室及堂，止有一丈八尺，四壁之外，四尺有餘。明堂總享之時，五帝各於其室。設青帝之位，須於大室之內，少北西面。太昊從食，坐於其西，近南北面。祖

宗配享者，又於青帝之南，稍退西面。丈八之室，神位有三，加以簠簋籩豆，牛羊之俎，四海九州美物咸設，復須席工升歌，出罇反坫，揖讓升降，亦以陋矣。」案：李、牛所論，足證鄭義之疏。宇文愷議亦謂三代堂基並方，斥鄭義與古違異。惟李氏又以夏、周文質之異，度堂筵几之殊，並疑經文之謬，則妄也。唐宋以後說明堂者，率沿鄭說。近代諸儒始知九七之筵爲一堂之度，而阮元所釋尤覈，其說云：「東西九筵者，八丈一尺也，約當今尺四丈八尺六寸，南北七筵者，六丈三尺也，約當今尺四丈八尺六寸。南北七筵者，六丈三尺也，約當今尺三丈七尺八寸。此明堂南一堂之丈尺。經不言東西北三堂者，丈尺相同，舉南可概三方也。四方之堂，寬皆九筵。此四堂之背，四角相接，是明堂之北距玄堂之南，青陽之西距總章之東，皆九筵也。以此方九筵之地爲太室及四室，每室止用二筵，丈尺恰可相容。凡言室者，皆廟屋內劃出之名，非建五小屋於露處之地可名爲室也。此五室皆當重屋圓蓋之下，若於太室四角立四大柱，或再倚四堂之背，木室之西之南，火室之西之北，金室之東之北，水室之東之南，立八大柱，則可上載圓屋並遮五室矣。」又云：「重屋，見於〈考工記〉，上圓下方，見於《大戴記》，皆是古制。此中央九筵之地，假使立大柱出乎四堂背之上，而加以圓蓋之屋，則是上圓之重屋矣。圓蓋須比九筵爲大，乃不霤雨水於五室也。九筵方徑當今尺四丈八尺六寸，均須徑今尺六丈有餘之圓蓋方能蓋之。至於圓屋之下，方屋之上，必可虛之以吸日景而納光也。」陳澧云：「明堂之制，見〈月令〉曰太廟者四，曰个者八，曰太廟太室者一。見〈考工記〉曰五室，見《大戴禮・盛德》曰上圓下方。說者大都以四太廟八个五室皆在九筵七筵之內，其制度太狹，廣與袤又不稱。阮以九筵七筵爲一面之度，舉一面以該三面，於是九筵七筵之義始明。室二筵者，其地本方三筵，四壁皆厚半筵，室中方二筵也。〈記〉云：『室中度以几』，鄭注云：『室中舉謂四壁之內』，即其義也。〈記〉不云室中二筵者，猶九筵七筵不必云堂上也。云二筵不云若干几者，與上文九筵七筵連文也。其度則二筵，而度之則以几不以筵耳。築土爲壁，上承重屋，非半筵之厚，不勝其任。且古一尺當

今六寸許，二筵僅當今一丈許。若復去四壁，其中太狹，不足行禮，二筵不計四壁明矣。并四壁則方三筵，三室則九筵，與一面之廟个同廣也。堂基爲亞字形，八隅立柱，以承圓屋。〈盛德〉所云上圓者，圓屋也。下方者，亞形八隅也。」案：阮、陳說是也。明堂東西九筵，廣度不及世室之半，明四堂之角無復餘地，則堂必四出爲亞字形可知。依阮說，四堂各廣九筵，修七筵，堂內正中爲五室，爲地總方九筵，而堂外四角各缺方九筵之地爲廷。其說墒不可易。以此推之，蓋自南堂廉至北堂廉，共二十五筵，爲尺二百二十五，東西亦如之，即四堂全基之度也。惟五室每室中方二筵，加每室四壁一筵，適盡方九筵之地，則當以陳說爲定解。此經於周制止舉堂室，實則九階、四旁兩夾窗、白盛之制，當與夏四室同；四阿重屋之制，當與殷重屋同。（《周禮正義》卷八十四，頁 3449～3452）

案：先生歷引古今諸儒明堂之議，而斷以己說，以證周明堂之制，其九階、四旁、兩夾窗、白盛之制，當與夏世室同；四阿重屋之制，當與殷重屋同。夫自鄭誤以九七之筵，爲全堂楠方之度後，而古制晦；至此則周代明堂之制與夏殷制之異，得隱而復顯。茲特參照戴、阮、陳與先生之說，製「周人明堂圖」，庸示構築之大略焉。

附表四：周人明堂結構略圖

共二十戶，四十窗、九階。上覆重屋，可吸日光。

（七）述《周禮》所載之名物

　　先儒爲學，首重名物之辨析，《周禮》一經，亦數言辨其名物。〔註 115〕名物者何？先生〈小宗伯〉疏曰：「此六牲及下六齍、六彝、六尊，並云辨名物。牲齍之物，謂種類之別；彝尊之物，謂形制之別；賈疏訓物爲色，謂六牲皆有毛色，若宗廟用騂之等，則不可通於彝尊，非達詁也。」〔註 116〕是知「辨其名物」者，即辨其名號、種類、形制、用途之別也。

　　夫名物自別，何煩辨析乎？黃季剛先生云：「凡吉凶、禮樂，自非物曲，固不足以行之。是故祭有祭器，喪有喪器，射有射器，賓有賓器；及其辨等威，成節文，則宮室、車旗、衣服、飲食，皆禮之所寓。雖玉帛、鐘鼓，非禮樂之至精，舍之則禮樂亦無所因而見。故曰：德儉而有度，登降有數，文物以紀之，聲明以發之，知此義也，則《三禮》名物，必當精究；辨是非而攷異同，然後禮意可得而明也。」〔註117〕吳承仕亦云：「若夫制度器械之事，則宜明其詁訓，別其材性，擬其形容，校其尺度，辨其施用。以法爲分，以名爲表，以參爲驗，以稽爲決。其數一二三四，厥制乃可得而說。此講名物者之所務也。夫禮意易推而多通，禮器難言而有定；然形體不存，則制作精意即無所傅離以自表見，故表迹舊事者，應以名物爲本。」〔註 118〕但後世修學之儒，欲考上古之名物，其難也有五：事勢異則法度有變更，王迹息則禮樂有崩壞。穆王制法，漸與成周異一也。文襄之霸，改朝聘之制以寧諸侯二也。禮自孔子時而其經不具三也。諸侯惡其害己而去其籍四也。遭秦焚坑，書多散亡五也。〔註 119〕夫以斷殘朽蠹之經，釋以漢儒相似之辭，斯術之不足任也必矣。故黃季剛先生云：「今夫堂、庭、房、室，古宮室之制，不與今同者也。冠、弁、帶、紱，古衣服之制，不與今同者也；飲、羞、珍、醬，古飲食之制，不與今同者也；几、席、尊、彝，古器用之制，不與今同者也；攷之未明，則禮文觸處窒礙矣。」〔註 120〕名物既

〔註115〕凡名物二字連文者共計十處，見於〈天官・庖人〉、〈獸人〉、〈地官・大司徒〉二條，〈春官・小宗伯〉四條，〈司几筵〉，〈典瑞〉，〈司服〉，〈典路〉，〈家宗人〉，〈夏官・司弓矢〉。亦有名物二字不連文者，如〈天官・內饔〉「辨體名肉物」，亦有名物二字顛倒者，如〈天官・司常〉「掌九旗之物名」，又有單言辨某某之名，辨某某之物，例多尤不勝枚舉也。

〔註116〕《周禮正義》卷三十六。

〔註117〕見黃季剛先生《論學雜著・禮學略說》，頁 465。

〔註118〕見《三禮名物略例》，載於《國學論衡》第二期。

〔註119〕說亦見吳氏《三禮名物略例》。

〔註120〕見黃季剛先生《論學雜著・禮學略說》，頁 465。

古今異制，似此則絕不可考乎，蓋亦不盡然。如辨析名物之書，始於《爾雅》，禮器制度，昉於漢初叔孫通，禮之有圖，則始於鄭康成。唐宋以後，地不愛寶，彝器重出，除聶崇義參驗鄭書，遵修禮圖之外，〔註121〕於宋復有《博古》、《考古》、《續考古》三圖〔註122〕於清有《西清》、《寧壽》兩鑑〔註123〕其他彝圖，〔註124〕鏡鑑，〔註125〕樂器，〔註126〕戈戟，〔註127〕服御器，〔註128〕泉幣，〔註129〕璽印。〔註130〕皆能博稽廣蒐，拓摹成帙，於古代名物之考訂，厥功匪鮮。清儒以之說解古禮者，略如戴震〈考工記圖〉、阮元〈車制圖解〉、〈古戟圖攷〉、〈匕圖考〉、〈銅和考〉、〈璧羨考〉、〈棟梁考〉、〈古劍鐔臘圖考〉、〈鐘枚考〉，〔註131〕錢坫〈車制考〉，其取舊圖新拮，推勘禮經，則古器物亦有多可說者矣。先生當乾嘉諸老之後，擷各家之成說，補前修之未備，以是於《周禮》名物之辨屢多創獲。綜其所述：有考其創始者，有考其沿革者，有考其形制者，有考其名義者，有考其施用者，茲錄存如次，以見先生考釋之精審焉。

（1）考其創始

〈天官・敘官〉曰：「酒人，奄十人，女酒三十人，奚三百人」。鄭注：「奄，精氣閉藏者，今謂之宦人」。

仲容疏：云「今謂之宦人」者，明周之奄人即漢宦人也。《漢書・惠帝紀》顏注，應劭云：「宦官，閹寺也。」《文選・宦者傳論》李注

〔註121〕見竇儼《聶氏三禮圖・序》。
〔註122〕宋王黼等撰《博古錄》，汲郡呂大臨著《考古圖》，無名氏撰《續考古錄》。
〔註123〕清乾隆十四年敕編《西清古鑑》四十卷附《錢錄》十六卷，《寧壽鑑古》十六卷。清乾隆五十八年敕編《西清續鑑・甲編》二十卷，《附錄》一卷。《西清續鑑・乙編》二十卷。
〔註124〕如唐吳協《三代鼎器錄》一卷、清阮元《積古齋藏器目》一卷、曹秋舫《懷米山房吉金圖》一卷、劉喜海《長安獲古編》二卷、吳大澂《恒軒所見所藏吉金錄》一卷、吳雲《兩罍軒彝器圖釋》十二卷、丁麟年《移林館吉金圖識》一卷。
〔註125〕吳隱《遯盦古鏡存》一卷、羅振玉《古鏡圖錄》三卷附《補遺》，陳介祺《簠齋藏鏡》二卷、梁廷枏《藤花亭鏡譜》八卷。
〔註126〕容庚《殷周禮樂器考略》一卷。
〔註127〕馬叔平《戈戟之研究》一卷。
〔註128〕容庚《漢代服御器考略》一卷。
〔註129〕倪模《古今錢略》三十四卷、羅振玉《四朝鈔幣圖錄》一卷附《考釋》。
〔註130〕吳平齋藏《二百蘭亭齋古印考藏》六卷。
〔註131〕阮說均見《研經室一集》卷五、卷六。

云：「宦者，養也，養閹人，使其看宮人。」案：《戰國策・趙策》
有宦者令繆賢，又《唐六典》李林甫注引《石氏星經》云：「宦者四
星，在帝座西」，則周時已稱宦人，不自漢始矣。（《周禮正義》卷一，
33頁）

案：此考奄宦之始周時已有，不自漢起也。

〈天官・冢宰・大宰〉之職曰：「以九賦斂財賄，一曰邦中之賦……」鄭
注：「財，泉穀也。鄭司農云：『邦中之賦，二十而稅一，各有差也。幣
餘，百工之餘。』玄謂賦，口率出泉也。今之算泉，民或謂之賦。」

仲容疏：若夫布，則〈閭師〉與八貢同舉，乃九職閒民之征，非
九賦之正。若如鄭說，非徒幣餘一賦必不可通，而閒民之外，農
牧虞衡之民，既各有所專任之職事，以令貢稅，乃復計口令出泉，
是責倍輸之賦也，豈先王之法乎！惟《管子・山至數篇》云：「邦
布之籍，終歲十錢。」〈輕重甲篇〉云：「桓公曰：寡人欲藉於萬
民。管子曰：不可，是隱情也。」又云：「則無屋粟邦布之籍。」
〈國蓄篇〉云：「以室廬籍，謂之毀成。以六畜籍，謂之止生。以
田畝籍，謂之禁耕。以正人籍，謂之離情。以正戶籍，謂之養贏。
五者不可畢用，故王者偏行而不盡也。」以諸文互校，彼邦布，
蓋即〈閭師〉無職者所出之夫布。〈載師〉「民無職事者，出夫家
之征」，亦出此布。周制本使閒民惰民出之，則不以此為任民之通
法，而《管子》言之甚詳。疑春秋以後，侯國橫征，或使民之有
職事者亦出此布，抑或變更九職任民之故法，改貢物為入泉，皆
未可知。要所謂籍於萬民籍於正人者，實後世口泉之濫觴也。（《周
禮正義》卷三，頁93～94）

案：此乃考《周禮・載師》夫家之征，為後世口泉之濫觴，即今之所謂「戶
稅」也。惟周制本使閒惰之民出之，後世橫征，使民之有職事者亦出此賦，
有失寓禁於征之原意矣。

〈地官・司徒・司市〉曰：「凡通貨賄、以璽節出入之」。鄭注：「璽節印
章如今斗檢封矣。」

仲容疏：注云「璽節，印章」者，〈掌節〉注云：「璽節，今之印章
也。」〈職金〉注云：「璽者，印也。」《說文・土部》云「壐，王者
印也。重文璽，籀文从玉。」〈印部〉云「印，執政所持信也。」《廣

雅・釋器》云「印謂之璽。」《釋名・釋書契》云「璽，徙也，封物使可轉徙而不可發也。印，信也，所封物爲信驗也；亦言因也，封物相因付也。」《漢舊儀》云「秦以前民皆佩綬，以金、玉、銀、銅、犀象爲方寸璽，各服所好。漢以來，天子獨稱璽，又以玉，群臣莫敢用也。」《獨斷》云「璽者印也，印者信也，古者尊卑共之。〈月令〉曰『固封璽。』《春秋左氏傳》曰『魯襄公在楚，季武子使公冶問璽書，追而與之。』此諸侯大夫印稱璽者也。秦以來天子獨以印稱璽。」《國語・魯語》云「襄公在楚，季武子取卞，使季冶逆追而予之璽書。」韋注云：「璽，印也。古者大夫之印，亦稱璽。璽書，印封書也。」案：衛、蔡、韋三說是也。《周書・殷祝篇》云：「湯放桀，取天子之璽，置天子之坐。」則夏殷時已有璽，但三代時爲尊卑印信之通稱。許說據秦以後制，不可以說經。（《周禮正義》卷二十七，頁 1068～1069）

案：以上係先生考證我國夏殷之際已有璽印，但三代時璽爲尊卑印信之通稱，許慎《說文》據秦以後制釋璽王者印也，不可以說古經。

〈地官・司徒・里宰〉曰：「以歲時合耦于鋤，以治稼穡，趨其耕耨，行其秩敍，以待有司之政令，而徵斂其財賦。」鄭注：「……玄謂鋤者，里宰治處也，若今街彈之室。」

仲容疏：云「若今街彈之室」者，賈疏云：「鄭以漢法況之。漢時在街置室，檢彈一里之民。」王應麟云：「《金石錄》有〈漢都鄉正街彈碑〉。《水經》魯陽縣有〈南陽都鄉正衛彈碑〉，平氏縣有〈南陽都鄉正衛彈碑〉。《隸釋》亦以爲衛彈勸碑，蓋未攷此注也。〈酸棗令劉熊碑〉云：『愍念烝民，勞苦不均，爲作正彈，造設門更。』」惠士奇云：「《周書・大聚》云：『五戶爲伍，以首爲長，十夫爲什，以年爲長；合閭立教，以威爲長，合旅同親，以敬爲長。飲食相約，興彈相庸，耦耕俱耘。』此里宰合耦之法也。興彈相庸者，興起而檢彈之，以佐助其功也。漢於街立室，名曰街彈，蓋取之此。（《周禮正義》卷三十，頁 1161）

案：先生薈眾說以釋注，注引漢法以況周制，所謂「里宰歲時合耦」之法，即「漢街彈之室」，證今古因革，損益有自也。先生曰：「注明即經明」，此之謂乎！

〈地官・司徒・里宰〉（案：原文見前引）鄭注：「季冬之〈月令〉：「命農

師計耦耕事，修耒耜，具田器。」是其歲時與？合人耦，則牛耦亦可知也。」

> 仲容疏：云「合人耦，則牛耦亦可知也」者，賈疏云：「周時未有牛耦，至漢時，搜粟都尉趙過始教民牛耕。今鄭云合牛耦可知者，或周末兼有牛耦，至漢趙過乃絕人耦，專用牛耦，故鄭兼云焉。」王應麟云：「《山海經》：『后稷之孫叔均始作牛耕。』〈月令〉季冬『出土牛』，示農耕早晚。賈誼《新書》、劉向《新序·雜事》，俱載鄒穆公云：『百姓飽牛而耕』，何待趙過！過特教人耦犁共二牛，費省而功倍爾。」案：王說是也。（《周禮正義》卷三十，頁 1162）

案：此考牛耕之法，《山海經》后稷之孫叔均已作牛耕，賈誼《新書》、劉向《新序》載鄒穆公已云百姓飽牛而耕，故無待趙過始有牛耕法也，賈疏殆或失察與。

（2）考其沿革

〈春官·敘官〉曰：「大史，下大夫二人，上士四人。」鄭注：「大史，史官之長。」

> 仲容疏：案：史官之設，蓋始於黃帝，下迄殷周，職掌尤備。《左》襄四年傳辛甲為武王大史。《周書·王會篇》有大史魚，《史記·周本紀》有大史伯陽，〈鄭世家〉有大史伯，〈老子傳〉有大史儋，《漢書·藝文志》有周宣王大史籀，並即此官也。（《周禮正義》卷三十二，頁 1287）

案：此先生引群書以明周有大史之官。

〈秋官·敘官〉曰：「大行人，中大夫二人。小行人，下大夫四人。」鄭注：「行夫，主國使之禮。」

> 仲容疏：「大行人」者，以下至掌貨賄十一職，並掌四方朝聘賓客及使命往來之官。……云「小行人下大夫四人」者，……賈疏云：「亦謂別職同官，故四官各有職司，而共府史胥徒也。」詒讓案：《國語·周語》云「敵國賓至，關尹以告，行理以節逆之。」韋注云：「理，吏也。行理，小行人。」理通作李。《左》襄八年傳「一介行李」，杜注云：「行李，行人也。」又襄十四年傳云「〈夏書〉曰『遒人以木鐸徇于路』，正月孟春，於是乎有之。」杜注云：

「道人，行人之官也。」《漢書·食貨志》云「孟春之月，行人振木鐸于路，以采詩獻之。」此文與《左傳》略同，亦以道人為行人，足證杜説。《方言》劉歆〈與揚雄書〉云：「三代、周秦軒車使者，遒人使者，以歲八月巡路，宋代語僮謠歌戲。」又雄〈答書〉云：「嘗聞先代輶軒之使，奏籍之書，皆藏於周秦之室。」蓋行人乘輶軒而巡行天下，因謂之道人，遒、輶、逌字並通。道人亦稱辺人。《說文·丌部》云「辺，古之道人，以木鐸記詩言」是也。《書·胤征》偽孔傳以道人為宣令之官，肊説不足據。（《周禮正義》卷六十五，頁 2735）

案：此先生考行人之異名，《周禮》有大行人、小行人，《國語》作行理，《左傳》作遒人，《漢書》有行人，《方言》劉歆〈與揚雄書〉稱軒車使者遒人，雄〈答書〉稱輶軒之使，許氏《說文》釋遒人亦謂辺人，名異而職同。惟《書·胤征》偽孔傳以遒人為宣令，肊説非經恉也。

〈秋官·司寇·行夫〉曰：「行夫掌邦國傳遽之小事、媺惡而無理者。」
鄭注：「傳遽，若今時乘傳騎驛而使者也。」

仲容疏：注云「傳遽，若今時乘傳騎驛而使者也」者，〈大僕〉注云：「遽，傳也。」〈玉藻〉云「士曰傳遽之臣」，注云：「傳遽，以車馬給使者也」。《爾雅·釋言》云「馹，遽傳也。」《左》成五年傳「晉侯以傳召伯宗」，杜注云：「傳，驛。」又僖三十一年孔疏引孫炎云：「傳車驛馬也。」《說文·馬部》云「驛，置騎也。馹，騎傳也。」

案：秦漢以後，凡急事速行，乘車曰傳、曰馹，乘馬曰遽、曰驛，故鄭、許亦分別釋之。然此經為周初典法，似尚未有單騎之制，則傳遽當通為乘車。《漢書·高帝紀》，田橫乘傳詣雒陽，顏注引如淳云：「律，四馬高足為置傳，四馬中足為驛傳，四馬下足為乘傳，一馬二馬為軺傳。急者乘一乘傳。」師古云：「傳者，若今之驛，古者以車，謂之傳車，其後又單置馬，謂之驛騎。」此説漢時乘傳騎驛之制，亦以單置馬為起於後世，足證周初有乘無騎矣。又案：周時傳遽，蓋用輕車，取其速至。故《方言》揚雄〈答劉歆書〉以行人為輶軒使者，輶軒即輕車也。行夫，亦即行人之屬，凡王官以事巡行天下，必乘傳遽，通謂之傳遽之事，則亦通謂之輶軒之使矣。（《周禮正義》卷七十三，頁 3057～3058）

案：傳遽之事，周用輕車，秦漢以後用驛騎，蓋因周初尙有乘無騎故也。先生鉤稽經史，淹貫講明，由行夫傳遽之小事，證此經爲周初典法也。

（3）考其形制

〈春官·宗伯·內史〉曰：「凡命諸侯及孤卿大夫，則策命之。」鄭注：「策，謂以簡策書王命。」

仲容疏：云「策，謂以簡策書王命」者，《說文·冊部》云「冊，符命也。諸侯進受於王也。象其札一長一短，中有二編之形。」又〈竹部〉云「策，馬箠也。」經典通叚策爲冊。內史掌爲冊命，《書》云「作冊」是也。〈聘禮記〉云「百名以上書于策，不及百名書于方。」彼注云：「策，簡也。」賈彼疏云：「簡謂據一片而言，策是編連之稱。鄭作《論語·序》云：『《易》、《詩》、《書》、《禮》、《春秋》策，皆二尺四寸，《孝經》謙半之，《論語》八寸策者，三分居一，又謙焉。』是其策長短。鄭注《尚書》，三十字一簡之文。服虔注《左氏》云：『古文篆書一簡八字。』是一簡容字多少者。」《左傳》杜敘云：「大事書之於策，小事簡牘而已。」孔疏云：「蔡邕《獨斷》曰：『策者簡也，其制長二尺，短者半之，其次一長一短，兩編下附。』單執一札謂之簡，連編諸簡乃名爲策；以其編簡爲策。故言策者簡也。六經之策皆稱長二尺四寸，蔡邕言二尺者，謂漢世天子策書所用，故與《六經》異也。簡之所容，一行字耳。牘乃方版，版廣於簡，可以並容數行。凡爲書，字有多有少，一行可盡者書之於簡，數行乃盡者書之於方，方所不容者，乃書於策。」案：據孔說，則簡爲未編之策，策即編連之簡，故二鄭並以策爲簡策，命諸侯等辭多，或在百名以上，故必書於策也。（《周禮正義》卷五十二，頁 2131～2132）

案：以上就方、冊、策、簡、牘之制，言其尺寸容字之數，兼及其施用之不同也。

〈夏官·司馬·量人〉曰：「凡宰祭，與鬱人受斝歷而皆飲之。」鄭注：「鄭司農云：『斝讀如嫁娶之嫁。斝，器名。〈明堂位〉曰：爵，夏后氏以琖，殷以斝，周以爵。』」。

仲容疏：云「斝，器名」者，〈明堂位〉注云：「斝，畫禾稼也。」《毛詩·大雅·行葦》「洗爵奠斝」，傳云：「斝，爵也。」《左》

昭七年傳「賂以瑤甕、玉櫝、斝耳。」杜注云:「斝耳,玉爵。」
《說文·斗部》云「斝,玉爵,从斗𨷖象形,與爵同意。或說斝
六升。」案:斝爵有兩耳,蓋與爵有兩柱略同。受六升者即灌尊,
則無耳,與此斝爵,詳〈司尊彝〉疏。引〈明堂位〉曰「爵,夏
后氏以琖,殷以斝,周以爵」者,證此斝爲爵,與灌尊、斝彝異
也。《釋文》云:「琖,劉本作渧。」案:《禮記》作「琖」不作「渧」,
〈禮運〉作「醆斝」,琖、醆、渧音並相近。(《周禮正義》卷五十
七,頁 2384～2385)。

案:此先生因二鄭注說斝制,斝有兩耳,受酒六升,近人王國維說斝,就甲骨
卜辭與殷周彝器,比附經史,知小學上之所得,有證之古制而悉合者,〔註132〕
然斝之名禮經屢見,今之所稱爲斝者,名定自宋人,下有三足,其用在溫酒。
款式甚多,有平底無流與尾,有柱作鳥形者,有柱作鳥形而分當者;有三足若
鬲而銳者,有圓腹者,有四足有蓋者,有分當欵足者,〔註133〕茲擇其制之尤簡
者,手拓如次,用資觀摩。

附表五:周子乙斝圖

本圖採自《宣和博古圖》卷十五,1104 頁

〈冬官·考工記〉曰:「有虞氏上陶,夏后氏上匠,殷人上梓,周人上輿。
故一器而工聚焉者,車爲多。車有六等之數:車軫四尺,謂之一等;戈
柲六尺有六寸,既建而迤,崇於軫四尺,謂之二等;人長八尺,崇於戈

〔註132〕見王氏《觀堂集林》三,11 頁。
〔註133〕見容庚《商周彝器通考》上冊,382 頁。

四尺，謂之三等；殳長尋有四尺，崇於人四尺，謂之四等；車戟常，崇於殳四尺，謂之五等；酋矛常有四尺，崇於戟四尺，謂之六等。車謂之六等之數，凡察車之道，必自載於地者始也，是故察車自輪始。凡察車之道，欲其樸屬而微至。不樸屬，無以爲完久也；不微至，無以爲戚速也。」鄭注：「此所謂兵車也。軫，輿後橫木。崇，高也。八尺曰尋，倍尋曰常。殳長丈二。戈、殳、戟、矛皆插車輢。」

仲容疏：注云「此所謂兵車也」者，即〈車僕〉之五戎車，王及軍將以下至卒兩所乘皆是也。〈少儀〉云「乘兵車，出先刃，入後刃。」亦據建兵言之。賈疏云：「此六等，軫一人一之外，兵有四等。此謂前驅車所建，故《詩》云『伯也執殳，爲王前驅』，彼注引此文爲證，明此是前驅所建可知。」案：賈說非也。此四等兵所建，自是兵車之通法，《詩箋》引證執殳耳，非謂建兵專屬前驅車也。其平時乘車雖不建兵，然亦建戈盾，故〈司戈盾〉云「軍旅會同，建乘車之戈盾」。但無矛戟殳等，故乘車六尺有六寸，加軫軹亦得爲四尺，而不得備此六等也。云「軫，輿後橫木」者，〈輿人〉注及《說文・車部》、《國語・晉語》韋注、《方言》郭注，並略同。而鄭後章「加軫與轐」注又云輿也，義與此小異。徐養原云：「軫之本義，專指車後橫木，以其爲輿之本，言輿者多舉以言之，故輿牀及兩旁通謂之軫矣。《說文》云『軓，車軾前也。』鄭注〈輈人〉云：『軓謂輿下三面之材，輢式之所尌。』然則輿之兩旁，或因乎前面，通謂之軓；或因乎後面，通謂之軫，本無定名，惟前軓後軫，則不可互易。〈小戎〉疏謂車前有軫，謬矣。記軫凡五見，其別有三：六分其廣，以一爲之軫圍，輿後橫木也；加軫與轐，軫方象地輿也；五分軫間，弓長庇軫，兩旁也。」……鄭珍云：「輿後橫木名軫，本以紾轉爲稱。〈小雅〉、《方言》並云軫謂之枕，《釋名》亦以軫爲枕。以枕是薦首之物，車由此登，即以此爲首，名枕止取首意，亦緣與軫同聲。《毛詩》謂之收者，是指輿下四方，故得以深淺言，名收，蓋取收固車箱意。軫自是輿後橫木專名，軓自是輿下三面材專名。軫名可通於軓，軓名不可通於軫。以輿下輿後高度如一，故可以軫包之。軓者範輿，軫固不範輿也。康成注軫凡三處，此云『軫，輿後橫木』者，著其主名也，四面高同，言專處餘可見也。下『加軫與轐』云『軫，輿也』

者：以經通言四面也。〈輿人〉『軫圍』云『軫，輿後橫』者，以軫軹異圍，經所明是後橫者之度，其軹圍在〈輿人〉，故宜別言之也。」案：徐、鄭說是也。……云「殳長丈二」者，尋八尺，尋有四尺則丈二尺也。殳制詳〈司戈盾〉疏。云「戈殳戟矛皆插車輢」者，……賈疏云：「皆當以鐵圍範，邪置於輢之上下，乃插而建之。容出先及入後及言之，一則邪向前，一則邪向後，乃可得也。」戴震云：「車輢外設扃，戈殳戟矛所建。」程瑤田云：「四兵之插車輢也，惟戈迆之，其餘殳戟矛三兵，竝直建不迆。」鄭珍云：「輢，《說文》云『車傍也』，則注云插車輢者，止謂插車之兩旁耳，自是插於外闌。以《詩》詠二矛例之，知四兵左右皆有矣。繹賈氏意，似是以輢為輿板，其鐵圍當釘在版上。以其說推之，四兵宜上下各有兩圍始固，又須有向後向前，則輿一面有十六，將鐵圍布滿兩箱，絕無是理。案：經文計四兵崇數，惟戈是柲之迆高，殳戟矛皆直量其柲之實高。若都是斜建，其長短雖不齊，而斜之距，宜上下如一，乃彼此不相拒礙。柲六尺六寸者，斜之則高止四尺，以此數差之，至酋矛，止得崇一丈二尺，皆不得如經所云。程以戈獨迆之，餘皆直插，先及後及亦止戈乃如是，其說確矣。」又云：「車箱外三面皆有闌，三面材，自軹以外，尚寬四寸六分者，所以為置闌地也。古人臨戎所需一切，皆宜在其左右。而隧前一分，為人所憑立；遂後二分，又登降無常，如衛蒯聵九上九下，鄭丘緩有險必下。推可見皆不容置物其中，觸礙手足，故必於輿外為闌焉，兵器旗物以插闌上，金鼓諸具庪在闌中，然後可進可戰，非徒孑然一箱也。記文不及之者，以非車正，橫直諸度皆可仿輢式消息之。其制以柱承平板，牽以橫木，交於輢式之梁柱，板上穿孔置軓下，釘鐵圍璽，以受插者，式外如式之長，輢外如輢之長，其名曰扃。〈西京賦〉『旗不脫扃』，薛綜注：『扃，關也。謂建旗車上，有關制之，令不動搖曰扃，每門解下之。今此門高，不復脫扃。』其說此制甚明。然則《左傳》宣十二年『晉人以廣隊不能進，楚人惎之脫扃，少進，馬還，又惎之拔斾投衡，乃出』，可知是斾插於扃，楚人初教之脫去，晉人不從，迨復教，乃拔脫而投之耳。《正義》謂脫者是闌木，殊誤。服君《左傳》注：『扃，橫木校輪閒。』蓋以扃指左右闌，為斾插其上。若其稱『一曰車前

橫木也』，是服前舊說爲指前闌建旆，與服異，要可證左右前三面闌
木皆扃也。此較輪間之闌，戈殳戟矛建焉，所需諸物庋焉。」又云：
「車箱後面空虛，兩柱上宜牽以一橫木，其輢始固，今既以人由此
登下，不可以一橫礙之。則兩輢壁立，高過五尺，車行時必有戰扤
不安之勢，又可以鐵圍範邪置輢之上下，插旗物兵器以益危之，如
賈疏之說邪？故於理勢不能固之於內者，可以闌，使相扶相倚，固
之於外。」案：兵車闌扃之制，當如子尹所定，王宗涑、黃以周說
略同。黃又據《漢書・成帝紀》顏注云「校謂以木自相貫穿爲闌校，
證服說之校，亦近是。古兵車、乘車輢外咸有闌扃，亦謂之闌，《墨
子・貴義篇》云「子墨子南遊使衛，關中載書甚多」是也。兵車以
四等兵環建扃閒，《呂氏春秋・悔過篇》載秦師過周，軥服回建，即
謂是也。兵惟戈地建，餘兵皆正建。……凡車制度數，經有明文者，
並以經爲正，注說間有微差，近儒攷正，義據搞鑿者，亦詳著之。
至經注並無文，後人以意推定者，眾說紛迕，難以質正。且根數一
差，則全車度數並隨之遷易，黍稷之較，舛馳千里。今博採諸家，
略存一二，不悉論也。（《周禮正義》卷七十四，頁 3130～3140）

案：〈考工記〉車分六等，其用有三，所謂兵車、田車、乘車也。至於各部零件
名稱，會最先生之說，泐爲下表（見附表六）。即車軾較內謂之輿（車箱），車
輿之深曰隧，輿下四面材合而收輿者謂之軫，揜輿旁謂之輢，軾前曰軹，軹謂
之陰，輢下附軫象耳下垂曰軝，輢上象耳上聳曰較。較，輢之通名也。較上更
設曲銅鉤向外反出謂之重較，輿前卑於較者謂之軾，車闌謂之輪，軾較下縱橫
木統名即軹軌。輪轑謂之輻，輻近轂謂之股，近牙謂之骹，輪輮謂牙，牙謂之
輞，言網羅周輪之外也。輻端謂之枘，建轂中謂之菑，菑沒鑿謂之弱，建牙中
者謂之蚤。以偏枘入牙而出之曰綆，轂空壺中所受軸謂之藪，以金裹轂中謂之
釭，大釭曰質，小釭曰斬，轂端鉻謂之軎，軎亦謂之軹，以革幬轂謂之紙，軸
末謂之軎，軸當轂釭參之以金謂之鐧，軸端之鍵以制轂者謂之轄，伏兔謂之樸。
輿下任正謂之輈，輈出軹前穹而上者謂之胡，胡又謂之候，輈端謂之頸，後謂
之踵，當兩輈之間謂之當兔。軛謂之衡，衡下烏啄謂之軥，所以持衡者謂之軏。
先生釋車制以經爲正，而後儒之說，以取自戴東原《考工記圖》者居多，今賢
石璋如先生嘗著〈說車器〉一文，[註134] 彼由《宣和博古圖》起，至民國二十

〔註134〕載於民國 60 年 2 月《包遵彭先生紀念論文集》，第 47 頁。

五年出版之《渾源彝器圖》止，更廣搜時下國內外研究車器之學者之著述，構繪而成一幅殷代中期之車制圖（附表七），頗有與本文相參之價值。並就先生之說合以戴氏《考工記圖》另繪車制圖（見附表六、七、八，以資比較）

〈冬官・考工記〉曰：「戈廣二寸，內倍之，胡三之，援四之。」鄭注：「戈，今句孑戟也，或謂之雞鳴，或謂之擁頸。內，謂胡以內接秘者也，長四寸。胡六寸，援八寸。鄭司農云：『援，直刃也。胡，其子。』

仲容疏：黃伯思《東觀餘論》云：「戈之制，兩旁有刃，橫置，而末銳若劍鋒，所謂援也。援之下如磬折，稍刓而漸直，若牛頸之垂胡者，所謂胡也。胡之旁一接秘者，所謂內也。援形正橫，而鄭以爲直刃，《禮圖》從而繪之若矛槊然，誤矣。蓋戈，擊兵也，可句可啄，而非用以刺也。是以衡而弗從。程瑤田云：「戈之制有援，援其刃之正者，衡出以啄人。其本即內也。內衡貫於秘之鑿而出之，故謂之內。援接內處下垂者，謂之胡。胡上不冒援而出，故曰平頭戟也。近見山東顏崇槼所藏銅戈，以證冶氏制度，無不相合。銅戈之胡貼秘處，有闌以限之。闌之外復爲物，上當內而垂下，廣一二分，如胡之修而加長焉。蓋恐內廣二寸，僅足以持援，而或不足以持胡，致有搖動之患。爲此物於秘鑿之下，亦刻其鑿以含之，則胡有所制而不能搖動矣。又於胡上爲三空，內上爲一空，殆於既內之後，復以物穿空處，約之以爲固與？」又云：「戈戟謂之句兵，又謂之毄兵。其用主於橫毄，故其著秘處，不用直戴，而用橫內。戈戟之有內也，其名蓋出於此。內者，於秘端卻少許爲鑿，戈戟之內，以薄金一片，橫內於其鑿。內與鑿枘之枘同義。非若矛之著秘者，爲圓筩，空其中，而以秘貫之，如人足之脛，故名之爲骹也。戈之著秘，橫內於後，則其正鋒必橫出於前，如人伸手援物，故謂之援。援體如劍鋒，既橫出，則上下皆有刃，如劍之鍔，鋒以啄，上刃以椿，下刃以句。下刃之本，曲而下垂爲刃，輔其下刃，以決人，所謂胡也。胡之言喉也，援曲而有胡，如人之喉在首下曲而下垂。然則胡之名，因援而有者也。」案：戈戟之制，漢時所傳已誤，故二鄭所說形制，與古器不合，〈曲禮〉孔疏亦沿其誤，宋以後說戈制者，亦多不得其解，惟黃氏、程氏據世所傳古戈，就其形度，別爲考定，其說特爲精塙，校以經文，亦無不密合，信爲定論矣。（《周禮正義》卷七十八，頁3245～3246）

附表六：車上各部零件名稱表（本表參考石璋如先生「說車器」一文）

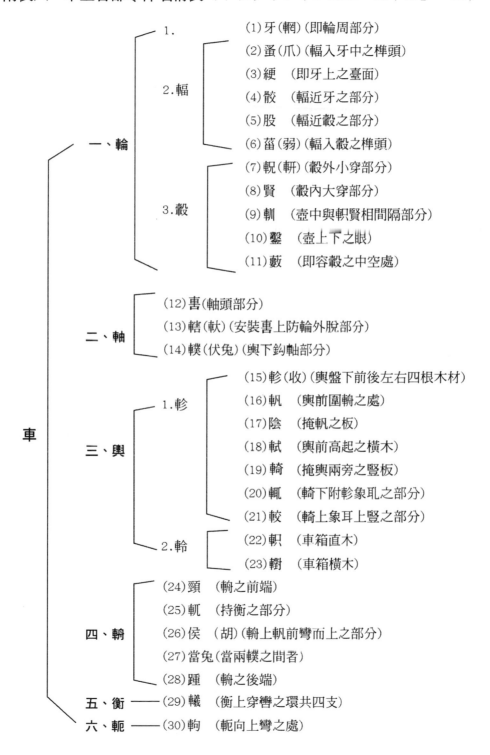

		(1)牙(輞)（即輪周部分）
		(2)蚤(爪)（輻入牙中之榫頭）
		(3)綆　（即牙上之臺面）
	2.輻	(4)骹　（輻近牙之部分）
		(5)股　（輻近轂之部分）
		(6)菑(弱)（輻入轂之榫頭）
一、輪		(7)軹(軝)（轂外小穿部分）
		(8)賢　（轂內大穿部分）
	3.轂	(9)軻　（壺中與軹賢相間隔部分）
		(10)鑿　（壺上下之眼）
		(11)藪　（即容轂之中空處）

	(12)軎（軸頭部分）
二、軸	(13)轄(軑)（安裝軎上防輪外脫部分）
	(14)轐(伏兔)（輿下鉤軸部分）

		(15)軫(收)（輿盤下前後左右四根木材）
		(16)軓　（輿前圍軹之處）
	1.軫	(17)陰　（掩軓之板）
三、輿		(18)軾　（輿前高起之橫木）
		(19)輢　（掩輿兩旁之豎板）
		(20)輒　（輢下附軫象耳之部分）
		(21)較　（輢上象耳上豎之部分）
	2.軨	(22)軹　（車箱直木）
		(23)轛　（車箱橫木）

	(24)頸　（輈之前端）
	(25)軏　（持衡之部分）
四、輈	(26)侯　(胡)（輈上軓前彎而上之部分）
	(27)當兔（當兩轐之間者）
	(28)踵　（輈之後端）

五、衡	(29)轙　（衡上穿彎之環共四支）

六、軛	(30)軥　（軛向上彎之處）

附表七：殷商中期車制圖

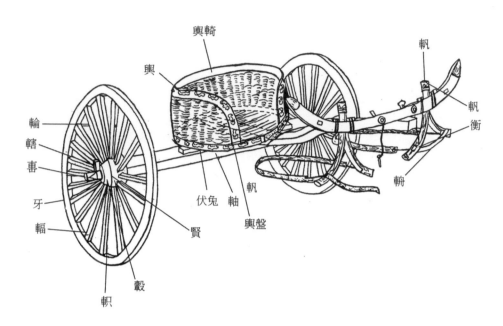

附表八：《周禮·考工記》車式配合略圖（此圖採自戴震《考工記圖》）

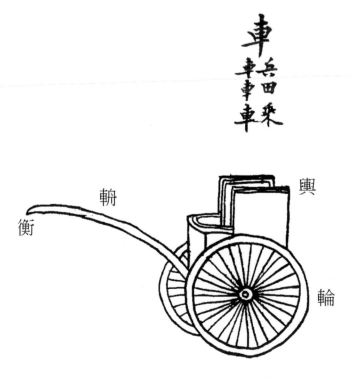

案：先生考周之戈制，引黃伯思、程瑤田二氏語，尤以程氏親論山東顏崇槼
所藏〈羊子戈〉，〔註135〕而度其援、胡、內、柲之制，與啄、椓、句、決之用，
皆較二鄭《禮》注爲可信，比附經文，亦無不脗合，故先生以爲其說精塙，
嘆爲定論矣。金氏曾錄有〈羊子戈圖〉形，《恆軒所見所藏吉金錄》有〈乙癸
丁戈〉（下卷百〇一頁），《奇觚室吉金文述》著有〈敬戈〉（卷十八，三一頁）
羅振玉《三代吉金文存》所輯戈制尤夥（卷十九由一頁至五五頁），茲將〈羊
子戈〉依式爲圖，並循程氏之說，定其部位，以見〈考工〉所述之戈制焉。

附表九：羊子戈圖（據羅振玉《三代吉金文存》手摹）

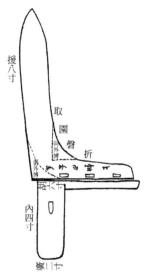

〈冬官・考工記〉曰：「戟廣寸有半寸，內三之，胡四之，援五之，倨句中
矩，與刺重三鋝。」鄭注：「戟，今三鋒戟也。內長四寸半，胡長六寸，
援長七寸半。三鋒者胡直，中矩，言正方也。鄭司農云：『刺謂援也。』
玄謂刺者，著柲直前如鐏者也。戟胡橫貫之，胡直中矩，則援之外句磬折
與？」

　仲容疏：程瑤田云：「戈戟廣之數，援之數，胡之數，內之數，並有
　紀，惟戟之刺無度。然二者并重三鋝，而戈形或豐於戟。兩相較焉，
　取其戈之所有餘者，以與戟之刺，刺亦如戟之廣，則其長當六寸與？
　司馬相如〈上林賦〉有『雄戟』，張揖注云：『胡中有鉅者，蓋言有
　刺如雞距。』《增韻》云：『凡刀鋒倒刺皆曰距。』然《說文》解刺

───────────────

〔註135〕據金榜《禮箋》33頁說。

為直傷，且以有枝對平頭，其非倒刺明矣。有刺謂之雄戟，其名甚正。而曰胠在胡中，是為倒刺，〈記〉曰：『已句則不決』，戟中矩，視戈為句矣，胡中設又加刺，豈能決乎？蓋所傳聞異辭矣。又云：『戟廣寸有半寸，內三之，胡四之，援五之。』三事并之，長十八寸，與戈三事并數同其長，而殺於戈之廣者四分之一，則輕於戈者亦四分之一矣。取其殺之長，截之為三，而并之成廣寸半，長六寸，以之為刺，加於胡之上，適於戈同其重，故〈記〉云『與刺重三鋝』也。阮元云：「戟之異於戈者，以有刺。刺同援長，可省言刺五之，但曰與刺而已。」又記歙程敦所拓古戟，其刺直上出於柲端，與旁出之援絜之，正中乎矩，且刺與援長相同，可以為〈考工〉之證。詒讓案：《淮南子·氾論訓》云：「古之兵，脩戟無刺。」高注云：「刺，鋒也。」蓋戟有直鋒，故謂之刺。戟制，二鄭所說亦誤，程、阮二說得之。阮所見古戟，胡內有文云：「龍伯作奔戟」，銘度相應，尤為塙證。（《周禮正義》卷七十八，頁3251～3252）

案：先生考戈戟之異，引阮元目論「龍伯作奔戟」相證，知有刺曰戟，無刺為戈。《三代吉金文存》卷二十著錄戟屬六十件，以之與戈制相較，形無大差，茲特手拓〈涉戟〉如下：

附表十：涉戟圖

〈多官·考工記〉曰：「鳧氏為鍾，兩欒謂之銑，銑間謂之于，于上謂之鼓，鼓上謂之鉦，鉦上謂之舞；舞上謂之甬，甬上謂之衡；鍾縣謂之旋，旋蟲謂之幹；鍾帶謂之篆，篆間謂之枚，枚謂之景；于上之攠謂之隧。」鄭注：「故書欒作樂，杜子春云：『當為欒，書亦或為欒。銑，鍾口兩角。』」

仲容疏：程瑤田云：「此記欲見鍾體、鍾柄、飾之、縣之諸命名及其

分布位置之所也。古鍾羨而不圓，故有兩欒在鍾旁，言其有棱欒欒然。兩欒謂之銑，鍾是以有兩銑也。」……又云：「兩銑下垂角處相距之間，即鍾口大徑，其體于然不平，故謂之于。于上爲鍾體下段擊處，故謂之鼓。」……又云：「鼓上爲鍾體之上段正面也，謂之鉦。鉦上爲鍾頂，覆之如庌，故謂之舞。」又云：「見銑間者，以銑間有于之名而見之。不見鼓間、鉦間者，無名可紀，亦如舞之脩廣，必俟後文出度乃可一一記之也。」……又云：「鉦體正方，中有界，縱三橫四，爲鍾帶；篆起，故謂之篆。篆之設於鉦也，交午爲之，中含扁方空者六。空設三枚，三六十八枚，故兩鉦凡三十六枚。枚之上下左右皆有篆，故曰篆間謂之枚也。」詒讓案：古鍾鉦間，每面爲大方圍一，以帶周界其外，而內以二從帶中分之，縱列楕方圍二。楕方圍中又以三橫帶界之，爲橫列楕方圍五，大小相間，三大而二小。大者各容乳三，小者爲篆文回環其間，此帶篆所由名也。……程瑤田云：「枚，隆起有光，故又謂之景。」……又云：「鼓所擊之處，在于之上，攠弊焉，窒下生光，如夫隧，謂之隧。」（《周禮正義》卷七十八，頁3259～3263）

案：先生說鍾制多取程瑤田《通藝錄・考工創物小記》。程氏考訂精博，故援以爲據也。茲依所引並參程氏原圖，列表於下。

附表十一：〈考工記〉鳧氏爲鍾命名圖

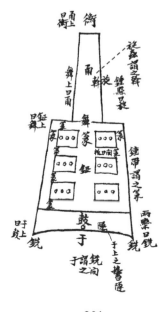

附表十二：〈考工記〉鳧氏為鍾命分圖

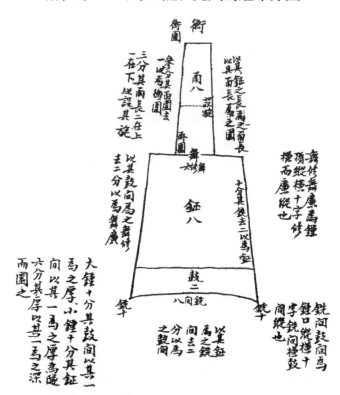

附表十三：〈考工記〉鳧氏為鍾銑間鼓間鉦間圖

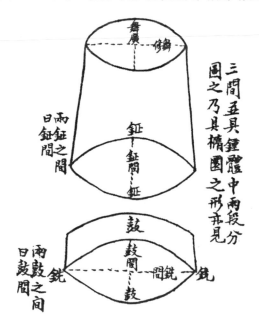

（4）考其名義

〈地官・司徒・封人〉曰：「歌舞牲及毛炮之豚。」鄭注：「謂君牽牲入時，隨歌舞之，言其肥香以歆神也。毛炮豚者，爛去其毛而炮之，以備八珍。鄭司農云：『封人主歌舞其牲，云博碩肥腯。』」

仲容疏：云「毛炮豚者，爛去其毛而炮之」者，謂封人助爛毛之事也。賈疏云：「經直云毛炮，恐人以并毛炮之。案《禮記・內則》有炮豚、炮牂，皆編萑以苴之，塗之以墐塗，孰乃擘去之。彼雖炮，亦不言去毛炮之。鄭知去毛者，牂豚之毛於牲無用，空以汙損牲體，故知凡炮者皆去毛也。」詒讓案：〈內則〉注云：「炮者，以塗燒之爲名也。」又〈禮運〉注云：「炮，裹燒之也。」〈祭義〉注云：「湯肉曰爛。」鄭意蓋謂炮與燔炙同爲燒肉，惟炮以有包裹爲異。依〈禮運〉注義，凡牲皆先豚解而腥之，後體解而爛之。則亨豚常法，腥時解爲七體，已鬎去其毛；此毛炮之豚，則不解鬎而爛之湯，既爛，乃去其毛，而包裹全體燒孰之。此經炮豚與〈內則〉炮豚牂同物，而經兼言毛炮，明是以湯火去毛而後裹燒之，與〈內則〉義互相備也。《說文・火部》云：「炮，毛炙肉也。」《毛詩・小雅・瓠葉》「炮之燔之」，傳云：「毛曰炮。」又〈魯頌・閟宮〉「毛炰胾羹」，傳云：「毛炰豚也。」《廣韻・五肴》云：「炰、炮字同。」尋毛、許之義，當亦以毛爲去毛，《詩》之「毛炰」，即此經之毛炮也。蓋凡燔炙之屬，皆制割肝肉而後火熟之，炮則不制割而以全體包裹燒之，其牂豚之屬有毛者，則先去其毛而燒之，謂之毛炮，故《詩》、《禮》並特著「毛」文，以示別異。毛、許亦皆隱據「毛炮」爲訓，實則炮从包，以聲兼義，當以鄭訓裹燒爲正。凡單言炮者，不必皆有毛，故《詩・小雅・六月》、〈大雅・韓奕〉並云「炰鼈」，〈韓奕〉箋云：「以火熟也。」孔疏及陸《釋文》並讀爲無。〈大射儀〉注引作「炮鼈」，《釋文》載或本作炰、無。《詩》疏又引《字書》云：「炰，毛燒肉也。缶，丞也。」《通俗文》云：「燥煮曰無。」明其義別。陸、孔意蓋泥於毛、許毛炮之訓，謂炰、炮同字，炰、炰同字，嫌鼈無毛不可言炰，故改讀從缶，不知豚有毛須去則云毛炮，鼈無毛可去，亦不妨云炰，其字實同。或作無者，乃通借字。故《漢書・楊惲傳》云：「烹羊炰羔。」顏注云：「毛炙肉也。即今所謂燺也。」《齊民要術》作䱒魚脯術云：「草裏泥封，塘灰中燺

之。」《漢書》之焦羔猶此毛炮豚，《要術》之燒魚猶《詩》之炮鱉，可互證也。〈禮運〉「燔黍捭豚」，《鹽鐵論·散不足篇》作「焊豚」。《廣雅·釋器》云：「焊謂之焦。」焦亦與炮通。疑西漢禮家說有謂焊豚即炮豚者。若然，祭祀有毛炮之豚，或沿用上古法與？（《周禮正義》卷二十二，頁 895～897）

案：先生考〈封人〉「毛炮之豚」，證此經炮豚與〈內則〉炮豚牂同物，而經兼言毛炮者，明是以湯火去毛而後裹燒之，周人祭祀有毛炮之豚，蓋其去古未遠，先民流風未泯，故有此去毛炮豚之禮也。先生於古經名物之辨，多驗之群經，求諸眾說，務期循名責實，得其本眞，初無以徵引宏富炫人也。

〈春官·宗伯·司服〉曰：「掌王之吉凶衣服，辨其名物，與其用事。王之吉服，祀昊天、上帝，則服大裘而冕，祀五帝亦如之。享先王則袞冕，享先公、饗、射則鷩冕，祀四望、山、川則毳冕，祭社、稷、五祀則希冕，祭群小祀則玄冕。」鄭注：「玄謂《書》曰：『予欲觀古人之象，日、月、星辰、山、龍、華蟲作繪，宗彝、藻、火、粉米、黼、黻希繡。』此古天子冕服十二章，舜欲觀焉。華蟲，五色之蟲。〈繢人職〉曰『鳥獸蛇雜四時五色以章之』謂是也。希讀爲絺，或作黹，字之誤也。王者相變，至周而以日月星辰畫於旌旗，所謂三辰旂旗，昭其明也。而冕服九章，登龍於山，登火於宗彝，尊其神明也。九章：初一曰龍，次二曰山，次三曰華蟲，次四曰火，次五曰宗彝，皆畫以爲繢；次六曰藻，次七曰粉米，次八曰黼，次九曰黻，皆希以爲繡則袞之：衣五章，裳四章，凡九也，鷩畫以雉，謂華蟲也，其衣三章，裳四章，凡七也。毳畫虎蜼，謂宗彝也，其衣三章，裳二章，凡五也。希刺粉米，無畫也，其衣一章，裳二章，凡三也。玄者衣無文，裳刺黻而已，是以謂玄焉。凡冕服，皆玄衣纁裳。」

　仲容疏：云「此古天子冕服十二章，舜欲觀焉」者，《書》孔疏引鄭《書》注云：「會讀爲繪。宗彝，謂宗廟之鬱鬯樽也。故虞夏以上，蓋取虎彝、蜼彝而已。粉米，白米也。絺讀爲黹，黹，紩也。自日月至黼黻凡十二章，天子以飾祭服。凡畫者爲繪，刺者爲繡。此繡與繪，各有六，衣用繪，裳用繡。」案：繪當作繢。孔疏云：「鄭意以華蟲爲一，粉米爲一，加宗彝謂虎蜼也。此經所云凡十二章，日也，月也，星也，山也，龍也，華蟲也。六者畫以作繪，施於衣也。宗彝也，藻也，火也，粉米也，黼也，黻也，此六者紩以爲繡，施

之於裳也。」孔又引馬融説，與鄭略同。賈疏云：「古人必爲日月星辰於衣者，取其明也。山取其人所仰，龍取其能變化，華蟲取其文理。作繢者，繢畫也。衣是陽，陽至輕浮，畫亦輕浮，故衣繢也。宗彝者，據周之彝尊有虎彝蜼彝，因於前代，則虞時有蜼彝虎彝可知。若然，宗彝是宗廟彝尊，非蟲獸之號，而言宗彝者，以虎蜼畫於宗彝，則因號虎蜼爲宗彝，其實是虎蜼也。但虎蜼同在於彝，故此亦并爲一章也。虎取其嚴猛，蜼取其有智，以其卬鼻長尾，大雨則懸於樹，以尾塞其鼻，是其智也。藻，水草，亦取其有文，象衣上華蟲。火亦取其明。粉米共爲一章，取其絜，亦取養人。黼謂白黑，爲形則斧文，近刃白，近上黑，取斷割焉。黻，黑與青，爲形則兩己相背，取臣民背惡向善，亦取君臣有合離之義、去就之理也。希繡者，孔君以爲細葛，上爲繡；鄭君讀希爲黹，黹，紩也，謂刺繒爲繡次。但裳主陰，刺亦是沈深之義，故裳刺也。」……詒讓案：十二章之義，眾説紛異。《禮書》引《尚書大傳》云：「山龍，青也。華蟲，黄也。作繢，黑也。宗彝，白也。藻火，赤也。天子服五，諸侯服四，次國服三，大夫服二，士服一。」又云：「天子衣服，其文華蟲、作繢、宗彝、藻火、山龍，諸侯作繢、宗彝、藻火、山龍。子男宗彝、藻火、山龍，大夫藻火、山龍，士山龍，故《書》曰『天命有德，五服五章哉』。」此謂天子服止五章，日、月、星辰、粉米及黼、黻，皆不爲章，此一説也。僞孔傳云：「日月星爲三辰，華象草華。蟲，蜼也。畫三辰、山、龍、華、蟲於衣服、旌旗，會五采也，以五采成此畫焉。宗廟彝樽，亦以山、龍、華、蟲爲飾。藻，水草有文者。火爲火字。粉若粟冰，米若聚米，黼若斧形，黻爲兩己相背。葛之精者曰絺。五色備曰繡。天子服日月而下。」此謂天子服有十三章，分華蟲粉米爲二，去宗彝不在章數，是又一説也。今案：《伏傳》分配五色既錯亂無義，差次五服復傎倒失敍，且不及日、月、星辰、粉米、黼、黻，尤爲疏漏，故《禮書》引鄭彼注，亦以爲疑。僞孔十三章之説，於古無徵，且不數宗彝，而云「宗廟彝尊亦以山、龍、華、蟲爲飾」，則《書》方論服章，何以忽涉彝尊，於文例亦不可通。《孟子·盡心》篇説舜被袗衣，趙注云：「袗，畫也。爲天子被畫衣黼黻絺繡也。」此以黼黻絺繡並爲畫，又與漢晉

《書》家說絕異，亦不足據。反覆推繹，鄭義精備，不可易也。（《周禮正義》卷四十，頁 1628～1629）

案：康成說天子冕服十二章之制，以爲王者相變，至周以日、月、星辰畫於旌旗，而冕服九章，初一曰龍，次二曰山，次三曰華蟲，次四曰火，次五曰宗彝，次六曰藻，次七曰粉米，次八曰黼，次九曰黻，衣五章，裳四章，凡九也。而漢、晉群儒，滋意說經，如《伏傳》以章服配五色，既錯亂無義，復差次五服，顛倒失敘，且不及日、月、星辰、粉米、黼黻，尤爲疏漏。僞《孔傳》十三章之說，於古無徵，且不數宗彝，變亂文例，亦不可通。是故先生尋繹經注，反復推求，則知康成說章服之義精塙明備，百世不刊也。

〈春官・宗伯・司常〉曰：「司常掌九旗之物名，各有屬，以待國事。日月爲常，交龍爲旂，通帛爲旜，雜帛爲物，熊虎爲旗，鳥隼爲旟，龜蛇爲旐，全羽爲旞，析羽爲旌。」鄭注：「物名者，所畫異物則異名也。屬，謂徽識也，《大傳》謂之徽號。今城門僕射所被及亭長著絳衣，皆其舊象。通帛謂大赤，從周正色，無飾。雜帛者，以帛素飾其側。白，殷之正色。全羽、析羽，皆五采，繫之於鐩旌之上，所謂注旄於干首也。凡九旗之帛皆用絳。」

仲容疏：「掌九旗之物名」者，王之旗物有此九種。析別言之，則旗爲畫熊虎之專名；大總言之，則九者得通稱旗也。云「各有屬，以待國事」者，諸旗大者爲正，又各依其章物爲小徽識，與大者爲屬。正者建之車，屬者被之身，各隨國事用之也。云「日月爲常，交龍爲旂，通帛爲旜，雜帛爲物，熊虎爲旗，鳥隼爲旟，龜蛇爲旐」者，此並因章物爲名，以示別異。金榜云：「〈巾車〉玉路建大常，金路建大旂，象路建大赤，革路建大白，木路建大麾。《左傳》臧哀伯曰『三辰旂旗，昭其明也。』〈考工記〉曰『龍旂九斿，以象大火也；鳥旟七斿，以象鶉火也；熊旗六斿，以象伐也；龜蛇四斿，以象營室也。』〈曲禮〉曰『行前朱雀而後玄武，左青龍而右白虎，招搖在上，急繕其怒。』〈明堂位〉曰『有虞氏之旂，夏后氏之綏，殷之大白，周之大赤。』由是言之，大旂爲交龍，大赤爲鳥隼，大白爲熊虎，大麾爲龜蛇。周赤，殷白，夏黑，然則有虞氏之旂以青歟？《爾雅》『素錦綢杠，纁帛縿，素陞龍於縿。』是大常纁帛，象中黃之色也。」案：金氏以大旂、大白、大赤、大麾釋旂旗旟旐，略本呂大

臨、陸佃說；其謂大常色黃，與旂青、旗赤、旗白、旐黑分屬五方，說本鄭鍔、陳傅良義，皆至塙。《司馬法・天子之義篇》云「旐，夏后氏玄首，人之執也；殷白，天之義也；周黃，地之道也。」《司馬法》說周旐黃，蓋即指大常。《初學記・武部》引《河圖》云「風后曰：予告汝帝之五旗：東方法青龍曰旂，南方法赤鳥曰旗，西方法白虎曰旗，北方法玄蛇曰旐，中央法黃龍曰常。」《三國志・吳志・胡綜傳・大牙賦》亦云「四靈既布，黃龍處中，周制日月，實曰大常。」此並謂大常色象中黃。《御覽・兵部》引諸葛亮《兵要》云「以朱雀旂豎午地，白虎旂豎酉地，玄武旂豎子地，青龍旂豎卯地，招搖旂豎中央。」則漢人釋〈曲禮〉已有以招搖為中央之旗，配四官為五者，與金說並可互證。蓋此經九旗之內，正旗實止有五，常、旐、旗、旗、旐分象五方色，故《大戴禮記・虞戴德篇》云「天子以歲二月，為壇於東郊，建五色。」《穀梁》莊二十五年傳又說「天子救日置五麾」，楊疏引麋信云「各以方色之旌，置之五處」是也。其旝物二者，則為縿斿純駁之異。凡旝，縿斿同色為純；物，縿斿異色為駁。常旐為天子諸侯所建，疑唯有旝而無物。自旗以下，則貴賤通建，故旝物兼有。經著旝物於常旐之後，旗旗旐之前，文例最精。自鄭、賈諸儒並以九旗通為絳色，又以旝物別為二旗，而旗制混淆不可理董。今依金氏，爰定五正旗各放五色，又綜校諸經，知旝物為諸旗之通制，不入正旗之數，而後此及《大司馬》二經義始可通，而《詩》、《禮》、《爾雅》諸文亦無不符合矣。（《周禮正義》卷五十三，頁 2200～2201）

案：九旗古義先生嘗據金榜《禮箋》說，以為此經九旗之內，正旗實止有五，而常、旐、旗、旗、旐又分象五方之色，其旝、物二者，則為縿斿純駁之異。常旐為天子諸侯所建，有旝而無物；自旗以下，則貴賤通達，故旝物兼有。全羽析羽以注羽為識別，亦五正旗之通制也。自鄭、賈諸儒以九旗通為絳色，又以旝物別為二旗後，而旗制混淆不可理董。經先生參綜諸經，校以金氏之說，而後此經及《大司馬》義始可貫通無滯，《詩》、《禮》、《爾雅》之文，亦無不符合矣。先生於光緒庚子八國聯軍入寇之時，索居鄉里，溫經自遣，曾衍《周禮・司常》大閱頒旗物，《大司馬》治兵辨旗物之義，撰《九旗古義述》，爰分七目，以成此編，曰〈釋九旗五正〉，曰〈釋旝物〉，曰〈釋旗旐〉，曰〈釋

周禮大閱兵治旗物〉，曰〈釋爾雅常旛旐斿〉，曰〈釋鄉射禮獲旌〉，曰〈釋士喪禮銘旌〉，並附五旗旛物等差表，五旗緫斿度數表。自謂諸經之不可理董者，炱然若引弦以知矩。惟經文明言九旗，而以爲止有五旗，故胡玉縉援黃以周說駁之。但其糾《釋名》雜色綴邊加燕尾之論，《左傳》疏游數多者旁綴於緫其軍前斿之說，《說文》段注旛胡即旗正幅之議，皆明埆可取。

（5）考其施用

〈天官・冢宰・大宰〉之職曰：「正月之吉，始和布治于邦國都鄙，乃縣治象之灋于象魏，使萬民觀治象，挾日而斂之。」鄭注：「正月，周之正月。吉謂朔日。大宰以正月朔日，布王治之事於天下，至正歲，又書而縣於象魏，振木鐸以徇之，使萬民觀焉。小宰亦帥其屬而往，皆所以重治法、新王事也。凡治有故，言始和者，若改造云爾。鄭司農云：「象魏，闕也。故魯災，季桓子御公立于象魏之外，命藏象魏，曰舊章不可忘。」從甲至甲謂之挾日，凡十日。」

> 仲容疏：鄭司農云「象魏，闕也」者，《廣雅・釋宮》云「象巍，闕也。」《說文・山部》云「巍，高也。」〈門部〉云「闕，門觀也。」魏即巍之省。《爾雅・釋宮》云「觀謂之闕。」〈禮運〉孔疏引孫炎注云：「宮門雙闕者，舊縣法象，使民觀之處，因謂之闕。」《釋名・釋宮室》云「闕在門兩旁，中央闕然爲道也。」亦謂之魏闕。《莊子・天下篇》云「心居乎魏闕之下。」《呂氏春秋・審爲篇》高注云：「魏闕，象魏也。懸教象之法，浹日而收之。魏魏高大，故曰魏闕。」
>
> 《淮南子・本經訓》高注義同。賈疏云：「周公謂之象魏，雉門之外，兩觀闕高魏魏然。孔子謂之觀，《春秋左氏》定二年夏五月『雉門災及兩觀』是也。云觀者，以其有教象可觀望。又謂之闕者，闕，去也。仰觀治象，闕去疑事。或解闕中通門，是以莊二十一年云『鄭伯享王于闕西辟』，注『闕，象魏也』。……詒讓案：象魏也，闕也，觀也，以魯制言之，三者蓋異名而同物。天子諸侯宮門皆築臺，臺上起屋謂之臺門。〈匠人〉門阿即臺門，門屋之阿也。天子臺門之兩旁，特爲屋，高出於門屋之上者，謂之雙闕，亦謂之兩觀。諸侯不得爲兩觀。則即於門臺之上正中，特高其屋，出於它門臺之上，是謂一觀。觀即因門臺爲之，故亦稱觀臺。《左》僖五年傳云「公登觀臺以望而書雲物」，即雉門兩觀之臺也。《詩・大雅・靈臺》孔疏引

《五經異義》、《左氏》說，謂諸侯觀臺在廟中，容廟中亦為臺門矣。天子兩觀之北墉，附於宮牆，自宮內視之，不見其闍，故曰外闕。諸侯就門臺為觀，其闍半在門內，故曰內闕。通而言之，雙闕亦單稱闕，兩觀亦單稱觀。《公羊》何休注謂天子外闕兩觀，諸侯內闕一觀，可證一觀兩觀同得稱闕也。《說文·門部》釋闕為門觀，而〈㚒部〉別云「㚒，缺也。」古者城闕其南方謂之㚒，㚒之與闕，義訓不同。蓋闕即門觀，本不取缺為義，則不必雙而後稱闕。《穀梁》桓三年傳云「禮，諸母昆弟不出闕門。」《大戴禮記·保傅篇》云「過闕則下。」皆據侯國制言之，不必有二闕也。《釋名》以闕然為道訓闕，〈禮運〉孔疏引熊安生說，亦謂當門闕處以通行路，似並誤掍闕㚒為一義。孔氏又據孫炎說，謂闕取相對為雙之義，又謂諸侯不得有闕。不知一與雙通謂之闕，諸侯不得有兩觀者，乃不得為雙闕，若一闕固得為之矣。先鄭及《左傳》杜注並以闕釋象魏，皆不質言一觀兩觀。說禮者皆以象魏為兩觀之定名，則又非也。據《公羊》載子家駒之言，則兩觀為天子之制，魯僭設之。平諸侯得設一觀，謂之闕門，不得為兩觀。而縣法象魏事，宜通於邦國，不止周、魯有之。然則無論一觀兩觀，皆巍然而高，即通謂之巍闕。無論為臺為觀，皆可以縣法，即通謂之象魏。象魏之名，起於縣法象，不繫於觀之一與兩、有與無也。（《周禮正義》卷四，頁 120～122）。

案：象魏之名起於縣法象，不繫於觀之一與兩，有與無也。然自先鄭謂象魏闕也，後此諸儒說經皆就宮闕臺觀立論，孰不知兩觀為天子之制，諸侯止得設一觀謂之闕門，而縣法象事宜通於邦國。是以觀皆巍然而高，即通謂之魏闕。無論為臺為觀，皆可以縣法象也。先生申經破注，則象魏之制與施用因而大明。

〈春官·宗伯·小宗伯〉之職曰：「大祭祀，省牲，眂滌濯。祭之日，逆齍，省鑊，告時于王，告備于王」。鄭注：「逆齍，受饎人之盛以入。省鑊，視亨腥孰，時薦陳之晚早。備謂饌具。」

仲容疏：汪云「逆齍，受饎人之盛以入」者，〈聘禮〉注云「逆猶受也。」〈饎人〉云「掌凡祭祀共盛」，故知受饎人也。「齍」依鄭讀亦當為「粢」，注當作「逆粢」。……案：〈饎人〉「共盛」，注云「炊而共之」，則鄭意此逆齍，為已炊之盛。故賈〈小祝〉疏謂饋獻後，尸

將入室食，小祝乃迎饎人之齍盛以入。蓋食醫食齊視春時，明必將食
乃出齍而實之也。但此「逆齍」文在省鑊之前，〈小祝〉「逆齍盛」文
在逆尸之前，江永謂當在饋祭之晨，其說甚塙。竊謂逆齍當有二：一
則祭晨饌陳，舂人共米實於筐筥，二祼之後，小祝迎之以入，肆師表
之告絜，而後付饎人炊之，此未炊之齍盛也。及饋獻之後，炊饎已熟，
小祝復迎之以入，實於簠簋，而後后薦之，此已炊之齍盛也。蓋祭禮
盛與牲並重，第一次迎齍告絜，與迎牲告碩之節相準，第二次迎齍，
與亨飪迎鼎之節相準，兩迎小宗伯皆涖之。鄭賈據後迎，江氏據前迎，
二義相兼乃備也。（《周禮正義》卷三十六，頁 1443～1444）

案：齍、粢古今字，經用古文，注用今文，乃經注用字之通則，本文第二節
於「《周禮正義》之體例」中已詳乎言之矣。〈小宗伯〉於大祭祀時逆齍省鑊，
兩迎皆涖，而鄭、賈據後迎說經，江永據前迎釋禮，至逆齍之義與施用之道
莫知其詳，先生綜理經注，甄別他說，則「逆齍」之為用可不待辨矣。

〈冬官・考工記・輈人〉曰：「終歲御，衣衽不敝。」鄭注：「衽謂裳也。」
仲容疏：注云「衽謂裳也」者，《公羊》昭二十五年，何注云：「衽，
衣下裳當前者。」賈疏云：「〈禮記・深衣〉『續衽鉤邊』者，據在旁
屬帶處。至於〈問喪〉云『扱上衽』及〈曲禮〉云『苞屨扱衽不入
公門』，此皆據深衣十二幅，要間之裳皆是衽，故此注云『衽謂裳也』。」
戴震云：「衽者，衣裳之旁削幅也。」詒讓案：衽有三義，《說文・
衣部》云「衽，衣裣也。裣，交衽也。」此衽之本義，指凡衣前承
領之衽而言。又有禮衣削幅掩裳際之衽，深衣屬於裳之衽，並與衣
裣不同。〈玉藻〉說深衣云「衽當旁」，注云：「衽謂裳幅所交裂也。
凡衽者，或殺而下，或殺而上。衽屬衣則垂而放之，屬裳則縫之以
合前後，上下相變。」江永云：「凡衽者，皆以揜裳際得名。喪服之
衽殺而下，左右各二尺五寸，疊作燕尾之形，屬於衣，垂而放之。
朝祭服亦當然。深衣長衣之衽殺而上，屬於裳。蓋輈不和則車不安，
御者裳之兩旁，常掉動而易敝，輈和則無此患也。」案：江說甚析。
但喪服及朝祭服之衽，垂衣兩旁；深衣之衽，夾裳兩旁。此注以裳
釋衽，則專指裳旁之衽言之。然裳旁之衽，唯深衣有之，而御者不
必皆服深衣。則鄭意似謂無論朝祭喪服，其裳幅亦通謂之衽，故〈深
衣〉孔疏謂裳之前後左右皆有衽名是也。賈說蓋與孔略同。凡御者

立於輿內近前，行時，惟裳前幅下際，與橫直材相摩拂，易於破敝，
故鄭通以裳為釋，明非衣衽，亦不定指禮衣及深衣在旁之衽也。（《周
禮正義》卷七十七，頁 3229～3230）

案：此先生釋衽有三義，一即《說文》釋衽，衣襟也，襟，交衽也。二為禮
衣削幅掩裳際之衽。三乃〈玉藻〉說深衣云衽當旁，謂裳幅所交裂也。御者
立於輿內近前行時，裳前幅下際與橫直材相摩拂，易於破敝，故輮和則無此
患也，似此則輮人為輮之不和，車行不安，不安則衽易敝，輮與衽之為用，
於焉可知。

（八）別《經》、〈記〉字例之異

經既係周公所制，為西周一代盛典；〈記〉成於六國齊人之手，為紀職工
事之專書，初不為補〈冬官〉而作。漢人因其與《周禮・事典》相應，取以
補闕；故兩者用字之例頗不雷同，就此亦可作為《經》、〈記〉二編非由一人
所撰之力證。先生疏通經注，輒有發明，茲錄其說，以見其詳。

（1）由〈廬人〉、〈弓人〉以「彀」為「擊」「繫」，證《經》、〈記〉字例
　　之異

〈地官・司徒・司門〉曰：「祭祀之牛牲繫焉，監門養之。」

　仲容疏：彀、繫古今字，此經作彀，注作繫，亦經用古字注用今字
　之例也。〈廬人〉、〈弓人〉又以彀為擊，〈考工記〉字例與經不同也。
　（《周禮正義》卷二十八，1104 頁）

（2）由〈冬官・敘官〉以于作於，證《經》、記《字》例之異

〈冬官・考工記・敘官〉曰：「車軫四尺，謂之一等；戈柲六尺有六寸，
既建而迤，崇於軫四尺。」

　仲容疏：於，前經五篇並用古字作「于」，此〈記〉上下篇並作「於」，
　疑《經》、〈記〉字例本不同，鄭、賈各仍其舊，非傳寫之誤也。（《周
　禮正義》卷七十四，3130 頁）

（3）由「馭車」字作「御」，疑亦《經》、〈記〉字例之異

〈冬官・考工記・輮人〉曰：「終歲御，衣衽不敝。」

　仲容疏：「終歲御，衣衽不敝」者，前經例馭車字作馭，此作御，疑
　亦《經》、〈記〉字例之異。（《周禮正義》卷七十七，3229 頁）

（4）由〈鮑人〉以敘作序，疑《經》、〈記〉字例之異

〈冬官・考工記・鮑人〉曰：「卷而摶之而不迆，則厚薄序也。」

　仲容疏：「則厚薄序也」者，序，前經例用古字並作「敘」，此作「序」，疑《經》、〈記〉字例之異。（《周禮正義》卷七十九，3295 頁）

（5）由〈梓人〉以「皐」作「罪」，疑亦《經》、〈記〉字例之異

〈冬官・考工記・梓人〉曰：「凡試梓，飲器鄉衡而實不盡，梓師罪之。」

　仲容疏：「凡試梓，飲器鄉衡而實不盡，梓師罪之」者，罪，前經五篇並用古字作「皐」，此作「罪」者，疑亦《經》、〈記〉字例之異。

　（《周禮正義》卷八十一，3390 頁）

（九）發明《周禮》全經之例

　　《周禮》成於周公制禮之後，一經後世之竄易，再經秦皇之燔滅，其殘簡零縑，雖出於山巖屋壁，而先聖手訂之經國大義，治世洪憲，仍如南極北斗，光被河嶽，故彥和劉氏〈宗經〉云：「禮以立體，據事制範，章條纖曲，執而後顯，採掇片言，莫非寶也」。康成注《周禮》，網羅鄭、賈之解詁，綜合今故之違異，深究經旨，斷以己意，而發正讀之例：有云「讀如」、「讀若」者，擬其音以求其似也；有云「讀為」、「讀曰」者，就其音以易其字也；有云「當為」者，糾其誤以正其字也。〔註136〕三例既定，而《周禮》之大義始昭然若晦之見明矣。唐賈公彥據晉陳邵《周官禮異同評》、梁沈重《周官禮義疏》，撰《周禮注疏》四十二卷，其疏不破注，於鄭學之發揮，信稱博而能核者焉。然於《周禮》經例之探究，雖多致力，但或因狃於成見，以偏概全，或由牽合注義，積非成是，其未得經例之正者，所在多有。仲容新疏力矯其弊，於闡揚鄭注，精采賈疏之餘，特留心於經文之創制起例，故能裨舊疏之未備，發古經之大凡，於後之從事《周禮》之學者，頗奏執簡馭繁之效，故分類錄存之。

（1）經中措辭之例

　經凡言「征斂」者，通謂之賦。此九賦則皆任地以制國用之法也。（《周禮正義》卷三）

　經凡言「郊有包六鄉在內」者，如〈太宰〉之職言四郊之賦，不別出六鄉，猶之甸包六遂，經止言邦甸之賦也。「有別郊於鄉外」者，

〔註136〕見段玉裁《周禮漢讀考》、阮元《周禮注疏校勘記・序》。

如〈小司徒〉大比六鄉四郊之吏。遺人有鄉里之委積，又有郊里之委積，郊與鄉並舉，則專指鄉外之餘地言之。(《周禮正義》卷三)

經凡言「匪頒」者，以群臣之祿爲最大。此外若稍食及歲時之常賜，遺人之委積，凡著於秩籍爲法所當得者，並入此科。經例常賜謂之頒，非常賜謂之賜。(《周禮正義》卷三)

經凡言「參伍之等」，並專指卿長當官副貳之員數。(《周禮正義》卷四)

經凡「都家對文」者，並以公卿采地爲都，家則專據大夫采邑。(《周禮正義》卷四)

經凡言「執事」，並謂諸官非其專掌，以連事通稱，轉相贊助，而執持其事者。(《周禮正義》卷四)

經凡言「徵」者有二，一爲徵召，若〈典祀〉、〈大胥〉二職所云是也。一爲徵斂，若〈載師〉云以時徵其賦是也。(《周禮正義》卷六)

經凡言「縣鄙」者，惟〈遂人〉之縣鄙爲遂之屬別，此外如〈宰夫〉及〈司常〉、〈大司馬〉、〈司士〉、〈朝士〉諸職，皆公邑也。(《周禮正義》卷六)

經凡「掌械器膳服畜獸諸官，多云辨其名物」，蓋異物則異名，名與物必相應。(《周禮正義》卷六)

經凡言「有司者」，並據專主其事之官。(《周禮正義》卷六)

經凡言「擊柝」者有二，一爲守衛士民所擊，賈所謂持更者也。一爲官吏校比諸士民者所擊，鄭所謂行夜者也。(《周禮正義》卷六)

經凡言「有故」者，並謂非常事變，朝士云若邦凶荒札喪寇戎之故是也。其大者則謂之大故。(《周禮正義》卷六)

經凡言「祿」者皆正祿，與稍食顯有區別。(《周禮正義》卷六)

經凡云「德」者，並指六德六行而言，云「道」者並指六藝六儀而言，兼舉之則曰德行曰道藝。(《周禮正義》卷六)

經凡言「庶子」者，乃諸子所屬之人，並非宿衛專職。(《周禮正義》卷七)

經凡云「役」者有二，一當官之屬，給正長之役，如瞽矇役、大師縫人役，本職之女御是也。一異官以連事通職相役，如旬師役外內饔、酒人役世婦、罪隸役百官府、蠻隸役掌畜、夷隸役牧人、

貉隸役服不氏是也。二者雖有同官異官之別，而其爲給事則同。
（《周禮正義》卷八）

經凡「列次分別數」，曰一曰二。積累增益數，曰壹曰再。（《周禮正義》卷九）

經凡言「醬」者，多爲醯醢之通名。（《周禮正義》卷十一）

經凡言「散」者，皆麤沽猥褻，亞次於上之義。故屨人散屨次於功屨，巾車散車次於良車，充人之散祭祀別於五帝先王之祭，旄人散樂別於雅樂，司弓矢之散射別於師田之射，事異而義並相近也。
（《周禮正義》卷十一）

經凡言「旅」者，並指非常之祭。而言所旅者，止於上帝四望。不云旅昊天旅五帝，則知旅祭上不及昊天，下不偏及五帝。（《周禮正義》卷十一）

經凡言「版圖」，圖並謂地圖。（《周禮正義》卷十三）

經凡言「圜土」者，並爲頌繫罷民之獄。（《周禮正義》卷十九）

經凡言「國中」者，並謂王城之中。六鄉之民分屬四郊，不居國中，而四郊別有郊里，亦不盡爲鄉州。（《周禮正義》卷二十）

經凡言「國比邦比」者，皆取校比之義。（《周禮正義》卷二十）

經凡言「邑」，不必皆屬公邑。（《周禮正義》卷二十一）

經凡言「夫家」者，猶言男女無妻者爲夫，有妻者爲家。（《周禮正義》卷二十四）。

經「散文言郊」者，或通六鄉言之；其「以鄉與郊對文」者，則鄉爲鄉里，郊爲郊里，二者迥異。（《周禮正義》卷二十五）

經凡言「兵器」者，並當分爲二物：兵謂五兵，器則車輂用器之屬，内府所謂良兵良器是也。（《周禮正義》卷二十七）

經言「國人」，以晐國外之六鄉。言郊人以晐郊外之六遂公邑。（《周禮正義》卷二十八）

經凡言「卿」者，並六命卿，無言小卿者。（《周禮正義》卷三十二）

經例凡言「社」者，皆不云后土。（《周禮正義》卷三十五）

經凡云「門子」者，皆專指適子。云國子者，則通適庶言之，二者不同。（《周禮正義》卷三十六）

經凡云「爲位」者，不在宮廟則爲壇位。在宮廟則唯爲几筵坐立拜

獻之位。(《周禮正義》卷三十六)

經凡言「祭祀」，惟酒正及春官肆師分三等，餘職皆止分大小二等。
(《周禮正義》卷三十七)

經凡言「釁」者，有釁浴，有釁廟，釁器。(《周禮正義》卷三十八)

經凡「以奏與歌對文」者，奏並謂金奏，歌並謂升歌。奏以九夏，
歌則以三百篇之詩。(《周禮正義》卷四十二)

經凡言「天」者，皆謂昊天。言「上帝」者，皆謂受命帝。言「五
帝」者，謂五色之帝。三者尊卑不同，而同爲天帝則一，蓋非天
不可以稱帝也。(《周禮正義》卷四十二)

經凡單言「學」者，並指大學而言。(《周禮正義》卷四十四)

經凡言「采就」者，皆以眾采備帀爲一就。(《周禮正義》卷五十二)

經凡「總曰士庶子」者，並爲宿衛群子之稱，無以士爲卿大夫士者。
《周禮正義》卷五十六，5701 頁)

經凡言「縣鄙」者，皆爲公邑，非六遂之屬。(《周禮正義》卷五十
九)

經凡言「庶子」者，班秩並在士下，與庶人在官者略同。(《周禮正
義》卷五十九)

經凡言「大喪」，有專指王喪者，有關后世子喪者，后中又兼有先
后……凡經大喪，無不兼王喪者。(《周禮正義》卷六十六)

（2）經中行文之例

經有變文見義之例

〈春官・小宗伯〉之職曰：「若大旬，則帥有司而臚獸于郊，遂頒禽。」
仲容疏：詒讓案：臚言獸，頒言禽者，獸與禽通稱，亦以大獸公之，
小禽私之，私之者不臚，則臚郊者皆大獸，故變文以見義與？(《周
禮正義》卷三十六，1451 頁)

〈天官・司書〉之職曰：「司書掌邦之六典、八灋、八則、九職、九正」
鄭注：「九事謂九式，變言之者，重其職。明本而掌之，非徒相副貳也。」
仲容疏：案：鄭賈、意，蓋謂司書自掌九正、九事之正本，不徒如
小宰、大府、職內、職歲掌其副貳，故變文以見義也。(《周禮正義》
卷十二，480 頁)

〈秋官‧小行人〉之職曰:「致饔餼如勞之禮,饗食還圭,如將幣之儀。」

　仲容疏:案:上諸公相爲賓說致饔餼與饗食還圭,同云「如將幣之儀」,而此文又以「致饔餼如勞之禮」特爲別異者,蓋以詳略變文,實則諸禮皆有同有異,經或偏舉一隅,或綜論大較,義各有當。《周禮正義》卷七十二,3051 頁)

經有倒文見義之例

《夏官‧量人》職曰:「凡祭祀饗賓,制其從獻脯燔之數量。」鄭注:「鄭司農云:『從獻者,肉殽從酒也。』玄謂燔,從於獻酒之肉炙也。數,多少也。量,長短也。」

　仲容疏:竊謂此注云「肉炙」,與〈特牲〉注訓燔爲炙肉不同。〈禮運〉孔疏據〈特牲〉推諸侯禮,謂君薦用炙,夫人薦用燔,則此王禮,王與后交獻,當亦炙燔兩有。此經止舉燔以眩肝炙,注則兼炙肉及肝炙爲釋,故倒文見義,言肉以見燔爲三牲之肉,言炙以見兼有肝。(《周禮正義》卷五十七,2382 頁)

經文有省略不具之例

〈秋官‧庭氏〉職曰:「若神也,則以大陰之弓與枉矢射之。」

　仲容疏:「若神也,則以大陰之弓與枉矢射之」者,亦當夜射之,經冢上文省也。(《周禮正義》卷七十,2940 頁)

〈地官‧司徒‧封人〉職曰:「凡封國,設其社稷之壝,封其四疆。造都邑之封域者亦如之。」

　仲容疏:「造都邑之封域者亦如之」者,此建內諸侯采邑之法,與縣師、量人爲官聯也。〈膳夫〉注云:「造,作也。」謂作立都邑。賈疏云:「造都邑者,謂大都、小都、家邑之等采地,有百里、五十里、二十五里,皆有四邊封域,亦如上諸侯有四疆也。」詒讓案:都邑亦有社稷,經不言設其壝者,文略。(《周禮正義》卷二十二,頁 891～892)

〈地官‧鄉大夫〉之職曰:「厥明,鄉老及鄉大夫、群吏獻賢能之書于王,王再拜受之,登于天府,內史貳之。」

　仲容疏:「鄉老及鄉大夫群吏獻賢能之書于王」者,論學士之秀者以告於王,而升名於司徒也。此群吏即上文鄉吏,與〈大宰〉、〈小宰〉

諸職之「群吏」通百官府言者異。又案〈州長〉云「三年大比，則
大攷州里，以贊鄉大夫廢興。」彼廢興兼興民及察吏二者言之。是
此官於大比之時，并大計群吏。故遂大夫大比，亦有屬地治、戒功
事、誅賞廢興之事，可以互證。此經無計吏之事者，文不具也。（《周
禮正義》卷二十一，頁 849～850）

經有互文見義之例

〈秋官・大司寇〉之職曰：「大司寇之職，掌建邦之三典，以佐王刑邦國，
詰四方。」

　仲容疏：「掌建邦之三典，以佐王刑邦國，詰四方」者，三典、五刑
　等，并刑官之官法也。〈大宰〉六典「五曰刑典，以詰邦國，以刑百
　官。」此云「佐王刑邦國，詰四方」者，互文以見義也。（《周禮正
　義》卷六十六，2741 頁）

〈春官・典瑞〉之職曰：「四圭有邸以祀天、旅上帝。」

　仲容疏：「經以祀天與旅上帝別文，則先鄭以天爲昊天，得之；而以
　上帝亦即昊天，非也。〈掌次〉以大旅上帝與祀五帝別文，則大旅不
　及赤黃白黑四帝，後鄭以上帝爲通指五帝，亦非也。經凡言上帝者，
　皆指受命帝。周受命帝即蒼帝。凡夏正郊祀及五時迎氣祭五帝，蓋
　當同用四圭有邸，而經止云旅上帝者，舉非常之祭以見常祀，舉受
　命帝以晐五帝，亦省文互見之例也。（《周禮正義》卷三十九，1585
　頁）。

〈冬官・匠人〉職曰：「殷人重屋，堂脩七尋，堂崇三尺，四阿，重屋。」
鄭注：「重屋者，屋，王宮正堂，若大寢也。其脩七尋五丈六尺，放夏周，
則其廣九尋七丈二尺也。五室各二尋。」

　仲容疏：云「五室各二尋」者，亦放周制爲釋。五室當亦於四維設
　之。牛弘〈明堂議〉云：「其『殷人重屋』之下，本無五室之文，鄭
　注云『五室』者，亦據夏以知之。」今攷鄭以重屋之廣放周爲九尋，
　說雖不搞，而以五室爲方二尋，則從橫各三室，爲地六尋，外加一
　尋，與堂方度正相應，其說是也。經本有上下文互見之例。夏殷堂
　同高三尺，而經於重屋始著『堂崇三尺』之文，即其例矣。（《周禮
　正義》卷八十三，3445 頁）

經有對文則異、散文則通之例

〈秋官‧訝士〉職曰：「凡四方之有治於士者造焉。」

仲容疏：王引之云：「古者謂訟理爲治訟。凡四方之有治於士者，謂有訟理於士者也。」案：王說亦足補鄭義。《公羊》成十六年傳，說晉執曹伯云「公子喜時外治諸京師而免之。」何注云：「訟治于京師，解免使來歸。」即侯國訟理於王國之事。經凡治訟對文則異，若〈司市〉大治小治，大訟小訟是也；散文則義亦互通。（《周禮正義》卷六十七，2813 頁）

〈秋官‧掌戮〉曰：「掌戮掌斬殺賊諜而搏之。」鄭注：「斬以鈇鉞者，若今要斬也。殺以刀刃者，若今棄市也。」

仲容疏：注云「斬以鈇鉞」者，《説文‧車部》云「斬，截也。」《爾雅‧釋詁》云「斬，殺也。」斬殺對文則異，散文則通。（《周禮正義》卷六十九，2876 頁）

〈冬官‧畫繢〉之事曰：「雜五色，東方謂之青，南方謂之赤，西方謂之白，北方謂之黑，天謂之玄，地謂之黃。青與白相次也，赤與黑相次也，玄與黃相次也。」

仲容疏：案：此雜五色，謂以正五色雜比錯綜成文，與綠紅碧紫駵五間色不同。又此方色六而云五色者，玄黑同色而微異，染黑，六入爲玄，七入爲緇，此黑即是緇，與玄對文則異，散文得通。（《周禮正義》卷七十九，3306 頁）

經有前後互相備之例

〈地官‧大司徒〉之職曰：「以鄉三物教萬民而賓興之。一曰六德，知、仁、聖、義、忠、和；二曰六行，孝、友、睦、婣、任、恤；三曰六藝，禮、樂、射、御、書、數。」

仲容疏：案〈師氏〉云「以三德教國子，一曰至德，以爲道本；二曰敏德，以爲行本；三曰孝德，以知逆惡。教三行，一曰孝行，以親父母；二曰友行，以尊賢良；三曰順行，以事師長。」彼三德與此六德全異，三行亦唯孝友與此六行同。又〈大司樂〉云「以樂教國子，中和祗庸孝友。」〈大師〉亦謂之六德。彼中和即此忠和，而孝友又取之三行，並與此不同。蓋教本多術，此官通教萬民，與大

司樂教大學，師氏教小學，各舉一耑，亦互相備也。（《周禮正義》
卷十九，757 頁）

〈夏官・旅賁氏〉之職曰：「凡祭祀、會同、賓客則服而趨。」鄭注：「服
而趨，夾王車趨也。」

仲容疏：注云「服而趨，夾王車趨也」者，明此經與上文互相備，
上執戈盾夾王車而趨，亦服其服；此服而趨，亦執戈盾夾王車也。（《周
禮正義》卷五十九，2487 頁）

〈夏官・訓方氏〉職曰：「訓方氏掌道四方之政事，與其上下之志。」

仲容疏：「掌道四方之政事與其上下之志」者，此官主通下情，與撢
人主宣上德，職掌互相備也。（《周禮正義》卷六十四，2698 頁）

經有舉外包內之例

〈地官・大司徒〉之職曰：「頒職事十有二于邦國都鄙，使以登萬民。一
曰稼穡，二曰樹藝，三曰作材，四曰阜蕃，五曰飭材，六曰通財，七曰
化材，八曰斂材，九曰生材，十曰學藝，十有一曰世事，十有二曰服事。」

仲容疏：「頒職事十有二于邦國都鄙，使以登萬民」者，賈疏云：「大
司徒主天下人民之數，故頒下民之職事十有二條於天下邦國及畿內
都鄙，使以登成萬民。」此經不言鄉遂及公邑者，舉外以包內，司
徒親主鄉遂公邑，頒之可知。（《周禮正義》卷十九，頁 754～755）

〈夏官・司士〉之職曰：「司士掌群臣之版，以治其政令，歲登下其損益
之數，辨其年歲與其貴賤，周知邦國都家縣鄙之數，卿大夫士庶子之數。」
鄭注：「縣鄙，鄉遂之屬。」

仲容疏：今案：經凡言縣鄙者，皆當從姜兆錫說為公邑，非六遂之
屬。此職云「都家縣鄙」猶〈宰夫〉云「群都縣鄙」，皆舉都家公邑，
而不及鄉遂者，舉外以包內，文不具也。（《周禮正義》卷五十九，
頁 2456～2457）

〈秋官・朝士〉職曰：「若邦凶荒、札喪、寇戎之故，則令邦國、都家、
縣鄙，慮刑貶。」

仲容疏：案：經凡言縣鄙者，皆指四等公邑而言，非六遂五酇之鄙、
五鄙之縣，賈說失之。此舉邦國都家公邑，而不及鄉遂者，舉外以
包內，文不具也。（《周禮正義》卷六十八，2832 頁）

經有舉內_晐外之例

〈秋官・敘官〉曰：「刑官之屬：大司寇，卿一人；小司寇，中大夫二人；士師，下大夫四人；鄉士，上士八人；中士十有六人，旅下士三十有二人。」

> 仲容疏：詒讓案，鄉士亦謂之正。〈王制〉云「成獄辭，史以獄成告於正，正聽之，正以獄成告於大司寇。」注云：「正，於周鄉師之屬。」案：「鄉師」蓋「鄉士」之譌，故彼注下文即引〈鄉士職〉文爲證。此正與大司寇爲秋官大正異。國中六鄉同獄，蓋即與大司寇所治官府同處，故鄉士即以司寇之屬士爲之。〈鄉士職〉云「掌國中」者，鄉士以主六鄉之獄訟爲專職，而六鄉地與王國城郭相比，故國中之獄訟，亦鄉士兼掌之。本職不云掌六鄉，而云掌國中者，舉內以晐外。實則此經凡言國中者，並與鄉異地。六鄉之治雖得兼及於國中，而國中之名則不通於六鄉也。（《周禮正義》卷六十五，2711 頁）

經有舉近包遠之例

〈地官・敘官〉曰：「稍人，下士四人，史二人，徒十有二人。」鄭注：「主爲縣師令都鄙丘甸之政也，距王城三百里曰稍。家邑、小都、大都，自稍以出焉。」

> 仲容疏：云「距王城三百里曰稍」者，賈疏云：「案〈載師〉家邑任稍地，在三百里內，故知三百里曰稍。云「家邑、小都、大都自稍以出焉」者，鄭意此官兼掌縣都，而以稍名官者，舉近以晐遠也。（《周禮正義》卷十七，671 頁）

〈秋官・大司寇〉之職曰：「凡萬民之有罪過而未麗於法，而害於州里者，桎梏而坐諸嘉石，役諸司空。重罪旬有三日坐，朞役；其次九日坐，九月役；其次七日坐，七月役；其次五日坐，五月役；其下罪三日坐，三月役。使州里任之，則宥而舍之。」

> 仲容疏：州里，據六鄉言之，即〈鄉師〉、〈州長〉之州里也。不及郊里以外者，舉近足以晐遠。（《周禮正義》卷六十六，2752 頁）

〈秋官・鄉士〉之職曰：「鄉士掌國中。」

> 仲容疏：鄉士以鄉名官，不嫌不掌六鄉，故經不云掌六鄉，而云掌國中，猶遂士掌四郊及六遂，亦不云掌六遂，而云掌四郊，皆舉近

包遠。(《周禮正義》卷六十七，2794頁)

經有舉中以見上下之例

〈天官‧內宰〉職曰：「以陰禮教九嬪。」鄭注：「教以婦人之禮。不言教夫人、世婦者，舉中，省文。」

> 仲容疏引賈疏云：「司農意上文教六宮之人訖，此復教九嬪者，先鄭意以九嬪掌婦學之法，使之教九御，故內宰更別教之也。後鄭意下文別教九御，故知此教三夫人已下。不言三夫人、世婦者，舉中以見上下，省文。」(《周禮正義》卷十三，515頁)

〈夏官‧校人〉職曰：「等馭夫之祿。」鄭注：「馭夫，於趣馬、僕夫爲中，舉中見上下。」

> 仲容疏：注云「馭夫於趣馬、僕夫爲中，舉中見上下」者，以經云等，明有上中下也。僕夫爲上，趣馬爲下。賈疏云：「掌養馬者，有趣馬、馭夫、僕夫三者，皆須等其祿，獨云馭夫，故鄭云舉中見上下。」(《周禮正義》卷六十二，頁2622～2623)

經有通舉不別之例

〈地官‧遂人〉職曰：「以歲時登其夫家之眾寡，及其六畜車輦，辨其老幼廢疾，與其施舍者，以頒職作事，以令貢賦，以令師田，以起政役。」

> 仲容疏：云「辨其老幼廢疾與其施舍者」者，猶〈小司徒〉云「以稽國中及四郊都鄙之夫家九比之數，以辨其貴賤老幼廢疾，凡征役之施舍」也。六遂征役之法，與六鄉略同。據〈鄉大夫〉經舍征之法，老幼廢疾之外，尚有貴者、賢者、能者、服公事者之屬，經不具言，故更以「其施舍者」通晐之。(《周禮正義》卷二十九，1138頁)

〈夏官‧弁師〉職曰：「諸侯及孤卿大夫之冕：韋弁、皮弁、弁絰，各以其等爲之，而掌其禁令。」

> 仲容疏：「諸侯及孤卿大夫之冕、韋弁、皮弁、弁絰」者，此通辨諸侯諸臣冕弁以下旒璪之等數也。諸侯亦通五等言之。其冕飾上文已見，此又重出者，侯國孤卿大夫亦有冕，故遄舉不別也。(《周禮正義》卷六十，2541頁)

經有上下相通之例

〈春官・大宗伯〉之職曰:「以嘉禮親萬民。」

　　仲容疏:「以嘉禮親萬民」者,五禮之五也。賈疏云:「餘四禮皆云『邦國』,獨此云『萬民』者,餘四禮萬民所行者少,故舉邦國而言;此嘉禮六者,萬民所行者多,故舉萬民,其實上下通也。」(《周禮正義》卷三十四,1359 頁)

經有單舉並舉之例

〈天官・大宰〉職曰:「以九賦斂財賄:一曰邦中之賦,二曰四郊之賦,三曰邦甸之賦,四曰家削之賦,五曰邦縣之賦,六曰邦都之賦,七曰關市之賦,八曰山澤之賦,九曰幣餘之賦。」

　　仲容疏:〈遂人〉注云:經典國有三解。其一,大曰邦,小曰國。如「惟王建國」、「以佐王治邦國」是也。其一,郊內曰國。《國語》、《孟子》所云是也。其一,城中曰國。〈小司徒〉「稽國中及四郊都鄙之夫家」、〈載師〉「以廛里任國中之地」、〈質人〉「國中一旬郊二旬野三旬」、〈鄉士〉「掌國中」是也。蓋合天下言之,則每一封爲一國;而就一國言之,則郊以內爲國,外爲野;就郊以內言之,又城內爲國,城外爲郊。蓋單舉之則相統,並舉之則各屬也。(《周禮正義》卷三,96 頁)

經有連類以及之例

〈冬官・考工記・梓人〉曰:「祭侯之禮,以酒脯醢。」

　　仲容疏:「祭侯之禮者」,梓人不掌祭事,此記其辭者,因侯制連類及之也。(《周禮正義》卷八十二,3404 頁)

〈春官・小宗伯〉之職曰:「卜葬兆,甫竁,亦如之。」

　　仲容疏:云「甫竁」者,始於兆域穿地,就其所而卜也。〈既夕禮〉云「筮宅,冢人營之。掘四隅,外其壤;掘中,南其壤。」又云「指中封而筮。」彼掘地出壤,即此甫竁,明甫竁與筮,同時並舉,筮即就此所穿之竁而行事,王禮用卜當亦然,故經以二事連言也。(《周禮正義》卷三十六,1457 頁)

經有變化以避重複之例

〈地官・州長〉職曰:「若以歲時祭祀州社,則屬其民而讀灋,亦如之。春秋,以禮會民,而射于州序。」

仲容疏：「若以歲時祭祀州社」者，賈疏云：「上云歲時，皆謂歲之
四時；此云歲時，唯謂歲之二時春秋耳。春祭社以祈膏雨，望五穀
豐熟；秋祭社者，以百穀豐稔，所以報功。」案：賈說是也。州社
蓋亦有仲春、仲秋兩季。黨正祭禜，族師祭酺，皆以春秋。蓋禮有
隆殺，而時則同。此經不著時者，以下文云「春秋會民而射于州序」，
變文以避復重也。（《周禮正義》卷二十二，862 頁）

經有約舉大較言之之例

〈冬官・考工記・敘官〉曰：「爍金以為刃，凝土以為器，作車以行陸，
作舟以行水，此皆聖人之所作也。」

仲容疏：云「凝土以為器」者，謂陶旊之之事。《一切經音義》引《世
本》云「舜始陶」云「作車以行陸，作舟以行水」者，謂攻木之事。
《山海經・海內經》郭注引《世本》云「奚仲作車，共鼓化狄作舟。」
案：《世本》說作器之人，不必皆聖人，經約舉大較言之。（《周禮正
義》卷七十四，3115 頁）

經有舉多賅少之例

〈天官・膳夫〉職曰：「王日一舉，鼎十有二，物皆有俎。」鄭注：「殺牲
盛饌曰舉，王日一舉，以朝食也。后與王同庖。鼎十有二，牢鼎九，陪
鼎三。物謂牢鼎之實，亦九俎。」

仲容疏：云「鼎十有二，牢鼎九，陪鼎三」者，〈聘禮〉致饔云「飪
一牢，鼎九，設于西階前。陪鼎當內廉。牛、羊、豕、魚、腊、腸胃
同鼎、膚、鮮魚、鮮腊。膷、臐、膮陪牛、羊、豕。」鄭彼注云：「陪
鼎，三牲臐膷膮陪之。庶羞加也。膚，豕肉也。」又〈公食大夫禮〉
注云：「牛曰膷，羊曰臐，豕曰膮，皆香美之名也。」賈疏云：「鼎十
有二者，案《禮記・郊特牲》『鼎俎奇而籩豆耦』者，謂正鼎九，陪
鼎三，即是奇數，總而言之即十二。」〈郊特牲〉孔疏云：「案〈聘禮〉，
牛一，羊二，豕三，魚四，腊五，腸胃六，膚七，鮮魚八，鮮腊九，
是鼎九。又有陪鼎，膷一也，臐二也，膮三也。」詒讓案：《公羊》
桓二年何注云：「禮祭，天子九鼎，諸侯七，卿大夫五，元士三也。」
此皆專據正鼎而言。〈少牢饋食禮〉正鼎五，〈特牲饋食禮〉正鼎三，
即大夫、士之祭禮。天子時祭及大舉皆大牢，故正陪有十二鼎。若少

牢，則牢鼎無牛，陪鼎無䐹。特牲則正鼎又無羊，陪鼎又無膚。數皆不備十二，經舉多以晐少也。（《周禮正義》卷七，頁243～244）

經文有以事之輕重為敘之例

〈秋官・司約〉職曰：「司約掌邦國及萬民之約劑，治神之約為上，治民之約次之，治地之約次之，治功之約次之，治器之約次之，治摯之約次之。」

仲容疏：云「治神之約為上」者，國事莫重於祀，故神約為首也。其餘皆以事之輕重次之。（《周禮正義》卷六十八，2845頁）

經文有以先尊後卑為敘之例

〈秋官・司刺〉職曰：「壹刺曰訊羣臣，再刺曰訊群吏，三刺曰訊萬民。」

仲容疏：「壹刺曰訊群臣」者，此即司寇聽於外朝，〈鄉士〉、〈遂士〉、〈縣士〉諸職所謂王及三公六卿會其朝者也。群臣謂孤卿大夫士也。其位在外朝西面，與三詢之位同。云「再刺曰訊群吏」者，謂鄉遂、公邑、都鄙之吏也，其位東面。云「三刺曰訊萬民」者，謂鄉遂之民，其位北面。賈疏云：「此三刺之事，謂斷獄弊訟之時，先群臣，次群吏，後萬民，先尊後卑之義。」（《周禮正義》卷六十八，頁2841～2842）

經陳諸侯及臣之服飾、爵命，上得兼下，下不得僭上之例

〈春官・司服〉職曰：「公之服，自袞冕而下如王之服；侯伯之服，自鷩冕而下如公之服；子男之服，自毳冕而下如侯伯之服。孤之服，自希冕而下如子男之服，卿大夫之服，自玄冕而下如孤之服，其凶服加以大功小功；士之服，自皮弁而下如大夫之服，其凶服亦如之。其齊服有玄端、素端。」

仲容疏引賈氏疏曰：自此以下，陳諸侯及其臣之服，貴賤不同之事也。但上具列天子之服，此文以上公自袞冕以下差次如之，上得兼下，下不得僭上也。（《周禮正義》卷四十一，1660頁）

〈春宗・大宗伯〉之職曰：「壹命受職。」

仲容疏：「《通典・職官》云：「周禮爵及命士，故云一命而受爵。有受爵有受命者，命必有職，故《周禮》云『一命受職』，明一命之士職爵俱有也。一命而受職，再命不言自明耳。」案：杜說是也。此

經自一命至九命，咸上得兼下，下不得僭上。（《周禮正義》卷三十四，1367 頁）

經言三大祭，其禮皆由隆而殺之例

〈春官・大宗伯〉之職曰：「以禋祀祀昊天上帝，以實柴祀日、月、星、辰，以槱燎祀司中、司命、飌師、雨師。」

仲容疏：「此經天神地示人鬼三祭，每祭之中，皆先言大祀，次及中小祀，禮亦由隆而殺。其隆者得以下兼，殺者則不能上儗。若祭天神，則禋祀亦兼實柴，實柴、槱燎不能兼禋祀也。地示則血祭亦兼有埋，埋沈不能兼血祭也。人鬼則肆獻祼亦兼饋食，饋食不能兼獻祼也。等次甚明，可以例推。」（《周禮正義》卷三十三，1302 頁）

（3）經中記時之例

凡言正歲者，並謂夏正建寅之月

〈天官・小宰〉之職曰：「正歲，帥治官之屬，而觀治象之灋，徇以木鐸，曰：『不用灋者，國有常刑。』」鄭注：「正歲，謂夏之正月。得四時之正，以出教令者審也。」

仲容疏：注云「正歲，謂夏之正月，得四時之正，以出教令者，審也」者，全經凡言正歲者，並爲夏正建寅之月，別於凡言正月者爲周正建子之月也。《爾雅・釋天》云「夏曰歲，商曰祀，周曰年。」《左傳》昭七年孔疏引孫炎云「四時一終曰歲，取歲星行一次也。」《周書・周月篇》云「萬物春生、夏長、秋收、冬藏，天地之正，四時之極，不易之道。夏數得天，百王所同。其在商湯，用師于夏，順時革命，改正朔，以建丑之月爲正。亦越我周王致伐于商，改正異械，以垂三統。至於敬授民時，巡狩祭享，猶自夏焉。是謂周月，以紀于政。」是周雖建子，亦兼存夏正之事也。（《周禮正義》卷五，頁 473～475）

凡言正月，為周正建子之月，言正月之吉，必在歲終正歲之前

〈天官・大宰〉之職曰：「正月之吉，始和布治于邦國都鄙，乃縣治象之灋于象魏，使萬民觀治象，挾日而斂之。」鄭注：「正月，周之正月。吉謂朔日。」

仲容疏：注云「正月，周之正月」者，《唐會要》引干注云「正月，

周正建子之月」，與鄭說同。賈〈大司徒〉疏云：「《周禮》凡言正歲者，則夏之建寅正月，直言正月者，則周之建子正月也。」戴震云：「《周禮》重別歲年之名，直曰正月之吉，則知爲周正月也。〈凌人〉『掌冰政，歲十有二月，令斬冰』。不直曰十有二月，而曰歲十有二月，加歲以明夏，以別周，則知爲夏時也。此《周禮》之義例也。〈大司徒〉『正月之吉，始和布教于邦國都鄙』，又曰『正歲令于教官』。〈鄉大夫〉『正月之吉，受教灋于司徒，退而頒之于其鄉吏，使各以教其所治』，『正歲令群吏攷灋于司徒以退，各憲之於其所治』。〈州長〉『正月之吉，各屬其州之民而讀灋』，『正歲則讀教灋如初』。異正月正歲之名而事不異，其爲二時審矣。凡言正月之吉，必在歲終正歲之前，未嘗一錯舉於後，其時之相承，正月爲建子之月，歲終爲建丑之月，正歲爲建寅之月也。先之以正月之吉，布政之始也。繼之以正歲，於是而後得徧奉以行也。六官之長，有止言正月之吉，不言正歲者，上之所慎，在宣布之始也。六官之屬，有止言正歲，不言正月之吉者，待上之宣布，乃齊同奉行也。上之布之，必不能一日而徧王畿千里之廣，下之奉行，又同用是日，惡能相及乎哉！」《周禮正義》卷四，118 頁）

凡言吉月，均謂朔日，或當月上旬日之善者之稱

仲容疏：云「吉謂朔日」者，〈大司徒〉、〈族師〉注義並同。《唐會要》引干注亦云「吉，朔日也」。《毛詩》〈小雅‧小明篇〉「二月初吉」，傳云「初吉，朔日也」。此即鄭所本。夏炘云：「〈大宰〉、〈大司徒〉、〈鄉大夫〉、〈州長〉、〈大司馬〉、〈大司寇〉，布憲皆言正月之吉，鄭皆以周正朔日解之，〈族師〉月吉，鄭以每月朔日解之。《詩‧小明》初吉，毛公亦以朔日解之。《論語》吉月，孔安國亦以月朔解之。此自來相傳之古訓也。《說文》『吉，善也』，亦有始義。《爾雅》『元，始也』。賈逵《左》僖八年注『元，善也』。元訓始亦訓善，則吉訓善亦可訓始，故凡始皆可謂之吉。立春爲春之始日，《周語》『先立春九日，大史告稷曰：自今至於初吉，陽氣俱蒸，土膏其動。稷以告王曰：距今九日，土其俱動。』是以立春之日爲初吉，謂初春之始日。韋注以二月朔日解之，亦非也。」案：夏說是也。以毛、鄭及《國語》義覈之，蓋每月氣朔之始，通得爲初吉，省文則曰吉。

《詩》、《禮》之吉與初吉，朔始也。《周語》之初吉，氣始也。《論語》之吉月，吉謂氣始，月謂朔始也。與他書泛言吉日者異。韓愈、李翱《論語筆解》謂此經月吉，《論語》吉月，皆指行吉禮之月日，非朔日。王引之云：「經傳凡言吉日者，與朔日不同。一月之始，謂之朔日，或謂之朔月，或謂之朔。日之善者謂之吉日，或謂之吉。朔日不必皆吉，故朔日不可謂之吉日也。〈大宰〉正月之吉，〈黨正〉孟月吉日，〈族師〉月吉，皆日之善者，日之善者不必在朔日也。其在月之上旬者，謂之初吉。〈小明〉二月初吉，亦謂二月上旬之吉日也。上旬凡十日，其善者皆可謂之初吉，非必朔日也。〈士冠禮〉曰『令月吉日』，又曰『吉月令辰』。令也，吉也，皆善也。」案：王說即本韓義，似亦得通。（《周禮正義》卷四，頁118～119）

凡言歲終，指夏正十二月之終

〈天官・宰夫〉職曰：「歲終則令羣吏正歲會，月終則令正月要，旬終則令正日成，而以攷其治，不以時舉者，以告而誅之。」鄭注：「歲終，自周季冬。」

仲容疏：戴震云：「《周禮》之書，曰歲終，曰正歲，曰春秋冬夏，皆夏時也。」王引之云：「歲終與正歲相應。鄭注〈小宰〉云『正歲謂夏之正月』，則正歲爲夏之孟春，歲終爲夏之季冬，不得以爲周之季冬也。請以四證明之。〈內宰職〉曰『歲終，則會內人之稍食，稽其功事；正歲，均其稍食，施其功事。』歲終是夏之十二月，正歲是夏之正月，言歲終與正歲，而一歲盡於此矣。故正歲則曰均、曰施，言其始也。歲終則曰會、曰稽，言其終也。若謂歲終爲周之季冬，則是夏之孟冬矣。孟冬以後尚有兩月，豈得遽會其稍食，稽其功事乎？此一證也。〈眂祲職〉曰『掌安宅敘降，正歲則行事，歲終則弊其事。』上言正歲，下言歲終，明正歲是夏之正月，歲終是夏之十二月。正歲行事，歲終弊之，而一歲全矣。若謂歲終爲周之季冬，則甫及夏之十月，十月以後尚有兩月，豈得十月遽弊其事乎？此二證也。〈小司寇職〉曰『孟冬祀司民，獻民數於王，王拜受之，以圖國用而進退之。歲終則令羣士計獄弊訟，登中于天府。正歲，帥其屬而觀刑象。』歲終在孟冬正歲之間，則爲夏之季冬明矣。若謂歲終爲周之季冬，夏之孟冬，則孟冬祀司民，已是夏之孟冬，何

得又以歲終爲孟冬乎？此三證也。〈小宰〉歲終則令羣吏致事，正歲帥治官之屬而觀治象之法。〈大司徒〉歲終則令教官正治而致事，正歲令于教官曰『各共爾職，脩乃事，以聽王命』。〈小司徒〉歲終則攷其屬官之治成而誅賞，令群吏正要會而致事；正歲則帥其屬而觀教灋。〈鄉師〉歲終則攷六鄉之治以詔廢置，正歲稽其鄉器。〈鄉大夫〉歲終則令六鄉之吏皆會政致事，正歲令群吏攷灋于司徒。〈州長〉歲終則會其州之政令，正歲則讀教灋如初。〈黨正〉則會其黨政，帥其吏而致事，正歲屬民讀灋。〈遂大夫〉令爲邑者，歲終則會政致事，正歲簡稼器，脩稼政。〈士師〉歲終則令正要會，正歲帥其屬而憲禁令于國。皆先言歲終，後言正歲。蓋周以建子之月爲正月，其二月則建丑之月，而夏之歲終，其三月則建寅之月，而夏之正歲也。故正歲歲終，用夏時之名，而先歲終而後正歲，則周月之次序也。若謂歲終爲周之季冬建亥之月，則爲周月之最後者矣，何以先言歲終後言正歲乎！此四證也。歲終與夏之正歲爲終始，豈與周之正月爲終始乎。」案：戴、王二說，足正鄭義之誤。（《周禮正義》卷六，頁 209～210）

凡此經言春夏秋冬四時者，並用夏正

〈天官・凌人〉職曰：「凌人掌冰，正歲十有二月，令斬冰，三其凌。春始治鑑。……夏頒冰，掌事。秋，刷。」

仲容疏：此經通例，凡紀時者，皆用夏正。（《周禮正義》卷十，378頁）

〈春官・大司樂〉職曰：「凡樂，圜鍾爲宮，黃鍾爲角，大蔟爲徵，姑洗爲羽，靁鼓靁鼗，孤竹之管，雲和之琴瑟，〈雲門〉之舞，冬日至，於地上之圜丘奏之，……夏日至，於澤中之方丘奏之。」

仲容疏：云「冬日至」者，《春秋經》所謂日南至，於周爲孟春，而云冬者，據夏正中冬月。凡此經四時，並用夏正。《周書・周月篇》云「巡守祭享猶自夏焉」是也。（《周禮正義》卷四十三，頁 1758）

（4）《周禮》官屬之例

官屬之正例

此經官屬亦謂同官，尊卑以職事相連屬，六官並以正長帥領其屬官。

（《周禮正義》卷一）

敘官之通例：皆先揭官名，次陳爵等，次紀員數。（《周禮正義》卷
　　一）

自小宰以下至旅下士，於大宰並爲當官之屬，爵位以等遞降，而員
　　數則以次倍增，六官之屬皆如此。（《周禮正義》卷一）

此經王官之爵凡七等，曰公、曰卿、曰中大夫、曰下大夫、曰上士、
　　曰中士、曰下士，而無上大夫。（《周禮正義》卷一）

六官敘官之法，以諸職攷之，似皆隨事立名，本無定例。〔註137〕
　　凡工皆庶人在官者。（《周禮正義》卷一）

大宰八法爲治百官之通法，全經六篇，文成數萬，總其大要，蓋不
　　出此八科。以大宰一職論之，自職首至末，通爲「官職」。其中六
　　典八法之等，建立大綱，則「官法」也。正月之吉始和布治於邦
　　國都鄙以下，行事細別，則「官常」也。歲終則令百官府各正其
　　治，受其會，聽其致事，而詔王廢置，三歲則大計群吏之治而誅
　　賞之，受會則「官成」也。廢置誅賞則「官刑」也。計吏則「官
　　計」也。至於率領貳攷以下則有官屬，旁通五官，則有「官聯」。
　　其餘六官三百六十職，雖爵有尊卑，事有緐簡，要此八法，足以
　　晐之矣。（《周禮正義》卷二）

凡官屬有總屬，有分屬，有當官之屬，有宂散之屬。總屬，即六官
　　屬各六十，通屬於正是也。分屬，若庖人、內饔、外饔、亨人，

────────────

〔註137〕賈疏云：「凡六官敘官之法其義有二：一則以類相從，謂若宮正、宮伯同主宮
　　中事。膳夫、庖人、外內饔同主造食，如此之類皆是類聚群分，故連類序之。
　　二則凡次序六十官，不以官之尊卑爲先後，皆以緩急爲次第。故此宮正之等，
　　士官爲前，內宰等大夫官爲後也」仲容先生攷之諸職，以爲六官敘官皆隨事
　　立名，本無定例，如：「同一鄉遂官也，而州比鄭鄰稱長，黨縣稱正，族酇稱
　　師，閭稱胥，里稱宰，尊卑不嫌同名。又遂人爲六遂之長，既非以事名官，
　　亦未必終身任職，則鄭干之說皆不可通矣。況全經之中，如內饔，本職稱饔
　　人，甸師大祝職稱甸人，大僕射人職稱僕人，大馭等五馭校人職稱僕夫，與
　　本職亦不必同。至《儀禮》、《禮記》、《左傳》、《國語》官名，與此經復多歧
　　互，如宗伯或稱宗人，鍾師或稱鍾人，司關或稱關人，鄉大夫或稱鄉正，遂
　　人或稱隧正，庖人或稱庖正，墓大夫或稱司墓，宮人或稱司宮，甸師或稱甸
　　師氏，大史或稱大史氏，若此類甚多，是官名可以互稱，尤可證其本無定例。」
　　（見《周禮正義》卷一）

屬膳夫是也。當官之屬者，宮正中下士以下屬於上士是也。宂散之屬，若四方之以舞仕者屬旄人，國勇力之士屬司右，相犬牽犬者屬犬人，皆無職名員數是也，四者各以尊卑相隸，通謂之官屬。（《周禮正義》卷二）

凡經云群吏者，其義有四：一通指百官府關內外卿大夫士言之。二專指大夫士言之。三專指士以下小吏言之。四專指鄉遂公邑等有地治之吏言之。〔註138〕

凡官聯有同官之聯事，若司市司門司關爲聯事，同屬地官是也。有異官之聯事，若祭祀喪祭，六官之官爲聯事是也。異官之屬亦多相與爲聯事，若量人云凡宰祭與鬱人受斝歷而皆飲之，是夏官之屬與春官之屬爲聯事也。（《周禮正義》卷五）

此經凡通舉官屬者皆稱人，如內饔亦稱饔人是也。（《周禮正義》卷四十九）

經官名凡稱氏者，不必皆世官。（《周禮正義》卷五十四）

經例舉其官之徒屬者皆曰人，若內饔之饔人，大祝之甸人，射人之僕人是也。其官長本名人者，亦不易其稱，若廋人、正校人，即校人之屬官是也。〔註139〕

官屬之變例

女御於內命婦秩次最卑，然尚當尊於無爵之奄，故縫人敍亦以女御次庵下，而其職則云以役女御以相比例，知此官當亦聽於女御，女御非此官之屬也。若然，經不以女御領奄者，以內司服官府，自以奄主之，女御爲內官，特兼領其事，而不常居其寺，故經首列奄，次列女御，亦變例也。（《周禮正義》卷一）

治典教典曰官府，禮政刑事四典曰百官者，亦變文也。後文及小宰宰夫詳言之曰百官府，略言之則或曰官府，或曰百官，其實一也。（《周禮正義》卷二）

全經五篇，凡本非屬官，而以事類附屬者有三：一婦官，此九嬪、

〔註138〕先生此條過長，特予省略，其詳見《周禮正義》卷四。
〔註139〕本條略有刪節，其詳見《周禮正義》卷五十八。

世婦、女御、女祝、女史，及春官世婦內外宗等是也。〔註 140〕
一三公，地官之鄉老，爵重於大司徒是也。一家臣，春官之都宗
人、家宗人，夏官之都司馬、家司馬，秋官之朝大夫、都士、家
士是也。三者皆無所繫屬，故以其職事相近者附列各官，亦大宰
八法官屬之變例也。(《周禮正義》卷一)

依校人良駑六馬，皆以師領圉，以趣馬領圉師，以馭夫領趣馬，以
僕夫領馭夫，以校人領僕夫，則此五路之馭及馭夫，並校人之屬，
而列於前者，蓋以馭右類次於此與。全經長屬尊卑相次者不同，
亦變例也。(《周禮正義》卷五十四)

凡國之勇力之士能用五兵者屬焉者，此謂司右本屬之外，別選擇勇
士以為屬，無員數，亦大宰八法官屬之變例也。(《周禮正義》卷
五十九)

(5) 禮經通例

禮經通例凡祭祀有祭肺者，刌之，祭後不嚌；又有舉肺者，不刌，
祭則嚌之。食禮但有舉肺無祭肺。(《周禮正義》卷七)

禮之通例衣與冠同色，帶與衣同色，裳與韠同色，屨與裳同色。(《周
禮正義》卷十六)

禮之通例致禮於賓客等執食並實於籩簋，生米並實於筐筥。(《周禮
正義》卷三十一)

禮之通例臣與君行禮皆降拜登受。(《周禮正義》卷三十五)

禮經通例同席謂之重，異席謂之加。(《周禮正義》卷三十八)

禮之通例凡有尸謂之祭，無尸謂之奠，散文祭奠亦通稱。(《周禮正
義》卷五十六)

禮之通例凡迎賓，主人敵者於大門外，主人尊者於大門內，君於己
臣則無迎法。故聘禮主君迎賓止於大門內，而天子待諸侯乃迎於
大門外者，蓋天子待諸侯禮有甚嚴者……有極隆者……蓋言乎分
則君臣，接以情則賓主，故禮與饗食亦儗諸侯相朝之禮。(《周禮

〔註140〕先生九嬪疏曰：「九嬪者，此官與世婦、女御，並王之妾御，不列於百官，以
　　　　大宰兼治宮政，故以事類屬之。」

正義》卷七十一)

禮之通例君臣行禮,臣皆堂下再拜稽首,君待臣以客禮,下拜則辭之,然後升成拜。(《周禮正義》卷七十二)

禮之通例送賓,主人尊者皆於大門內也。(《周禮正義》卷七十二)

禮之通例送者拜,去者不荅拜。賓主人敵者,迎於大門外。(《周禮正義》卷七十二)

禮之通例賓主人行禮畢,主人待賓用醴並謂之禮。(《周禮正義》卷七十二)

總茲九則,知先生治《周禮》之創獲不謂不多矣,但先生括囊大典,徧攬百氏,擷人之長,斷以己意,於董理全經之餘,對杜子春、先後鄭之《周禮注》,亦皆隨文闡發,多所卓見。如〈地官・泉府職〉杜注「瘴當爲滯」,先生疏曰:「《漢書・食貨志》載王莽時令眾民賣買五穀布帛絲綿之物,周於民用而不讎者,均官有以考檢厥實,用其本賈取之,莽制正本此經。審繹彼文,疑劉歆所傳《周官經》滯於民用,滯亦作瘴,而讀爲殫。殫與周義相近,杜氏之學,受之於歆,而此讀與《漢志》異,則杜君不盡墨守師說矣。」(《周禮正義》卷二十八)此證杜氏不盡墨守其師說之例。〈地官・鄉大夫〉職鄭司農云:「興賢者,謂若今舉孝廉;興能者,謂若今舉茂才」,先生疏曰:「漢時舉孝廉,即有德行者;舉茂才,即有道藝者;與此賢者能者約略相儗,故舉以爲況。」(《周禮正義》卷二十一)此證司農舉漢法說經之例。〈天官・縫人職〉鄭注:「漢禮器制度飾棺,天子龍火黼黻皆五列,又有龍翣二,其戴皆加璧」,先生疏曰:「以周天子棺飾無文,鄭據漢禮補之。」(《周禮正義》卷十五),此證漢約周禮爲制,故後鄭引彼證此之例。〈天官・小宰職〉注:「傅別故書作傅辨,鄭大夫讀爲符別,杜子春讀爲傅別。」先生疏曰:「凡此經傅別,別字先鄭讀並與大夫、子春同,後鄭爲朝士,從今書作判,餘亦並同三君讀;蓋因傅義自通,不煩破爲符字,而別則與一札中別之義尤切,故從杜破字也。」(《周禮正義》卷五)此證四家發疑正讀之異同,及後鄭從杜破字之例,皆能疏通別白,妙極精微,若非達識,何克臻此。故於此特著其凡,以告後之留心孫氏之禮學者。

五、孫氏研經濟世之表現

《周禮正義》草創於同治季年,適值中法戰役之後,先生自言「以海疆

多故，世變日亟，睠懷時局，撫卷增喟」。〔註141〕全書告成正當戊戌政變之年，變法之議始於甲午敗於日本之役，至戊戌而極盛，但因舊勢力反對而頓遭挫折。其時中西新故之辨，譁然無所適從，先生乃以爲「今之大患，在於政教未修，而上下之情睽闊不能相通，故民竄而失職，則治生之計陋隘而謅觚，干紀者眾，士不知學，則無以應世偶變，效忠厲節，而世常有乏才之憾。」是以「舍政教而議富強，是猶泛絕潢斷港而蘄至於海也」。〔註142〕《周禮》一經，集古代政法之精華，與近世歐美諸國所以致富強者，若合符契，先生稽古論治，分別可變之迹與不易之理，力主中西新故之無異軌，並「俾迂固之士廢然自反，無所騰其喙焉」，〔註143〕特於《周禮正義》定稿之後，復撰《周禮政要》以資補充，此實乃先生研經濟世之具體表現也。其體例則列經文及鄭注於前，意取立竿見影。其後發攄西政之作用，絕不一一牽合，無膠柱鼓瑟之弊。自〈朝儀〉至〈收教〉凡四十篇，分上下二卷。前有壬寅籀頤居士〈自序〉，又有瞿廷韶序。〔註144〕其〈自序〉曰：「書雖疏漏尙眾，而大致略具。漢儒不云乎，爲治不在多言，顧力行何如耳。誠更張今法，集吾群力而行之不疑，則此四十篇者，以致富強而有餘。其不能也，則雖人懷鼂賈之策，戶誦杜、馬之書，其於淪胥之痛，庸有救於毫秒乎！」豈知國體變更，所議固不爲將來設，是以自其變者而觀之，其所持論，多有與今世不合者；若自其不變之理觀之，則先生以政教爲富強之本，將百世以俟聖人而不惑者也。今茲所述，將擷其菁華，棄其糟粕，分政治、教育、軍事、經濟、統計、製圖、五科，以楬其《周禮政要》內容之大較也。

（一）政治：健全基層組織

先生言基層組織，於《周禮政要》中有〈鄉吏〉一篇，案此職《周禮》屬〈地官〉司徒所掌，如：

> 鄉師下大夫四人。鄉老二鄉則公一人。鄉大夫每鄉卿一人。州長每州中大夫一人。黨正每黨下大夫一人。族師每族上士一人。閭胥每閭中士一人。比長五家下士一人。

〔註141〕見先生《周禮正義·自序》。
〔註142〕上引均見先生《周禮正義·自序》。
〔註143〕見《周禮政要·序》。
〔註144〕按今中央研究院史語所藏本，止有先生〈自序〉，無瞿廷韶序。

遂人中大夫二人，遂師下大夫四人。遂大夫每遂中大夫一人，縣正
每縣下大夫一人，鄙師每鄙上士一人。

酇長每酇中士一人。

里宰每里下士一人，鄰長五家則一人。

鄉大夫三年則大比，攷其德行道藝而興賢者能者。

《周禮》鄉遂不同政，其基層組織亦採行雙軌制，惟均以五家爲單位，
然後層累而上，在鄉五家爲比，比有比長。五比爲閭，閭有閭胥。四閭爲族，
族有族師。五族爲黨，黨有黨正。五黨爲州，州有州長。五州爲鄉，鄉有鄉
大夫。遂亦分六級，惟名稱有別，曰鄰、里、酇、鄙、縣、遂。案《周禮》
六官員數約五萬餘人，而鄉遂之官居其大半。六鄉之吏，鄉大夫六人，州長
三十人，黨正百五十人，族師七百五十人，閭胥三千人，比長萬五千人。六
遂縣、鄙、酇、里、鄰之吏，如六鄉之數，大凡鄉遂之官通共三萬七千八百
七十二人。以距王城二百里之內，設官如此之多，而不嫌其冗何也？《經》
固云「使民興賢，出使長之；使民興能，入使治之」，〔註145〕出長者，出鄉而
爲王朝百官府之長，入治者入當鄉而爲比長，〔註146〕以上皆地方基層組織幹
部也。先生深讚此制，以爲「就其地之人，推舉而治其眾，其情親而祿薄，
舉凡官吏儀制之文，供張之費，一切無之。而有事則其徵調賦斂刑政教治之
詳，無不躬蒞之；事畢舉而民不擾，固其宜也」。〔註147〕其所謂基層幹部須鄉
舉里選，以地方之人，任地方之事，情親而事易舉，事舉而民不擾。說與　孫
中山先生後此倡導之地方自治，〔註148〕其精神脈絡有相互契合之處。

　　至於滿清政府之於地治爲何如乎？先生亦有極其保留之說明，曰：「國初以

〔註145〕見《周禮·鄉大夫》職文。
〔註146〕此據仲容先生《周禮政要》之解釋。
〔註147〕見《周禮政要·鄉吏篇》。
〔註148〕孫中山先生於民國五年7月17日在上海尚賢堂對兩院議員演講〈地方自治爲
　　　　建國之礎石〉。民國九年手訂〈地方自治開始實行法〉，文末有云：「中國古之
　　　　治理，教養兼施，後世退化，政府則委去教養之職務，而聽人民各家之自養
　　　　自教，而政府祇存一消極不擾民者，便爲善政矣。及至漢唐，保民理民之責，
　　　　猶未放棄，故對外尚能禦強寇，對內尚能平冤屈，此後則並此亦放棄之，遂
　　　　致國亡政息，一減於元，再減於清，文明華胄，竟被異族荼毒者三百餘年，
　　　　可謂慘矣！今後光復祖業，創建民國……惟民國人民當爲自計，速從地方自
　　　　治，以立民國萬年有道之基……」（採自中興山莊編印之《國父遺教選集》第
　　　　三卷37頁），案遵　國父之說，正見地方自治與古治理若合符契。

保甲之法，令州縣十家立一甲長，百家立一保正，一鄉立一保長。」「縣邑大者數百里，戶盈十萬，而以一縣令治之，極耳目之明，竭手足之力，亦不能周知其情。則不得不假手於架書糧書地保之屬，其品雜，率爲民害」，〔註149〕故先生推歐美之制，反古之道，主張興賢興能之基層組織，顧炎武謂「大官多者其世衰，小官多者其世盛」。〔註150〕其論最爲先生所服膺。

其次對於裁汰冗員，先生以爲乃革新政風之急務，因冗員多則賢者苦於牽制，而不得展其才；不肖者易於推諉，而得以藏其拙。職事叢脞，皆由於此。〔註151〕案《周禮》六官三百六十職，各有職掌，鄭注所謂各有所職而百事舉也。〔註152〕《周禮》以冢宰總百官，閎廣如六典，崇重如八柄，緐雜如九式，以一人掌之而不疑。故先生主張依古改制，去不急之枝官，妙簡賢俊而專其責成，則事無不舉，治化必蒸蒸日上矣。〔註153〕

吏治之要在選賢與能，而賢能之任使在尊士重祿，蓋必待遇優渥，而後可以六計察廉，斯誠邦治之本圖，不可不亟講也。先生援《周禮·內史職》先鄭注古分田制祿之說，〔註154〕以爲欲警官邪以端治本，必以優增官俸爲首要。〔註155〕並謂：「中國設官太多，冗散無職事者，約居三之二，誠減兩冗員之費，以增一正官之俸；則祿增而度支不乏，祿既增則內顧無憂，斯可以責其職事之脩舉」，實切中時弊，爲一針見血之論。

先生於政治方面以健全基層爲本，而裁冗官、重士祿，復乃鍼砭官常之二柄，故亦附列本科之末，以見用雖旁出，體本一貫也。

〔註149〕見《周禮政要·鄉吏篇》。

〔註150〕先生《周禮政要》引》。

〔註151〕案先生《周禮政要·冗官篇》載「雍正間設軍機大臣，而內閣止主票籤，於軍國大事不得與聞，則宰相爲冗員矣。六部尚書皆二人，侍郎以下視周之貳矣，員數皆倍蓰；而禮部之外，又有太常寺、鴻臚寺，刑部之外又有大理寺，其重複尤甚，如詹事府等官向無職掌者，更無論矣。今外官則有一省而督撫同城并設，兩司之下，又有各道員。知府之下，有同知通判，知州之下，有州同州判。知縣之下，有縣丞典史，河堤之工，以一工部司員督工程師足以治之，今設河道總督，官屬數百，糜款歲數百萬，而河無十年不決者。」

〔註152〕參見《周禮·天官敘官》、〈大宰〉、〈小宰〉各職文。

〔註153〕見《周禮政要·冗官篇》。

〔註154〕鄭司農云：「上農夫食九人，其次食八人，其次食七人，其次食六人，下農夫食五人，庶人在官者，其祿以是爲差。諸侯之下士視上農夫，祿足以代其耕也。中士倍之，上士倍中士，下大夫倍上士，卿四大夫祿，君十卿祿。」

〔註155〕見先生《周禮政要·重祿篇》。

（二）教育：普及國民教育

先生言普及國民教育，於《周禮政要》中有〈廣學篇〉；有言普及教育之方法者，於《周禮政要》中有〈廣報〉、〈通譯〉、〈觀新〉諸篇；有言發展科學教育者，有〈通藝〉、〈冶金〉、〈礦政〉、〈攷工〉、〈攷醫〉各篇，以下試言其詳。先生首列《周禮》教法，如：

> 大司樂掌成均之灋，以治建國之學政，而合國之子弟焉。凡有道者有德者使教焉；死則以為樂祖，祭於瞽宗。注云：「董仲舒云：成均五帝之學，成均之法者，其遺禮可法者。〈文王世子〉曰：於成均以及取爵於上尊，然則周人立此學之宮。〈明堂位〉云：瞽宗殷學也，泮宮周學也。」

> 鄉大夫之職，各掌其鄉之政教禁令。正月之吉，受灋于司徒，退而頒之于其鄉吏，使各以教其所治；攷其德行，察其道藝。三年則大比，攷其德行道藝，而興賢者能者。鄉老及鄉大夫帥其吏與其眾寡，以禮禮賓之。厥明，鄉老及鄉大夫群吏，獻賢能之書于王，王再拜受之，登于天府，內史貳之。退而以鄉射之禮五物，詢眾庶：一曰和，二曰容，三曰主皮，四曰和容，五曰興舞。

> 州長春秋以禮會民，而射于州序。注云：「序州黨之學也」。

> 黨正國索鬼神而祭祀，則以禮屬民，而飲酒于序，以正齒位。

周代之學校教育，有國學，有郊學，有鄉遂之學，五學中：辟雍南，成均東，東序，西瞽宗，北上庠，是為大學，大司樂教焉；其小學師氏保氏教焉。上自王子，下及公卿大夫元士之子，以逮宿衛士庶子，咸學於是，是為國中之學。其郊外之學，則自五百家之黨始，依鄭注賈疏鄉之學曰庠，州黨之學曰序。王國遠郊百里內設六鄉，則有鄉庠六，州序三十，黨序百有五十。又有四郊之虞庠。郊外為甸，設六遂，制如六鄉，則有庠六，縣序三十，鄙序百有五十。蓋郊甸之內，距王城不過二百里，校其廣輪，僅如今之一大縣，而有學三百七十有奇，〔註156〕推之甸稍縣都四等公邑，三等采邑，其學當數倍於鄉遂。大率邦畿千里，必當有學數千，推之畿外九州邦國，當有學數萬，其教典之詳備，斯可見矣。故先生參照西方各國之學制，盱衡當時學校教育之窳敗，嘗慨乎言之曰：「我國士不學而民無教，以四百兆之眾，而識字者不及百之一二。取士專重科目，以時文試帖之庸陋腐濫，為多士進身之階，是率天下而趨於不學也。

〔註156〕至〈學記〉所謂家有塾，何休《公羊》注所謂里有校室者，尚不在此數。

京師國子監爲古之大學，而祭酒、司業徒擁虛位，並無肄業之生。各府州縣學，雖立教諭訓導諸官，而無教士之法。書院院長僅課文藝，於學無與，問以聲光化電諸學，則老師宿儒懵然不能舉其名。以四千年聲名文物之邦，而荒陋如是，可恥殊甚焉。」〔註157〕夫教育爲樹人樹國之大本大原，彼時既士不學而民無教，群黎日愚而國勢日蹙，殆成必然之勢。先生以爲改革之道，宜「遠法成周，近采西制，盡改府州縣學及書院爲小學堂，而設總學堂於各省會，重開大學堂於京師〔註158〕……或有集資公立學堂者，准其呈報立案，給與文憑，與小學堂同……則學藝日昌，奇傑間出，儲材致用，其效可操左券矣。〔註159〕

　　普及教育之法，除廣設學堂外，於社會教育方面尤應開辦報章雜誌，大量翻譯西書，籌設博物院、圖書館，舉行博覽會，因此於《周禮政要》中有〈廣報〉、〈通譯〉、〈觀新〉三篇。先生曰：「古之陳詩觀風與陳書知政，即今西國官報民報之權輿也。夫國勢與民志相通，利而導之則治，逆而制之則亂，錮蔽而阻抑之，則民愚而國必弱……當此更化之初，宜開廣報局於京師，以次及於各直省府廳州縣，亦飭廣開報館。民間私報亦盡弛其禁……則上裨聖學，下開民智，於以瞀時勢而通群情，非徒撮壞涓流之益也。」〔註160〕又道光以後，列強內侵，英、法諸國，接踵而至，故欲取西洋之長，必須重視譯事。先生曰：「譯學宜分二科：一曰譯書，近泰西學術修明，新書著錄者以數萬計，宜甄其精要，譯以華文，頒行宇內，以開民智。一曰譯語言文字，近者五洲萬國，輻輳而至，我國之橐鞬周旋，專恃舌人譯史，則辭命不能達其情，考政學藝，專讀已譯之書，則事理無由通其奧，故習彼語言文字爲最要。」〔註161〕《周禮·訓方氏》「正歲則布而訓四方，而觀新物」，注云：「四方於新物出則觀之以知民志所好惡。」《書·盤庚》亦曰：「器惟求新」。兩經之指，足互印證。先生睹西國聲光化電之學日出而不窮，我工藝器械悉拘守舊法，彼巧而我拙，故以戰則敗，以商則折，因而倡觀新之說以振聾發聵。曰「今當更法自強，必當采西國之制，懸厚賞尊爵以勵工藝器械。如有人能講求汽學、重學、化學、電學，興藝制器，與西人爭勝者，准其專利……凡都會之

〔註157〕見先生《周禮政要·重祿篇》。
〔註158〕光緒二十四年（公元1898年）設京師大學堂，是爲戊戌新政之一。庚子後停辦，光緒二十八年恢復，爲北京大學之前身，故先生有重開大學堂之議。
〔註159〕見《周禮政要·廣學篇》。
〔註160〕見《周禮政要·廣報篇》。
〔註161〕見《周禮政要·通譯篇》。

地，皆設博物院，聚中外之物產器用，陳於一院，以供眾覽而相與衡校……廣見聞而神鼓舞，亦古經觀新物之義也。」〔註162〕

　　清末對外戰役屢北，先生身罹世變，知中國之不強，實由科學之不講。欲講科學，莫急於數理化學之研究，因而有〈通藝〉、〈冶金〉、〈礦政〉、〈攷工〉、〈攷醫〉各篇之目。其〈通藝篇〉曰：「古今治教不同，如古之藝學；今宜專治者，莫如九數，然泰西一切政教理法無不以數學為根柢。各種新學如化分化合原質裸質，則有化學。摩電發電相攝相推，則有電學。動重靜重權衡輪攞，則有重學。聚光折光顯微望遠，則有光學。凡此諸藝，並極深研幾，彌綸大用，信為西人獨得之秘……今既博綜諸學，宜設專門學堂……並別撰一書，以教童蒙，則亦淪民智之妙術也。」〔註163〕其〈冶金篇〉曰：「近日西國藝學日精，化學原質七十餘，而金類居其五十。其質性功用，皆有成書……以中國之大，而竟無講冶金之學者，其可笑殊甚焉。竊謂宜於化學礦學諸學堂中，專立鍊金一門，廣譯西國專門書籍，使士民精研博試，亦工政之要圖也。」〔註164〕其〈礦政篇〉曰：「綜而論之，通國煤產十倍於英，以中土之礦藏，西人皆精攷而質言之；而吾國士大夫咸懵然不解，使能如周時有物地司礦之專官，有攷礦之地圖，必不至茫昧如是。古法不脩，其弊固有所必至也。」〔註165〕其〈攷工篇〉曰：「泰西工藝之巧，冠絕五洲，然原其根本，亦不外規矩準繩之用，至如以輪螺桿攞為機則重學也。以金石水氣為用則化學也。此皆有精義公理可推究，亦可擴充，初非有神斤鬼斧之奇；而中國之必遜於彼者，彼求新而我守舊，彼專精而我習梏耳。」〔註166〕其〈攷醫篇〉曰：「中國醫學肇於黃帝歧伯，而《本草》亦祖《神農》、《靈素》諸經，精究造化。然流傳既久，真偽雜糅，故亦閒有不驗。由漢魏迄今，名醫輩出，要皆奉《內經》為鴻寶，未有創新法製新器，以自樹職志者。惟泰西醫有學堂學會以專研究……故其說率有依據……今宜廣開醫學堂，采譯西國醫書與中土古醫家書，互相校覈……使兼中西之長，通天人之秘，醫學大興，或亦安世壽人之一助乎。」〔註167〕

　　綜理各說，知先生據《周禮》，依西法，蘄求變求新以致富強之切，廣開

〔註162〕見《周禮政要・觀新篇》。
〔註163〕見《周禮政要・通藝篇》。
〔註164〕見《周禮政要・冶金篇》。
〔註165〕見《周禮政要・礦政篇》。
〔註166〕見《周禮政要・攷工篇》。
〔註167〕見《周禮政要・攷醫篇》。

學堂習科技以瀹民智之心，書生報國之誠，如白虹貫日，信能啓錮蔽而開風氣之先也。

（三）軍事：採行徵兵制度

古兵制之見於《周禮》者，先生約而言之，有以下數則，如：

〈小司徒〉之職，掌建邦之教灋，以稽國中及四郊都鄙之夫家九比之數，以辨其貴賤、老幼、廢疾，凡征役之施舍，……乃會萬民之卒伍而用之。五人爲伍，五伍爲兩，四兩爲卒，五卒爲旅，五旅爲師，五師爲軍。以起軍旅，以作田役，以比追胥，以令貢賦。乃均土地以稽其人民而周知其數。上地家七人，可任也者家三人；中地家六人，可任也者二家五人；下地家五人，可任也者家二人。凡起徒役，毋過家一人，以其餘爲羨，唯田與追胥，竭作。注云：「用，謂使民事之。伍、兩、卒、旅、師、軍，皆眾之名。兩二十五人，卒百人，旅五百人，師二千五百人，軍萬二千五百人，此皆先王所因農事而定軍令者也。可任，謂丁強任力役之事者。羨，饒也。竭作，盡行。」……凡國之大事，致民；大故，致餘子。注云：「大事，謂戎事也，大故，謂災寇也。鄭司農云：『餘子謂羨也。』玄謂餘子，卿大夫之子當守於王宮者也。」

〈夏官・敘官〉，凡制軍，萬有二千五百人爲軍，王六軍，大國三軍，次國二軍，小國一軍，軍將皆命卿；二千有五百人爲師，師帥皆中大夫；五百人爲旅，旅帥皆下大夫；百人爲卒，卒長皆上士；二十有五人爲兩，兩司馬皆中士；五人爲伍，伍皆有長。注云：「軍、師、旅、卒、兩、伍皆眾名也。伍一比，兩一閭，卒一族，旅一黨，師一州，軍一鄉，家所出一人。將、帥、長、司馬者，其師吏也。言軍將皆命卿，則凡軍帥不特置，選於六官六鄉之吏。自鄉以下，德任者使兼官焉。」

諸子掌國子之倅，掌其戒令與其教治，辨其等，正其位。國有大事，則帥國子而致於大子，唯所用之。若有兵甲之事，則授之車甲，合其卒伍，置其有司，以軍灋治之。注云：「國子，謂諸侯卿大夫士之子也。軍法百人爲卒，五人爲伍。」

周承夏、殷之制，寓兵於農。卒伍之眾，出於夫家，郊內立六鄉，鄉出一軍，六軍七萬五千人；而六遂副之，其制與鄉同，皆家出一人爲正卒，正卒以外可任者爲羨卒。其養兵也，家授上田百畮，而出一人，授田而不給餉，

兵農合一，實西周致太平之源。故先生特援古制以論當時中國役政之腐敗曰：
「八旗綠營額兵六十六萬一千六百人，自京師及各省駐防又二十萬餘人。軍
興以來，則專恃募兵，湘、淮、豫各軍分布各直省，亦無慮百數十營，馬兵
月餉銀二兩，步兵月餉一兩五錢，守兵月餉一兩，加以尅扣攤派，十去二三，
故兵往往貧窘而不足以贍衣食……湘淮練勇，同治初藉以平大亂，號為勁旅；
然以敵西國節制之師，則究不相當。以百餘萬之兵與勇，而幾無一人可用，
非兵之少，不教之於素也。」〔註168〕兵既貧窘而無教，則百萬之師，形同烏
合之眾，故臨陣奪氣，幾如無兵可用。先生以為「今欲更法自強，募兵養兵
之法……則萬不能不略為變通。步武西法，由募兵而復徵兵，專其教於學堂，
分其練以更番，厚其糈而減其額，精其器而嚴其法，行之三十年，寰宇之內，
人皆知兵，於以鞭笞四裔，復仇雪恥，可拭目而待矣。」〔註169〕

　　綜理先生治兵之論，雖卑之無高，但確切中時弊，尤以復古徵兵之制，
厚糈減額，精器嚴法之精兵主義，措之今日，仍為不易。

（四）經濟：提高國民生計

　　先生於經濟方面有四大主張，即教農、保商、改革幣制，與稅收合理化
是也。茲首錄其教農之說曰：「《周禮》一經，於農政最詳，〈大司徒〉十二壤
之教，〈草人〉土化騂剛赤緹之等。《管子·地員篇》說九州之土……別其土
之形狀與種所宜，其文與此實相表裏。今泰西各國之務農也，蒞以農部，教
以農學堂，士民又有農學會、農學報，以校其優劣，究其利病，日求新理、
新法，故其農事之精，遠符《周禮》。如以地學辨土質以色之黑白，味之鹹淡，
而知其有含鉀、含燐、合淡氣之別，以植物化學辨穀之體性與糞擁所宜，而
知草木之灰必含鉀，動物之糞必含燐……此〈草人〉土化之遺法也。其農器
則咸用新式機器……故力省而功倍。又以穀蔬分年更種，使地質不耗，而所
獲倍增。校之古人一易再易爰田之法為尤善……」〔註170〕彼時國病民貧，地
有遺利，民有餘力，故先生主張採英人李提摩太之說，謂「盡中國之地力，
以西國新法治之，每年可增二萬六千萬金，亦何必捵捥以憂貧哉！至治農餘，
旁及樹藝畜牧，則桑柘成林，牛羊量谷；舉凡飼蠶繅絲之利，剪毛織毳之方，

〔註168〕見《周禮政要·治兵篇》。
〔註169〕見《周禮政要·治兵篇》。
〔註170〕見《周禮政要·教農篇》。

無不備舉，斯又農學大興之後，可順而摭者也。〔註171〕

　　且夫保商，先生以爲「賈之義在乎處，商之義取乎行，而皆以阜通爲要義。」〔註172〕《周禮》商賈之事掌於司市，有教有治，民貨不售則斂買之，民無貨則賒貰之，而又禁其僞飾，除其盜賊，以至量度質劑瑣屑凌雜，無不察而治之。〔註173〕其所以爲商計者何其纖悉而周備也。先生目西商挾其財力之富，雄視五洲，然彼治以商部，國有銀行，猶我《周禮·司市》、〈泉府〉之微義，與古經遙相契合。故曰：「今欲振中國之商務，宜以司市之職爲本，而旁采西法以輔之，首立商部，以執商務之總……更廣開商務報館，究西國商人習用之語言文字，以開其智而精其術，……再妥酌通商條約，精練護商兵船，使出洋華商，不爲異族所凌侮。」〔註174〕其次「各業咸隨其力之大小自集爲公司，又聯合各公司爲總商會，申明約章，互相贊助。居賤鬻貴，持以眾力，禁楛改良，由於公議，則不致如今日絲茶之價，聽命於外人，……當此環球商戰之秋，固宜急籌合群之策哉。」〔註175〕

　　至於幣制改革，先生本《周禮·外府》、〈司市〉二職，與《漢·食貨志》載「太公九府圜法」，參合泰西泉幣發行制度，提出我國應即廢止銅錢，改鑄金圓與銀圓，以收英鎊、墨倭內侵之利權。先生曰：「嘉慶間，墨西哥銀錢盛行於各海疆，同治以後，呂宋日本錢續至，咸以九成之銀圓，易我十成之銀錠，利權外溢，金價日昂。售價賠款，皆以吾現銀易彼金鎊，……權操於人，而我公私交敝，其失計已甚矣。……宜仿西國，自鑄金錢，以抑外國金鎊之騰踢，再飭各行省，廣鑄銀錢，以收墨、倭內侵之利權。」〔註176〕同時以西國行鈔法，政府貯金存本，與民間銀行相與捆注，民咸樂用。先生以其爲物輕便，舟車筐篋，易以齎携，而儲之又簡省，故主張於鑄行金圓銀圓之外，宜兼行鈔法。先生曰：「中國前已設官銀行，〔註177〕則宜兼行鈔法，以機器精製紙張，鈐以部

〔註171〕見《周禮政要·教農篇》、〈樹藝篇〉。
〔註172〕見《周禮政要·保商篇》。
〔註173〕《周禮·地官·司市》曰：「司市掌市之治、教、政、刑、量度、禁令。以次敘分地而經市，以陳肆辨物而平市，以政令禁物靡而均市，以商賈阜貨而行布，以量度成賈而徵價，以質劑結信而止訟，以賈民禁僞而除詐，以刑罰禁虣而去盜，以泉府同貨而斂賒。」（《周禮正義》卷二十七，頁1054～1059）
〔註174〕見《周禮政要·保商篇》。
〔註175〕見《周禮政要·同貨篇》。
〔註176〕見《周禮政要·金布篇》。
〔註177〕甲午戰後，外人在中國設立銀行，發行紙幣，清廷爲挽救經濟危機，亦仿西

司印，以檢奸偽。但儲本宜多籌，方可不蹈前代執空紙而無得銀之弊。」又曰：「明降諭旨，俾民間得以鈔票完納租賦稅釐。京外官俸兵餉亦以鈔勻搭支放，……以鈔易銀，應時付給，不得片刻留難，持鈔當銀，如數收受，不得分毫短折。民與國相信，則其行必遠，此亦阜通財計之要圖也。」〔註178〕

清末以興役賠款，需費浩繁，於是橫征暴斂，民生凋敝。先生考《周禮》口稅、廛布、券契之制，參合西洋取民用民之成規，乃主張釐定稅目，合理課征，使取之而民不怨。先生首言口稅曰：「近泰西各國亦皆有丁稅，而輕重不同，中國戶口之繇甲於五洲，……今日國計窘乏，於其搜索於租庸之外，而爲無藝之橫征；莫如消息於地丁之中，而復有名之舊賦，……依舊法每丁歲征銀二錢，上等倍之爲四錢，下等半之爲一錢。其極貧丐戶免征，十五以下及六十歲以上亦免之。以四百兆三分去一，貧富相補，以中等計之，歲可得銀六千萬兩，爲數亦不少矣。」〔註179〕至於廛布，即所謂房屋之稅。先生曰：「廛布之目有三：一爲民宅，一爲市宅，一爲市肆，其法皆見於〈載師〉、〈廛人〉、〈司關〉諸職。……今當國用窘乏之時，不妨酌量普行征稅。可飭於京外各省府縣城及鄉鎮市店，覈其贏息在百千以上者，及民房瓦屋直千金以上者，均斟酌依地賦之數增若干倍收稅，其棧房及民間園亭之類更倍之。放古廛布次布之法而輕其額，嚴其法。又以時平其道路，除其盜賊，則商業蕃盛，民居安謐，彼無不樂輸。較之鬻官之例，闔姓之費，不尚爲良法乎。」〔註180〕券契之稅，古之質劑，即今之所謂印花稅是也。……西國印花稅之法，始創於荷蘭，盛行於英吉利，今則通行各洲，爲歲入之大宗。竊謂宜飭戶部於京師設廠購外洋製印花紙機器，精製印花，紙中暗藏文理，……以防作偽，……民間一切賣契稅約貨單皆令粘帖印花，不粘者皆作廢紙，……中國地大物博，果照此行之，每歲所入至少亦不下一萬萬元。不病民而有益於國，亦何憚而不爲哉。」〔註181〕

蓋先生論經濟，立於農商並重與興利革弊之觀點，以提高國民生計爭勝西洋爲目的，故其說多能揣其本而齊其末。時代雖異，事勢雖變，要教農保商之大節，免除苛細之稅目，乃萬世立國之準則也。

法，於光緒三十年正月，由政府設立戶部銀行，後改爲大清銀行。
〔註178〕見《周禮政要·券幣篇》。
〔註179〕見《周禮政要·口稅篇》。
〔註180〕見《周禮政要·廛布篇》。
〔註181〕見《周禮政要·券稅篇》。

（五）統計製圖

　　版圖爲《周禮》要政之一，〔註182〕總計《周禮》所載之圖可分五類：（甲）、總圖：職方氏所掌，表國內廣谷大川原野丘陵之形勢，幅員之大小。（乙）地籍圖：遂人所掌，表明地權種屬，可解決土地紛爭。（丙）資源圖：卝人、山師、川師所掌，明礦藏及林產、水產之分佈。（丁）軍事圖：司險所掌，周知全國山林川澤之險要，及道路狀況。（戊）戶籍圖：司民所掌，登萬民之數，辨其籍貫，異其男女。故先生於《周禮政要》中，有圖表、戶版二篇，以爲「古有圖表之學，所以攷察形法，綜敘要會，辨隱匿而理紛互也。」然而彼時「中國官員素不究圖表之學，財計成案，簿冊眛目，而絕無表譜，點吏因緣爲奸，遂成弊窟。……如庫頁島本我三姓屬畺，嘉慶間島酋私投日本，後復以易地於俄，……隱沒百年，……政府不知。帕米爾本我伊犂邊地，而〈嘉慶會典圖〉，忽劃之卡倫之外，俄人遂藉以要索，終成割棄。緬、越之亡，而誤割內地土司以畀法；英索滇邊之野人山，而我政府不審其所在，轉問之彼國外部，……茫昧不憭，傳爲笑端，庸臣不學，蹙國千里，懲前毖後，可不深思而熟計之乎？」〔註183〕似此圖表之學既亡，而彼時戶籍之管理又如何乎？曰：「乾隆五年，又令停編審，以保甲丁額造冊，顧保甲亦爲具文，烟戶門牌，任意填造，實力奉行者，百無一二。即間有編查，亦止及城廂，鄉鎮已多不及，遠鄉僻壤，則幾同化外。故百餘年來，小民自生自息，無冊籍可稽，亦政治太疏闊之一端也。」〔註184〕疆域無圖，民不落籍，此即綱紀廢弛，政治腐敗之具體表現。今欲救亡圖存，莫若「改弦更張……宜飭中外各衙門將輿地、器械、糧餉、賦稅之屬，分別撰成圖表，進呈御覽，……

〔註182〕《周禮・司會》掌國之官府郊野縣都之百物財用，凡在書契版圖者之貳，以逆群吏之治而聽其會計。司書掌邦之六典八灋八則九職九正九事，邦中之版，土地之圖，以周知入出百物。〈大司徒〉之職掌建邦之土地之圖與其人民之數，以佐王安擾邦國。〈遂人〉掌邦之野，以土地之圖經田野造縣鄙形體之法。〈土訓〉掌道地圖，以詔地事。〈司險〉掌九州圖，以周知其山林川澤之阻而達其道路。〈職方氏〉辨其邦國都鄙四夷八蠻七閩九貉五戎六狄之人民與其財用，九穀六畜之數，要周知其利害。〈小司寇〉孟冬祀司民，獻民數於王，王拜受之以圖國用而進退之。〈司民〉掌掌登萬民之數，自生齒以上，皆書於版，辨其國中與其都鄙，及其郊野，異其男女，歲登下其死生，及三年大比，以萬民之數詔司寇，及孟冬祀司民之日，獻其數于王，王拜受之，登于天府。

〔註183〕見《周禮政要・圖表篇》。

〔註184〕見《周禮政要・戶版篇》。

凡中外大小學堂及各省軍營……兼教圖繪，……當此積弊之後，而欲綜覈綱要，理董凌雜，必省其文牘，多其圖表，庶其有所藉手乎。」〔註185〕至於戶籍「宜每年令州縣各諭保甲鄉正及大族族長等，各以所管之鄉戶口造冊送縣，而別飭警察兵覆查。……戶部咸每歲一脩。戶口既審，則征賦徵兵，以及興學緝盜，征斂印稅諸端，皆可按籍以從事，無逃匿遺漏之患。皇上坐披圖籍，而二十行省之廣，四百兆人之眾，釐然在目。由是理董庶政則綱舉目張，如臂使指，豈非富強之根本哉。」〔註186〕

先生推本《周禮》，近法泰西，恢復圖表之學，嚴密戶口之稽，於彼時積弊之後，當不失為董理庶務之良藥，抵於富強之鎡基也。

六、孫氏於墜文佚詁之表章

仲容先生〈周禮正義略例〉曰：「賈逵、馬融、干寶三家佚詁，亦多存古訓，無論與鄭異同，並為攟拾。」故於光緒甲午成《周禮三家佚注》一卷，為《周禮正義‧附錄》之一。

三家注得失，詳見馬國翰各輯本下。是編仿汪遠孫《國語三君注輯存》之例，〔註187〕依經文為次，而以賈曰、馬曰、干曰為別。通計全書共輯一百三十七條，〔註188〕較馬氏玉函山房所輯多三十餘條。文間，先生多加案語，大率考訂文字，而不論注之得失，如：

「正月之吉」，干注條下，先生案曰：「《唐會要》王方慶議引干注，作告朔日也。又張齊賢議云：干寶之注，經所云『正月之吉』者，即是正月之朔日也，故解云吉是朔日也；今之告朔日者，是傳寫之誤。據此則唐時干注別本譌吉為告，故王方慶亦沿其誤。」〔註189〕此考訂誤字，足徵先生著述之精審。

又，〈籩人〉「羞籩之實糗餌粉餈」條下，先生疑高承《事物紀原》、陳元靚《歲時廣記》、《壺中贅錄》等各書所引干注，皆本杜氏《玉燭寶典》，而傳

〔註185〕見《周禮政要‧圖表篇》。
〔註186〕見《周禮政要‧戶版篇》。
〔註187〕遠孫字小米，浙江錢塘人，是書總名《國語校注本三種》，前有長洲陳奐〈序〉。
內分《三君注輯存》四卷，《發正》二十一卷，《考異》四卷，共二十九卷。
其曰輯存者，三君謂後漢賈逵，吳虞翻，吳唐固也。
〔註188〕其中賈曰十九條，馬曰六十四條，干曰五十四條。
〔註189〕見《續修四庫全書提要‧史部》，299頁。

寫舛異。」〔註190〕

　　又，凡「褻器」賈注條下，先生案曰：「經無櫬竁之文，鄭此經注云褻器清器虎子之屬，疑即本賈說。」（《周禮三家佚注》，6頁）

　　又，如「鄉老二鄉」賈馬曰條下，先生以為「此引賈、馬義同。而賈氏〈廢興〉引〈馬傳〉糾賈說，六遂十五萬家，絪千里之誤者，蓋馬氏謂六遂在五十里外，而界則止於百里，賈氏則謂千里之內，除距國五十里遠郊為六鄉外，餘並六遂所絪之地，此其異也。」（見《周禮三家佚注》，7頁）。今案：此當以先鄭注百里內為六鄉，外為六遂為正，後鄭云六鄉地在遠郊之內，則居四同，即破賈、馬之說，而先生不言者，輯佚之體然也。〔註191〕

　　又，「日至之景，尺有五寸」，馬注條下，先生謂「李淳風《周髀算經注》上云，《周禮・大司徒》職曰，夏至之景，尺有五寸，馬融以為洛陽，蓋約〈馬傳〉義，非其元文。」（《周禮三家佚注》，7頁）具見治學之細心。

　　又至若以「以金錞和鼓」干注條下，先生案曰：「干注北宋時已佚，非董氏所得見，〔註192〕攷《南史》始興〈王鑑傳〉云，時有廣漢什邡人，段祖以滀于獻鑑，古禮器也，高三尺六寸六分，圍三尺四寸，圓如筒，銅色，黑如漆，甚簿，上有銅馬，以繩縣馬，令去地尺餘，灌之以水，又以器盛水於下，以芒莖當心，跪注滀于，以手振芒，則聲如雷，清響良久乃絕，古所以節樂也。又《後周書・斛律徵傳》云：樂有錞于者，近代絕無此器。或有自蜀得之，皆莫之識。徵見之曰：此錞于也，眾弗之信，徵遂依《周禮》干寶注，以芒筒捋之，其聲極振，眾乃嘆服。董氏疑即摭拾二史為之，非其元文。」（見《周禮三家佚注》，8頁）此則先生考干注之存佚時代，而悟董逌引係攟採《宋書》、《周書》為之，尤非僅事輯錄者比。

　　近人胡玉縉《周禮三家佚注・跋》云：「先生所輯尚有漏略，如大祝隋釁，賈疏引賈氏云，釁釁宗廟，馬本失載，此亦遺之，他處恐或未盡。」〔註193〕先生於賈、馬、干三家佚注之表章，縱有百密一疏之處，然其抉發幽隱，闡述先賢，百年以下，猶令人欽慕焉。

〔註190〕見《周禮三家佚注》，6頁。
〔註191〕《周禮正義》卷十七，644頁〈地官・敘官〉「鄉老二鄉」條下，先生疏注曾駁賈、馬說可案。
〔註192〕先生此條摭自董逌《廣川書跋》二。
〔註193〕《周禮正義》卷三十八，〈春官・天府職〉，先生疏經釋注，均未引賈氏此文。

七、孫氏於《尚書》雅辭之詁訓

　　自文字肇興，而邃古語言得著於竹帛，累字而成語，累語而成辭，馳騁其辭，錯綜連屬以成文，文辭與語言固相傳以立者也。語言則童蒙簡而成人絲，喬愚樸而智慧文，鄙野質而都市雅。夫文辭亦然；有雅也，有常也，或簡而徑，或絲而曲，不可以一端盡也。故常語恒畸於質，期於辭約惜明而已；雅辭則詭名奧誼，必式古侔先，其體例遂判然若溝畛之不可復合矣。而古記言之經莫如《尚書》，究其辭體；唐虞〈典〉、〈謨〉，簡而易通，商周〈命〉、〈誥〉，絲而難讀。《大戴禮記・保傅篇》不云乎：「天子答遠方諸侯，不知文雅之辭，少師之任也，古者史佚職之。」《禮記・聘記》亦云：「辭無常，孫而說，辭多則史，少則不達；辭苟足達，義之至也。」然則文雅之辭，義至而無不達；雖古之良史，猶或難之，而可以晚近淺俗之辭例求之乎。乾嘉經儒治《尚書》者如王西莊〔註194〕、段若膺〔註195〕、孫淵如〔註196〕、莊葆琛〔註197〕、諸家多精通雅詁。而王文簡《經義述聞》、《經傳釋詞》，釋古文辭，尤窮極微眇。仲容先生以少治書，於商周〈命〉、〈誥〉輒苦其不能盡通，乃依段、王說經之義例以正其讀，則文義昭然若楬。以爲「昔之增益顛倒以爲釋，而綴累晦澀仍不可解者，皆不通雅辭之蔽也。」〔註198〕特董理舊冊，得七十餘事，皆與昔儒殊異者，輯而行之曰《尚書駢枝》。

　　綜其所詁訓，有可得而言者：

　　如由上下文推求辭義者：

　　〈舜典〉：「輯五瑞，既月乃日，覲四岳群牧，班瑞于群后。」孔傳云：「舜斂公侯伯子男之瑞圭璧，盡以正月中乃日。日見四岳及九州牧監。還五瑞于諸侯，與之正始。」孔疏云：「舜以朔日受終，又偏祭及斂瑞，入月多日矣，盡以正月中，謂至月末也。」仲容案曰：「此經文承上正月上日受終于文祖爲文，上日即朔日，則此既月疑當爲望後，猶云既望也，月之光以望日爲最圓滿，故既望亦云既月。蓋受終文祖以下，並有事於內外祭祀，吉禮隆重，宜於望前畢舉之；望後乃行朝覲之禮。乃日者，無定之詞。明四岳群牧人數既

〔註194〕王鳴盛有《尚書後案》三十卷，載於阮輯《皇清經解》中。
〔註195〕段玉裁著《古文尚書撰異》三十二卷，載《皇清經解》中。
〔註196〕孫星衍有《尚書今古文注疏》三十卷，載《皇清經解》中。
〔註197〕莊述祖著《尚書今古文考證》七卷。
〔註198〕見孫氏《尚書駢枝・序》。

多，不能限以一日，故不拘定日，要在既望之後，不必至月末也。傳、疏並訓既為盡，失之。」又〈皋陶謨〉「撻以記之。」孔云：「笞撻不是者，使記識其故。」仲容案曰：「撻即〈舜典〉之鞭作官刑，扑作教刑，然與記識事無涉。下文書用識哉，乃正是記識之事爾。此記疑當作認，《說文‧言部》云：『認，誡也』，笞撻並是警誡過誤之刑。認、記形聲並相近，故經通作記，它篇則多作忌。如〈康誥〉、〈呂刑〉之敬忌，〈多方〉之不忌于凶德，並認戒之義。此篇獨叚用記字，故孔不得其解也。」

由審繹文義以推求正解者：

〈盤庚中〉：「乃話民之弗率誕告，用誕其有眾，咸造，弗褻在王庭。」孔傳云：「大誥用誠於眾。」《釋文》：「誕，馬作亶。誠也。」仲容案曰：「孔似以『誕告用誕其有眾』七字句，而訓上『誕』字為大，下『誕』字為誠，則不足據。惟馬季長本，下『誕』字作『亶』，訓為誠，則當以『誕告用亶』四字句，謂告以誠信之言也。今審繹文義，實當以『誕告』二字為句，誕為語辭。『用亶其有眾』五字句，此『誕』當從馬本作『亶』，而讀為『單』。《尚書》單訓盡，如〈君奭〉云『丕單稱德』，〈維誥〉『乃單文祖德』，《釋文》引馬融讀丁旦反，信也，即讀單為亶。此以單為亶，即其比例，謂盡召有眾，故下承之曰『咸造』，猶〈祭義〉云『惟為社事單出里也』」。

由《史記》隱括此經之文以諟正文字者：

〈皋陶謨〉：「夔曰：『戛擊鳴球，搏拊琴瑟以詠。」仲容案曰：「依經自此至『鳳皇來儀』，並夔自述作樂之事。下又云：『夔曰：於，予擊石拊石，百獸率舞，庶尹允諧』亦夔更端語。然尋繹文義，疑此『曰』字或為衍文。此上文云：『皋陶方祗厥敘，方施象刑，惟明。』孔傳謂史美皋陶之語，此夔『戛擊鳴球』以下，與彼文相次，似亦史臣美夔典樂事。至『夔曰：於，予擊石拊石』以下，乃正是夔自述語爾。《史記‧夏本紀》云：『皋陶於是依禹之德』云云，又云『於是夔行樂祖考』云云，兩節即隱括此經，文例不異，以此推之，史遷所受孔安國說『戛擊鳴球』上，或實無『曰』字，故與上文敘皋陶事同，可以據證。至《史記》於『百獸率舞，百官信諧』，亦不著『夔曰』，則是文省不別，史例往往如是，不足異也。」

復有援本經文例以證經義者：

〈微子〉：「我其發出狂。」孔傳云：「我念殷亡，發疾走狂。」鄭注：「發，起也。紂禍敗如此，我其起作出往也。」仲容案曰：「此『狂』當從鄭讀為『往』，

『發』疑當爲『廢』，言我其廢棄而出亡也。廢出往，猶〈召誥〉云：『徂厥亡出執』，文例略同」。

亦有援鐘鼎彝器款識考校文字者：

〈大誥〉：「予不敢閉于，天降威，用寧王，遺我大寶龜。紹天明，即命。曰：有大艱于西土，西土人亦不靜。越茲蠢殷小腆，誕敢紀其敘。天降威，知我國有疵。民不康。曰予復反鄙我周邦，今蠢，今翼日，民獻有十夫，予翼以于敉寧武圖功。我有大事，休，朕卜并吉。」……仲容案曰：「此王自述卜命龜得吉兆之事。用當屬下讀，言用文王所遺大寶龜以卜也。……寧王、寧武，即文王、文武之譌，古鐘鼎款識，『文』皆作『𠬝』（即忞字），與寧絕相似，故此經文王、文武皆作寧。後文寧考、寧人，亦並文考、文人之誤。《僞孔》讀『降威用』句，又以『即命』爲『就其命』而言之，又訓紹爲繼，『敉寧武』爲『撫安武事』，並誤。孔釋寧王爲文王是也，而云『安天下之王』，亦非。」

又有以本經造語之例證古經文義相協者：

〈多士〉：「王曰，又曰：時予乃或言，爾攸居。」孔傳云：「言汝眾士當是我，勿非我也。我乃有教誨之言，則汝所當居行。」仲容案曰：「『王曰』之下忽更云『又曰』，文殊難通，孔釋亦未及。竊疑『又』當讀爲『有』，『有曰』謂有是言曰，猶云有言曰。……凡此經云『又曰』者甚多，參合審校『又』當讀爲『有』，古文字通，如上文云：『惟殷先人有冊有典，殷革夏命。今爾又曰：夏迪簡在王庭，有服在百僚。』〈多士〉：『有曰：夏人簡在殷之王庭有職事，例于百僚也』與『又曰時予』，並據殷多士有言，語氣略同。『又曰時予』上不云今爾者，文省耳。〈康誥〉云：『非汝封又曰劓刵人，無或劓刵人』，言非汝封有命曰劓刵人，則無他人敢劓刵人也。……〈君奭〉云：『又曰：天不可信。我道惟寧王德延，天不庸釋于文王受命』，言有人曰：天命無常不可信，則我亦惟文王德之延長爲可信也。又云『又曰：無能往來。茲迪彝教，文王蔑德』，言有曰無能而但往來奔走者，此以常教告文王以小德也，〈多方〉云『又曰：時惟爾初不克敬于和，則無我怨』，言如有曰是仍如爾之初不能敬和，則我必罰之無怨我也。以上諸文，並與『有曰』文義相協，足以互證。釋者率不解，遂多望文肊說，則此經方書『王曰』，未著一語，遽繼以『又曰』，揆之詞氣，必不能通，稍知文義者能知之，曾謂古經有此不承貫之辭例乎。」

至於比勘本書及他書之所最錄，以考訂《尚書》篇目之分合者，先生亦間嘗注意及之：

如〈梓材〉：「成王既伐管叔、蔡叔，以殷遺民封康叔，作〈康誥〉、〈酒誥〉、〈梓材〉」條下，仲容案曰：「此僞本也，古本蓋不如是。《周禮》賈疏〈序周禮廢興〉引鄭君《周禮敍》云：案《尚書·盤庚》、〈康誥〉、〈說命〉、〈泰誓〉之屬，三篇序文皆云某作若干篇，依鄭說〈書敍·盤庚〉云：作〈盤庚〉三篇；〈說命〉云：作〈說命〉三篇；〈泰誓〉云：作〈泰誓〉三篇。〈康誥〉敍文，蓋正與彼同，此鄭以前本也。若如今本，則與彼三敍殊異，鄭不宜并數之。古〈酒誥〉、〈梓材〉，本皆冢〈康誥〉爲上中下篇，故《韓非子·說林篇》云：〈康誥〉曰，毋彝酒者，彝酒，常酒也。今其文在〈酒誥〉，是秦以前〈酒誥〉亦稱〈康誥〉，而〈梓材〉可以類推矣。又《法言·問神篇》云：昔之說《書》者序以爲〈酒誥〉三篇俄空焉，今亡矣。夫揚子蓋不知古無〈酒誥〉、〈梓材〉之名，因見《書》百篇，凡著篇目者皆列於敍，惟〈酒誥〉有目，而敍不見，故云俄空，不及〈梓材〉者，亦文不具也。今以意推定先秦故敍，蓋云作〈康誥〉三篇，其書中篇目，則〈酒誥〉爲〈康誥中〉，〈梓材〉爲〈康誥下〉，與〈盤庚〉、〈說命〉、〈泰誓〉同。至西漢時，所傳《尚書》，則書中篇目別題〈酒誥〉、〈梓材〉，故《尚書大傳》有〈酒誥〉、〈梓材〉傳，而敍則仍其舊，有篇數，無篇名。蓋自伏生、史遷以迄馬、鄭，本皆如是，揚子因〈盤庚〉、〈泰誓〉中下篇，皆不別著篇名，獨〈酒誥〉、〈梓材〉當篇各自有題署，敍與彼不相應，因而獻疑；否則同敍異篇若〈大禹〉、〈皋陶謨〉、〈棄稷〉諸篇甚多，何獨致疑於〈酒誥〉耶。」

其次，先生以《尚書》雅辭，字例有常，於考校經義之時，輒發凡創制，啓人蒙錮。如「此經誕字多語辭」（〈盤庚中〉），「弔淑之古文，此經通例如是」（〈盤庚下〉），「此經迪多與用、由、猷通」，「此經率皆語辭」（〈西伯戡黎〉），「凡此經棐字，並當爲匪之叚借」（〈大誥〉），「此篇凡云汝惟小子，惟疑並當爲雖之叚借字」（〈康誥〉），「凡此經云嚮者，並有賞勸之意」（〈酒誥〉），「凡《書》云開、云啓，皆開導告誨之義」（〈梓材〉），「凡《書》云及者，皆謂及先王或古人」（〈洛誥〉），「凡此經云又曰者甚多，參合審校，又當讀爲有，古文字通」（〈多士〉）。似此各條，皆辭簡義富，足見先生治經之精深博大也。劉彥和曰：「書實記言，而詁訓（原作訓詁，茲據唐寫本乙正）茫昧，通乎爾雅，則義意曉然」（《文心雕龍·宗經篇》），夫《爾雅》者，所以通詁訓之指歸，敍詩人之興詠，捴絕代之離詞，辨同實而殊號者也，〔註199〕先生深憭斯

〔註199〕見《周禮三家佚注》，3頁。

旨，於《尙書駢枝》七十餘事中，引《爾雅》解經者計十六處，至於《說文》、《廣雅》，雖間及之，然不經用，此亦可略窺先生詁訓雅辭之根柢矣。

讀古經當通辭例，先生於《尙書駢枝》中，皆隨文闡述，至爲精碻，茲後王氏國維循此法以讀《尙書》，頗多創獲，〔註200〕今賢屈翼鵬先生更沿流而作〈詩三百篇成語零釋〉，〔註201〕所見亦無不渙然冰釋，怡然理順也。故吾知仲容《尙書駢枝》，文雖簡短，而其沾漑古書之功，將永世而不泯。〔註202〕

〔註200〕見郭璞《爾雅序》。
〔註201〕見《觀堂集林》卷二〈與友人論詩書中成語書〉兩篇。見
〔註202〕《書傭論學集》165頁，文首引曰：「海寧王靜安（國維）先生，有〈與友人論詩書中成語書〉兩篇，於《詩》、《書》中成語，頗多創解」云云。